LES MYSTÈRES
DE LOT-ET-GARONNE

ANNE-CHARLOTTE DELANGLE
MICHEL GARDÈRE

LES MYSTÈRES
DE LOT-ET-GARONNE

De Borée

Des mêmes auteurs

Autres éditeurs

La Femme sauvage
Le Guide du Gers (collectif)
Le Guide du Lot-et-Garonne
Le Lot-et-Garonne de l'an 1000

Michel Gardère
Abdelatif Benazzi
Dico 47, le dictionnaire de Lot-et-Garonne
Gascogne au cœur
Le Guide des vins du Sud-Ouest
Le Guide du val de Baïse
Les Pourquoi de la corrida
Palombes, alouettes, ortolans & Cie
Philippe Benetton, le cœur ovale
Ravigote, arsenic et vieilles soutanes
Rituels cathares
Ultrëïa! Sur les chemins de Saint-Jacques-de-Compostelle

Anne-Charlotte Delangle
Le Bassin d'Arcachon d'antan
Le Dictionnaire de Lot-et-Garonne
Le Guide des vins du Sud-Ouest
Le Guide du val de Baïse
Lot-et-Garonne au cœur, avec Jean François-Poncet

© *De Borée*, 2012
Imprimé en U.E.
Dépôt légal : avril 2012
ISBN : 978-2-8129-0605-3

Préface

« Le 8 des calendes d'avril ou le 25 de mars, on célébrait les grands mystères qui rappelaient le triomphe que le soleil, à cette époque, remportait tous les ans sur les longues nuits d'hiver », nous explique Charles-François Dupuis dans son ouvrage *Origines de tous les cultes*, paru en 1796.

Le Lot-et-Garonne, avec ses grottes, ses landes sombres, ses lacs « sans fond », ses dolmens et les signes mystérieux que revêtent certaines églises ou quelques châteaux peut largement revendiquer sa place à côté des mystères que décrit si bien l'érudit du XVIIIe siècle.

Les sabbats, qui se tenaient jadis dans la lande noire, ou les réunions étranges que les sorcières organisaient autour du lac sans fond de La Lagüe, sur la route de Casteljaloux, ont donc forcément leur place dans cet ouvrage très exhaustif des secrets de ce territoire de terre, d'eau et de feu.

Le Lot-et-Garonne, bien que cela soit peu connu, fut au cœur de l'histoire des cathares ; il hébergea dans deux grandes commanderies – les plus grandes, peut-être, d'Aquitaine – les forts mystérieux Templiers au tragique destin. Il fut au départ de la guerre de Cent Ans et y contribua bien au-delà du siècle que, selon les historiens, dura ce long conflit.

Jean-François Bladé, le grand conteur gascon, écrivit sur ce territoire de nombreux contes d'effrayeur. Jasmin, le poète de Garonne, inventa dans son salon de coiffure les plus funestes histoires de *pousouères*, autrement dit de sorcières. Nostradamus y séjourna et s'y maria, des météorites y tombèrent à plusieurs reprises et toujours au même endroit, et des soucoupes volantes s'y posèrent. Par quel hasard ? Mystère.

Il y avait donc largement matière à écrire un livre sur ce sujet. C'est ce qu'ont fait, avec la passion qui les anime, Anne-Charlotte Delangle et son mari Michel Gardère, fins connaisseurs de ce département. Grâce à ces deux conteurs, on découvre un Lot-et-Garonne inattendu et enchanteur.

Trêve de bavardage, il est temps de s'y promener.

Jean François-Poncet,
sénateur de Lot-et-Garonne,
ancien président du conseil général de Lot-et-Garonne,
ancien ministre

Introduction

L'homme qui inventa les mystères

S'il est un homme de mystères, de contes entourés de brumes noires, de secrets de la lande hurlante sous le vent, de la Garonne cruelle qui emporte tout sur son passage les jours de grand *aygat*, de lagons sans fonds où pâtres et bergères disparaissent à tout jamais, c'est bien Jean-François Bladé. Ce collecteur de contes, de légendes, de devinettes a consacré sa vie à sillonner la Gascogne pour dénicher sous la cendre, au coin de l'âtre, sous les bûches rougeoyantes, les plus fabuleuses légendes de tous les temps. Le côtoyer est un frisson. Un plaisir délicieux et délicat. Le jour de sa rencontre ne fut pourtant pas le plus gai.

... C'était le soir. Toujours le soir. De préférence quand le ciel se fâchait contre les hommes en faisant péter son canon divin. Après en avoir chassé la vieille chatte – avec qui il était en concurrence pour l'occupation du lieu –, il s'installait sur son antique fauteuil paillé, roulait une cigarette, se raclait la gorge d'une formidable quinte de toux et attaquait toujours par la même interrogation :

« Est-ce que je t'ai déjà raconté l'histoire du drac de la fontaine maudite ? »

Il n'attendait pas la réponse et débutait son conte :

« Il y a bien longtemps, quand le Bon Dieu descendait encore parler avec les hommes... »

Ce grand-père était conteur. Conteur d'exception et d'effrayeur. Dès qu'il entamait une histoire, la sœur fuyait vers les jupes de la mère et le garçon que j'étais restait là. La peur torturait la tripe, le cœur tapait comme le tambour du garde champêtre, les gambettes tremblaient, mais les mots m'enchantaient. M'hypnotisaient serait plus juste. Car mon vieux grand-père possédait le sens du mot. Du verbe juste. Du vocable inconnu qui fait travailler l'esprit et inonde les méninges.

Dans son pays de landes, de bois et de vignes du sud du département, les mots valent plus que les écrits. Les termes, si possible inconnus, étaient pour lui des trésors d'exception, des jardins secrets délicieux à pénétrer, chacun empli d'exotisme et de tendresse cachée. Il réussissait la prouesse d'en placer un nouveau chaque jour, dans chacun de ses contes : analecte, battologie, caraque, décours, épiphyte, etc. Il ne restait plus qu'à deviner leur signification à travers le sens de la phrase. Quand elle en avait un.

Chef cantonnier de la région de Mézin, il connaissait tous les mystères des mots, les secrets de la forêt, toutes les histoires de vouivres, toutes les légendes de revenants qui, la nuit, hantaient les vallons noirs de la lande et les couvertures des créatures qu'il fréquentait avec délectation. Mais surtout, il tutoyait toutes les sorcières du pays et assistait à leurs sabbats.

Du moins l'affirmait-il !

Et comme il parlait vrai...

Après le conte, il tendait la main comme on le fait à un homme de bonne volonté, souhaitait le bonsoir : « Que la nuit te soit bonne et tâche de te la bien passer », et, fin de non-recevoir, se plongeait dans la lecture des échos politiques de son journal en refusant le baiser que je lui offrais ou celui que j'attendais de lui. Il me serrait la main. C'est tout !

Il venait de proposer tant de mots à mystère qu'il n'avait plus rien à donner. C'est du moins ce qu'il ne disait pas, derrière sa barbe grisonnante, mais ça s'entendait. Comme le loup qui hurle dans la plaine de Garonne les nuits de grande froidure.

Puis, un jour, ce grand-père est mort. Ils meurent tous. Ce triste jour, juste avant de trépasser, il a demandé à la mère de venir chercher l'enfant que j'étais à l'école. Frémissant d'angoisse, je suis entré dans sa chambre pour la première fois. Grand-père, allongé dans un trop grand lit, maigre, sec, abandonné par Dieu, tremblait comme une feuille d'aulne.

Le lit, entouré d'étagères garnies de beaux livres, tous reliés de cuir, sentait la mort. Elle a une odeur de fuite lamentable, de chagrin irrépressible, d'espoir écrasé par le destin sournois. Il prit ma main qui tremblait, la caressa de la sienne, froide et sèche et maigre et vibrante, et me dit :

Introduction

« Je te donne ces livres. Ils sont maintenant à toi et à personne d'autre. Tous. Lis-les ! Après, et seulement après, quand tu les auras lus tous, tu pourras parler. »

Et il est mort. D'un souffle qui s'enfuit. Accompagné d'un très long sanglot qui sortait de mon ventre à grandes coulées.

J'ai pleuré tellement ce jour-là que, depuis, je ne dispose plus d'aucune larme. À cause d'un grand-père que je devais vouvoyer et que je ne pouvais ni embrasser ni, comme tout le monde, appeler « papé » parce qu'il me l'interdisait, j'ai lu tous les livres, adoré tous les mots et écrit des poèmes aux femmes que j'ai aimées. Des articles et des livres aussi, mais c'est beaucoup moins important que les poèmes et que les palabres.

Et que les femmes.

Et que l'amour.

Mais j'ai surtout appris à aimer les mots.

Et à les dire. Aux apéros du soir et aux femmes de la nuit. Rien pour le matin. Rien n'est plus couillon qu'un matin.

C'est dans les livres de grand-père que j'ai découvert les contes de Jean-François Bladé qui, en réalité, se prénommait Zéphyrin et n'aimait que le soir. Ou la nuit. Et pas les matins.

Bladé ! Le conteur de Gascogne, qui fut élevé par des femmes pétries d'eau bénite et frottées d'ail. Toutes eurent en commun la chance de naître Gasconne et d'en être bercées. Elles en câlinèrent donc le petit Zéphyrin, comme le vent d'autan agite doucement les andains au moment des fenaisons. Du soir au matin et du lever au coucher, Bladé téta de la mamelle gasconne. Il goûta à ses comptines, à ses dictons, à ses recettes ésotériques, à ses mystères et à ses palabres interminables. « *Jou sabi* un conte[1] » entamait chaque journée et concluait chaque soirée. Dès sa naissance, Zéphyrin Bladé, le Lectourois qui « fréquentait » au Passage-d'Agen, fut tatoué, vacciné, allaité aux coutumes gasconnes, aux veillées parleuses, aux femmes qui, faute d'homme à aimer ou à crapuler, bavardent à s'en user la salive et à s'assécher le ventre.

Zéphyrin, prénom qui possède un arrière-goût de châtaigne, de palombe, de glanée et qui ferait mode aujourd'hui, a bercé par ses

_____

1. « *Je sais un conte.* »

mots bien des jeunesses des pays gascons et guyennais. Ses conjugaisons de style ont forgé l'âme gasconne et le cœur de Guyenne. Ses contes inventent ce qu'il reste de nostalgie au peuple exubérant de ces pays. Ils gravent l'alphabet sudiste dans la chair des hommes et font des frayeurs aux petites filles qu'il faut consoler et câliner et protéger et aimer de chair pour qu'elles deviennent grandes et belles. Femmes, en somme. Ses mots sculptent dans la tête des garçons une virilité imaginaire et une vérité incertaine. Grâce à Bladé, les sudistes ressemblent à ce qu'ils devraient être, mais qu'ils ne sont pas tout à fait. Ses mots leur ont légué le sens des palabres du soir et des verres qui n'en finissent pas d'être vidés et remplis. Ici, on aime parler. Et boire. Et aimer. Et raconter l'effrayeur. Les frayeurs.

C'est pour comprendre ça qu'il faut lire Bladé ! Il a inventé un pays improbable, niché sur les deux rives de Garonne. Un terroir si vrai qu'il n'existe peut-être pas. Le pays des mystères.

Première partie

L'histoire et ses mystères

Chapitre I

Le cœur de Boudon

L E 23 NOVEMBRE 1951, trois employés municipaux de la ville d'Agen, MM. Lanaspèze, Martin et Combelles sont chargés d'une mission délicate : ils doivent déplacer une statue en plâtre qui se trouve au musée, dont on n'a malheureusement conservé aucune photographie, et dont les mémoires n'ont pas plus gardé le souvenir.

Pour une raison que l'Histoire n'a pas retenue ou, plus vraisemblablement, pas voulu retenir, les trois employés font une fausse manœuvre et la statue se casse. Comme on l'imagine, ces fonctionnaires municipaux sont très embêtés et inquiets. Davantage, sans doute, pour le sort qui leur sera réservé – une punition ? laquelle ? – lorsque leur hiérarchie apprendra l'acte sacrilège qu'ils viennent de commettre : leur manque de respect pour l'œuvre d'art dont, du reste, nul ne se souvient.

Toujours est-il qu'ils s'affairent autour des morceaux de plâtre éparpillés sur le sol. Soudain, dans les gravats, l'un d'eux découvre une boîte métallique plombée. Sur l'une des faces de ce parallélépipède rectangle figure une note écrite. On s'interroge. Un trésor ? La fortune pour les trois acolytes ? On entre en conciliabule, on tire des plans sur la comète, et soudain, le risque de réprimande s'envole. On ne songe plus qu'à la fortune promise par cette sculpture détruite. On se précipite donc sur la note. Elle dit ce que comporte la cassette. À la lecture du libelle, les désillusions affluent. La cassette ne contient pas de trésor. Du moins pas dans le sens

15

populaire du mot. Car le contenu est tout de même un trésor historique, un trésor de curiosité, aussi. Il s'agit, en effet, du cœur embaumé de Jean Florimond Boudon de Saint-Amans, que les acteurs de cette aventure connaissent comme ayant été un «notable agenais». Savant, homme politique, il fut le premier président du conseil général de Lot-et-Garonne.

On imagine aisément l'embarras dans lequel se trouvent les trois fonctionnaires. D'abord, ils cassent une œuvre d'art. Puis ils pensent avoir mis la main sur un trésor caché, et enfin ils découvrent qu'il s'agit, comme on le dira dans Agen, de la relique quasi religieuse d'un personnage important de la cité, et même du département. Aussi, pour éviter le moindre désagrément – on n'est jamais trop prudent –, les trois employés municipaux décident de prévenir leur hiérarchie. À elle de voir. Après tout, elle est payée pour ça!

Édouard Baurens, le hiérarque en question, est donc alerté. Édouard est surveillant des travaux au Service des travaux municipaux (STM). Il est chef. Et à ce titre, il réfléchit. La première chose qu'il fait est de réprimander ses trois collaborateurs. Ils viennent non seulement de démolir une œuvre d'art, et comme si cela n'était pas suffisant, il a fallu qu'ils mettent au jour une boîte de Pandore contenant le cœur d'un homme qui fut président du conseil général! Le premier président de l'histoire garonnaise! C'est à la capacité de dire ce qui ne va pas à un subalterne que l'on reconnaissait jadis la valeur d'un vrai chef. Mais quand on a passé ses nerfs, il faut réagir. Positivement. Et se demander ce qui peut désormais se produire.

À vrai dire, Édouard Baurens est inquiet, car lui-même a un supérieur. Hiérarchique, évidemment, parce qu'intellectuellement... Et il n'est pas toujours commode. Mais il faut l'aviser. C'est obligatoire. Ce qu'il fait.

Après une bonne demi-journée de réflexion, le directeur des Services techniques de la ville d'Agen, M. Riotte, est prévenu. À son tour, il peste contre la destruction du plâtre et ses conséquences. Mais c'est avant tout un fonctionnaire. Respectueux de la valeur du temps. Parbleu! Le cœur de ce Boudon de Saint-Amans, né le 24 juin 1748, attendra bien quelques jours avant de trouver une place définitive pour son repos éternel !

Et c'est ainsi que si la statue fut brisée le 23 novembre 1951, qui était un vendredi, il fut décidé, très administrativement, mais en prenant le temps, de rédiger un rapport sur cet incident le 29 novembre de la même année. Soit sept jours plus tard. Curieux décalage car, en réalité, ce rapport aurait pu être établi le jour même.

On laissa donc passer le week-end, et l'on se retrouva le lundi 26. On décida qu'il était urgent d'attendre. Le mardi 27, on envisagea de produire un compte rendu de l'affaire. Dans les couloirs, la rumeur enflait, mais rien ne filtrait à l'extérieur. Les journaux ne furent pas prévenus. Le mercredi 28, on se réunit. Certes, il fallait un rapport, mais qu'allait-on y mettre ? Et le jeudi 29, enfin, on rédigea un document, toujours conservé aux archives municipales. Le voici dans son intégralité. Le titre mérite à lui seul de figurer dans une anthologie du langage administratif des années cinquante.

« Je soussigné Baurens Édouard, surveillant des travaux au Service des travaux municipaux, certifie avoir découvert, le vendredi 23 novembre 1951, au cours de travaux de démolition d'une vieille statue en plâtre réformée du musée d'Agen, une cassette en tôle renfermant une boîte plombée contenant, suivant indications écrites sur cette boîte, le cœur embaumé de Boudon de Saint-Amans, notable agenais.

« J'ai aussitôt fait part de cette découverte à mon chef hiérarchique M. Riotte, directeur des Services techniques de la ville d'Agen, lequel m'a demandé, pour la bonne règle, d'établir le présent procès-verbal de constat pour servir et valoir ce que de droit.

« J'ajoute qu'au cours des opérations, j'étais accompagné de MM. Combelles, Lanaspèze et Martin, employés municipaux.

« Fait à Agen,

« Le 23 novembre 1951,

« Le surveillant des travaux,

« Les employés municipaux,

« Vu et transmis à M. le maire de la ville d'Agen,

« Sous le couvert de M. le secrétaire général de la mairie,

« À Agen, le 29 novembre 1951,
« Le directeur des Services techniques municipaux. »

Il devait tout de même régner une certaine confusion, puisque dans le corps du certificat, il est écrit « fait à Agen le 23 novembre », et le document est signé du 29 du même mois. Mais après avoir découvert un cœur, de surcroît de celui qui fut consul d'Agen, il fallut probablement se réconforter à l'alcool identitaire de la Gascogne : l'armagnac. À l'instar du dicton qui assure que « qui trop embrasse mal étreint », s'agissant de l'armagnac, « qui trop en boit en reboit », avec les conséquences que l'on peut voir dans la rédaction d'un rapport, au demeurant mensonger, puisqu'il n'a jamais été question de détruire la statue de plâtre.

Toutefois, l'affaire soulève plusieurs interrogations : pourquoi le cœur de Boudon a-t-il été placé dans cette œuvre d'art ? Dans quel but ? Où est-il aujourd'hui ? À ces trois questions, il est impossible de répondre. On ne sait pas. C'est un des mystères d'Agen.

Chapitre II

Le bûcher d'Agen

L E 11 JUIN 1249, une épouvantable fumée s'éleva lentement dans le ciel au sud d'Agen, du côté de l'actuelle Agropole, accompagnée de clameurs d'immense souffrance, de cris de terrible douleur. Elle n'a pourtant guère laissé de souvenirs. Le lieu exact où ce bûcher fut allumé s'appelle « Béoulaygues », ce qui, en bon français, signifie « boit l'eau ». Là se trouvait une fontaine ou une source où beaucoup de monde s'approvisionnait. Là fut installé le plus horrible (avec celui de Moissac) bûcher de l'Agenais, le plus important de la ville, que l'Église, au cours des siècles, a tenté de faire oublier. Elle ne voulait pas cultiver le souvenir de cet événement impitoyable dont elle était indirectement responsable. Indirectement, car ce ne furent pas les inquisiteurs dominicains, mais le protecteur des cathares, le maître d'Agen, qui défendit la cité contre les soldats de Simon de Montfort, celui qui guerroya tant pour l'hérésie, qui ordonna cette monstruosité : le comte de Toulouse Raymond VII. Qu'il le fît pour prouver à l'Église sa (nouvelle) fidélité, qu'il le fît pour ne pas partir en croisade en Terre sainte comme il s'y était engagé, peu importe. Il le fit ! On s'interroge toujours sur les raisons qui poussèrent Raymond VII à faire dresser ce bûcher et à commettre cet acte inouï. Il avait été humilié par Blanche de Castille*, avait été moralement détruit, avait tout promis à Meaux pour faire cesser l'humiliation... Il n'empêche que personne ne comprend qu'il ait pu, d'un seul geste, rayer toute une vie de combats, de luttes acharnées en commettant exactement le contraire de ce qui avait construit toute sa vie. Beaucoup pensent qu'il était, depuis Meaux, diminué physiquement et intellectuellement. Possible. Toujours est-il que, ce 11 juin, jour de la Saint-Barnabé, selon les chroniques de Guillaume de Puylaurens, «le comte de Toulouse Raymond VII fit brûler un nombre d'à peu près quatre-vingts personnes accusées d'hérésie et reconnues comme telles après jugement, ceci près d'Agen, au lieu-dit "Béoulaygues"».

Les futures victimes étaient littéralement ramassées dans les prisons de l'Agenais. Elles étaient seulement suspectées d'hérésie. Dénoncées par ceux qui, lorsqu'elles seraient condamnées, prendraient possession de leurs biens. Et à la vérité, le jugement fut sommaire. Il fallait qu'ils fussent hérétiques, ils le furent ! Raymond VII voulait aller vite, comme pour se débarrasser d'une corvée qui lui pesait. Afin de donner l'exemple, on récupéra donc des pauvres bougres qui venaient de Tonneins, de Gontaud-de-Nogaret, de Castelmoron, de Casseneuil, de Sainte-Livrade, de Marmande, de Pujols, etc. On connaît même les noms de certains de ces malheureux, car, bien sûr, leurs biens furent attribués à leurs dénonciateurs. Cependant, leurs familles firent des réclamations après le bûcher. Elles démontrèrent que leur parentèle n'était en rien hérétique et demandèrent à récupérer l'héritage. Ce que certaines obtinrent. On sait ainsi qu'Élie d'Aigrefeuille d'Agen, Vital d'Artigues, Raymond Bernard de Balenc, Grande de la Mégia, Gaillarde Marty et Arnault de Trémolat récupérèrent leur honneur, et leurs héritiers, leurs propriétés. Ces biens usurpés s'appelaient des « encours ». Celui de Trémolat se composait d'une vigne, d'un pré, de deux champs et d'un bois.

Longtemps dans la nuit, dit la chronique, l'odeur âcre du bûcher envahit la ville (ce qui prêche en faveur de la proximité du brasier), mais les clameurs de souffrances s'étaient tues. Et personne ne resta autour du bûcher. Pas même les hommes de Raymond VII, qui repartirent le jour même.

L'endroit n'étant pas bien défini, plusieurs emplacements ont été envisagés. On rechercha des noms de lieux-dits s'appelant Béoulaygues. On en trouva à Casseneuil, à Marmande, à Artigues, à Pujols, à Sainte-Livrade et à Castelmoron. On aurait pu en trouver d'autres. Toutefois, celui qui correspondait le mieux, compte tenu de la proximité, était celui du Passage-d'Agen, dans la direction de la route de Condom. Des fouilles furent effectuées à cet endroit (c'est aujourd'hui un hameau composé de plusieurs maisons individuelles), mais elles ne donnèrent rien : ni traces de cendre ni os calcinés. Une autre hypothèse avance – mais aucune recherche archéologique n'a été effectuée – que le bûcher a été allumé au Gravier, près de la plus ancienne fontaine d'Agen, située dans le parking actuel de la Chambre de commerce et d'industrie. Dans certains documents, il est dit que la population de l'époque l'appelait « Béoulaygues ». Ce surnom n'a pas donné, plus tard, une identité toponymique au lieu. Bien que rien ne prouve que ce soit là qu'ait été allumé le brasier criminel, cet emplacement semble logique : chaque bûcher était élevé pour donner l'exemple, pour effrayer la population, pour faire comprendre au peuple qu'il fallait abandonner l'hérésie. Or, le meilleur endroit à Agen est effectivement le Gravier, lieu de tous les rassemblements. La proximité de la fontaine où chacun venait s'approvisionner laisse à penser que c'est le bon lieu. *A contrario*, l'emplacement Béoulaygues sur la route de Condom, au sud (assez éloigné) d'Agen, n'est pas spécialement connu pour être ou avoir été un lieu de rassemblement.

Ce drame est plus ou moins tombé dans l'oubli. Jamais il n'y eut la moindre commémoration, le moindre geste de souvenir pour ces malheureux, dont on ne sait pas s'ils étaient ou non cathares. Il n'y eut pas de culte du souvenir à Agen, mais pas davantage à Marmande, qui fut pourtant le théâtre de cinq mille morts, et pas plus à Penne-d'Agenais, Pujols, Clermont-Dessous, etc. On estime à plus de huit mille le nombre de morts de l'Agenais durant cette croisade. Mais comme plus personne n'osait se déclarer cathare, plus personne ne parla d'eux ! Le silence a recouvert la honte. Il est rompu dans ces pages.

Chapitre III

Casseneuil...

A U XIe SIÈCLE, Casseneuil fut un important diaconat cathare. Après avoir soumis Penne-d'Agenais, Simon de Montfort, infiniment glorieux d'avoir fait tomber le château imprenable de Richard Cœur de Lion, connut un certain nombre de victoires faciles. Beaucoup de petits féodaux se rendirent avant de combattre pour ne pas subir la violence, connue pour être épouvantable, du comte du Nord. Mais la ville de Casseneuil, qui s'était déjà soumise deux fois aux soldats de la papauté, n'avait pas vraiment l'intention, malgré la réputation de Montfort, de se rendre sans se battre. En 1209, elle fut la première en Agenais à résister, et elle fit les premières victimes de la croisade. Son chef cathare, Seguin de Balenc, dirigeait les soldats. Il fit face aux troupes conduites par l'archevêque de Bordeaux et par l'évêque d'Agen. La ville fut conquise mais redevint cathare. Ce qui justifia un second siège, en 1212, avec Simon de Montfort, à qui la population se rendit sans trop lutter. Mais, une nouvelle fois confrontée à Montfort, elle ne se résigna plus et afficha sa volonté de résister.

Nous étions en 1214, le 28 juin, puisque *La Chanson de la croisade* nous dit que le « vaillant Montfort » arriva devant les murs de la ville (un *castrum*) la veille de la fête des apôtres Pierre et Paul. Le castrum de Casseneuil appartenait à Pierre de Rovignan, dont le frère, Hugues, était l'évêque d'Agen. Hasard extraordinaire, Rovignan avait été l'ami intime de Montfort. Ce fut l'évêque d'Agen qui demanda à Montfort de venir en Agenais au nom de la chrétienté prendre le château de son frère devenu cathare. Le *castrum* était réputé comme l'un des « plus anciens et plus virulents fiefs cathares, empli de parjures, ravisseurs et scélérats ». Stratégiquement, le problème de Montfort est qu'il n'avait pas assez de troupes pour assiéger la totalité des murs. Il installa donc ses soldats sur la colline de Pech-Neyrat proche de la cité. À peine arrivé, Montfort fit dresser des machines de type « couillard », destinées à démolir les murailles de la bourgade. Dès lors qu'elles furent installées, Montfort donna l'ordre de bombarder. De façon incessante, d'énormes boulets de pierre tombèrent sur les murs, mais aussi dans le *castrum* et sur les maisons que les murailles protégeaient. Le bombardement dura quatre jours, délai qui permit à Montfort de faire venir des renforts. Le comte quitta alors la colline et installa ses *barnums* dans les prairies, autour de la bourgade. Montfort avait le soutien de Gui, évêque de Carcassonne, et d'Amaury, son fils. Il doubla le nombre de *peyrières* (machines infernales projetant d'énormes boulets de pierre) et ordonna de bombarder nuit et jour, durant plusieurs jours. Ces bombardements endommagèrent considérablement les murs des maisons et les remparts de la cité. Mais Montfort n'avait pas gagné pour autant. Casseneuil était protégé par des fossés naturels constitués par la Lède, la Sone et le Lot, qu'il était impossible d'assécher. Ils mesuraient, selon *La Chanson*, soixante-quinze pieds de large et quarante-cinq de profondeur. Montfort mit donc au point une incroyable machine haute de cinq étages qui hébergeait des arbalétriers, et qui pouvait pénétrer dans l'eau grâce à un système de claies qui faisait fonction de stabilisateur. Il la couvrit de peaux de bœufs fraîchement tués pour protéger les arbalétriers des cailloux et des flèches. Afin de la stabiliser définitivement, Montfort fit jeter de la terre autour de sa tour de guerre en bois. Quand la tour fut très près des murs, des hommes remplacèrent les porteurs d'arbalètes : ils tenaient des lances et se battaient quasiment au corps à corps.

La nuit vint. Les troupes des deux camps se replièrent. Montfort eut alors une intuition formidable, signe distinctif du vrai stratège : il envisagea la possibilité que les cathares de Casseneuil profitent de la nuit pour incendier sa tour et mettre à bas son plan, dont il était si fier. Il rameuta donc toutes ses troupes, fit sonner les trompettes et lança l'assaut. En guise de réplique, les cathares bombardèrent les attaquants avec les pierres qu'ils avaient reçues ; les reçurent à leur tour les hommes qui les leur avaient envoyées. Ce fut une véritable grêle de galets qui s'abattit sur la soldatesque de Montfort. Elle dut se replier. Et les cathares firent ce que Montfort redoutait : ils mirent le feu à la tour à l'aide d'une barque enflammée qu'ils propulsèrent sur elle ! Ce qui redoubla leur vaillance. Une nuit, sortant de la cité, les cathares de Casseneuil entrèrent dans la tente de Montfort et furent à deux doigts de le tuer ou de l'enlever. Des secours arrivèrent *in extremis*, le sauvant d'une mort quasi certaine. Les combats étaient acharnés. Vexé, Montfort demanda à ses charpentiers de fabriquer des échelles que l'on appuierait sur les remparts. Grâce à elles, la ville fut prise d'assaut au bout de trois jours. Mais les « routiers », sortes de mercenaires au service des cathares, qui pouvaient aussi bien être au service de Montfort si celui-ci les payait mieux, sortirent des murs comme s'ils allaient attaquer le camp du comte du Nord. En réalité, ils firent une brèche dans les troupes du pape et prirent la fuite. Ils ne voulaient plus se battre pour des gens qu'ils savaient condamnés. Montfort, ensuite, n'eut aucune difficulté à écraser les derniers résistants cathares, à incendier totalement la ville, à faire démolir les remparts « jusqu'au ras du sol » et à brûler vifs les « bons chrétiens » qui y vivaient.

Le texte de Pierre de Vaux de Cernay, qui raconte cette aventure dans *Historia albigensis*, présente la fin de l'épopée de la manière suivante : « C'est ainsi que Casseneuil fut prise et détruite le 18 des calendes d'août », en 1214, soit deux mois après l'arrivée de Montfort sur la colline bordant la cité. Il n'empêche que tout l'Agenais passa alors sous le contrôle du comte de Montfort, lequel désigna son représentant, Philippe Droideville. Il resta sénéchal de l'Agenais jusqu'en 1217.

Chapitre IV

Le canon des carlistes

S ILLONNER LA RÉGION fait découvrir une infinité de lieux-dits qui rappellent que ce département, il y a bien longtemps, fut basque, et donc occupé par le peuple à l'origine si mystérieuse. Du reste, les mots gascon et basque ont la même racine étymologique, *vasconia*, le « v » se prononçant « b », et le « b » mal écrit pouvant facilement devenir un « g »...

Peut-être est-ce pour cette raison que des Lot-et-Garonnais s'impliquèrent à leur façon dans les guerres des abertzalés navarrais, autrement dit des patriotes basques. Que sommes-nous allés faire dans cette galère ? C'est une énigme qu'il faut éclairer, une de ces énigmes dont l'histoire se régale.

Vers 1840, en Espagne, les carlistes, autrement dit les partisans du roi don Carlos, subirent une défaite sans précédent face aux armées de « l'usurpatrice Isabel », fille de Christine. Les zélateurs de don Carlos furent en conséquence chassés d'Espagne. Sur ordre de Louis-Philippe, on interna le roi – dans des conditions princières – à Bourges, et ses partisans, chassés de la terre ibérique, demandèrent l'hospitalité aux consuls de notre région, où ils retrouvèrent les fils des Josephinos (partisans espagnols de Bonaparte), venus eux aussi chez nous après la défaite de 1814. Bref, le Lot-et-Garonne se peupla de beaucoup d'Espagnols. Ce qui en fit sa richesse. C'est du reste pour cette raison que le Petit-Nérac portait à la fin du siècle dernier le nom de « Petit-Madrid ».

Mais ce n'est pas parce que le père, don Carlos, en 1840, avait subi une défaite, que le fils, en 1874, renonça à l'idée de revenir en conquistador sur la terre de ses ancêtres : l'orgueil ibérique n'a pas été inventé par les romanciers pour les midinettes, il est inscrit dans les gènes. Il y eut donc une nouvelle guerre carliste. Elle était dans l'air du temps où l'on n'hésitait pas – un comble – à parler de « bonne guerre ».

« Il y a trois choses qui ne disparaîtront jamais, assurait Antoine Blondin, dont on ne célébrera jamais assez le sens de l'analyse : les impôts, la bêtise et les guerres. » On ne saurait mieux dire.

Les échos de cette bataille d'outre-Pyrénées furent suivis de près par les ressortissants « espagnols » réfugiés sur l'hospitalière vallée de la Baïse et en terre garonnaise. Même si ces ressortissants ne ressortaient guère puisque, pour la plupart, ils s'étaient fait naturaliser et étaient tous devenus français. Ou presque.

Mais revenons à l'Histoire. Le duc de Madrid, futur don Carlos, fut reconnu par les partisans carlistes sous le nom de Charles VII. Ou, du moins, leur demanda-t-il un tel adoubement. Il avait épousé Marguerite de Parme, nièce du comte de Chambord. Pas de mésalliance chez ces gens-là ! Le nouveau don Carlos ne manifesta pas immédiatement sa volonté de reconquérir son trône. La jeune épouse, belle comme un tableau de Marie Laurencin, lui prenait tout son temps. Ce n'est que par quelques déclarations vigoureuses qu'il se rappela à l'affectueux souvenir des siens, lesquels vivaient paisiblement de l'autre côté de la Bidassoa. Aboyer de loin, ça ne mange pas de pain, ça ne tue personne, mais ça s'entend.

Pourtant, en 1872, sa manière de revendiquer sa cause évolua de façon un peu plus vive. Le roi, quel culot, rentra en Espagne. En 1873, il établit ses quartiers à Estella, qui veut dire « étoile » et qui se trouve sur le célèbre chemin de Saint-Jacques-de-Compostelle, lequel passe à Agen. Tout un symbole.

D'Estella – qui porte également le nom de Lizarra en basque – don Carlos publia quelques manifestes fort vigoureux. Ils eurent pour effet de réveiller l'âme combative des fils des anciens émigrés espagnols. Du côté de la Garonne, on monta des comités qui étaient destinés à animer la propagande carliste et à ramasser quelque argent que l'on verserait, quand le besoin s'en ferait sentir, aux fonds de secours des futurs combattants. De longues réunions stratégiques se tinrent dans les estaminets de Nérac et des environs, où même en parlant fort, nul ne risquait rien : l'ennemi était loin. On acheta aussi du matériel : charrettes, chariots, bétail ; des bœufs destinés à l'alimentation et des chevaux propres à guerroyer filèrent d'un pas spartiate vers Bayonne et l'Espagne.

Cette intendance garonnaise permettait à don Carlos de réconforter ses hommes et, par conséquent, leur moral. Quand la panse est pleine, le cœur est serein. De méchantes langues racontèrent même que des femmes de petite vertu – comme si cela pouvait exister – allaient en Navarre encourager aimablement, et parfois bestialement, les humeurs de la soldatesque. Comme c'est laid !

Pendant ce temps, à Agen, un certain Jaime Serrano haranguait les partisans en vantant l'âme ibérique. À l'issue de ses discours enflammés, il faisait la quête. On lui donnait beaucoup d'argent. On arrêta quand on sut que Jaime gardait tout pour lui… Plus exactement pour une dame de petite vertu qui lui procurait quelques menus plaisirs et qui n'était pas partie à Estella câliner les soldats.

La relève fut prise par une certaine « Œuvre pontificale d'Agen ». Recruta-t-elle des « dames » ? On ne saurait le croire. Elle dut toutefois se montrer convaincante, puisqu'une coquette somme – on n'en connaît pas le montant – fut rassemblée et versée au « roi » espagnol.

Les préparatifs ronronnaient doucement quand, le 12 juillet 1874, le comité carliste d'Agen reçut cette étonnante circulaire :

« Il serait formidable que vous fassiez à Sa Majesté Charles VII le cadeau d'un canon. Cela vous paraîtra sans doute cher, mais nous espérons vivement que votre département ne manquera pas de se joindre au concert que feront tous les canons des comités catholiques de France. »

Car l'Église, pacifiste par vocation mais militariste par adhésion, était évidemment de la fête et de la collecte. Du reste, don Carlos, dans l'épistole qu'il adressa aux membres du comité agenais, s'en félicita en rappelant :

« Je veux conserver à chacun de vous mon affectueux et très catholique souvenir. »

De tels propos incitent les radins à cracher au bassinet. Du moins le roi l'espérait-il.

Recevoir une lettre du « roi », ça chatouille forcément les humeurs. Ça les excite. Ça fait drôlement bien dans la panoplie sociétale. On organisa donc une vaste quête. L'argent arriva de partout. Une demoiselle Sentac offrit même 500 francs, ce qui représentait une année de salaire d'un ouvrier. À la fin du mois d'août, la somme de 7 000 francs avait été rassemblée. Elle servit à payer un beau canon, évidemment catholique, apostolique et agenais. Il passa en Espagne clandestinement, en franchissant les montagnes basques à Sarre. Il s'appelait curieusement « le Charles Martel », et portait les écussons du Périgord et de l'Agenais. Ce qui lui donna fière allure. Il fit sans doute de nombreux morts dans les rangs adverses. Nouvelle qui procura bien du bonheur aux quêteurs garonnais.

C'est un des plus étranges mystères de cette époque : comment put-on se réjouir d'avoir causé la mort de personnes que l'on ne connaissait pas et qui, ni directement ni indirectement, n'avaient porté tort à ceux qui les firent périr ?

Chapitre V

Quand le président Carnot
remonta le boulevard...

I L Y A QUELQUES LUSTRES, le président Sadi Carnot vint en terre garonnaise voir pousser les salades et, à Agen, goûter les pruneaux. Pour le remercier, la ville lui offrit un boulevard. Il porte encore son nom. Clemenceau, dont on sait qu'il n'avait pas sa langue dans sa poche, n'aimait guère Sadi Carnot, petit-fils « insipide » – pour lui ! – du célébrissime Lazare Hippolyte Carnot, mathématicien, ingénieur et homme politique fort rusé. Clemenceau disait de Sadi : « C'est le plus bête des candidats, mais il porte un nom si républicain ! » Il fut donc élu le 3 décembre 1887, après la démission du président Grévy, chassé par le scandale – déjà ! – d'un singulier et fort amusant trafic de décorations organisé par son gendre. En échange de quelques beaux billets à ordre, Monsieur beau-fils faisait décorer ceux qui avaient les moyens de – le – payer.

Après son élection, qui fut aisée, Carnot dut se frotter – et plus probablement se frictionner – à une opposition virulente commandée par le général Boulanger, qui avait le verbe bien plus haut que l'intelligence. Plutôt que de faire front, Carnot, en adepte exemplaire de la formidable formule « Courage ! fuyons », préféra effectuer une tournée des popotes en province, afin d'y rencontrer le bon peuple, duquel il affirmait à longueur de discours se sentir proche, comme tous ceux qui en sont éloignés...

Le maire d'Agen, Jean-Baptiste Durand, fermement soutenu par Armand Fallières, s'était rendu quelques jours auparavant à l'Élysée pour convier le président dans la capitale du pruneau et de la batellerie réunis. Un bon motif justifiait cette invite : il fallait poser la première pierre du lycée des garçons. Et Carnot, qui aimait tout autant poser les premières pierres que taquiner les ris de veau lors des banquets républicains, accepta d'enthousiasme l'invitation pour la mi-avril.

Toutefois, à la municipalité d'Agen, on s'inquiétait un peu. Il fallait en effet mettre les petits plats dans les grands – ce que l'on savait faire –, organiser des fêtes – là aussi, on excellait –, mais surtout montrer qu'au bord de la Garonne, tout le monde était heureux, même si certains mouraient doucement et discrètement de faim, et que le peuple grondait contre les trop fameuses « lois scélérates » qui permettaient de recourir à des procédures expéditives, à des actes de répression disproportionnés par rapport aux faits commis, d'infliger des sanctions lourdes... Bref, de faire régner une sorte de terreur au sein de l'opposition, alors que, en principe, ces lois visaient les anarchistes.

Dans un geste de grande générosité, les élus décidèrent de « tenir trois jours de fête » et d'offrir à manger aux pauvres. Ce qui les calmerait. On construirait même une estrade pouvant recevoir mille personnes, sur laquelle plastronneraient édiles et gras bourgeois ; elle permettrait aussi au bon peuple d'admirer le geste large du poseur de première pierre et de contempler à satiété les orateurs.

Pour le *Journal de Lot-et-Garonne*, ces manifestations d'exubérance coûtaient trop cher, et il aurait mieux valu donner tout l'argent des festivités aux pauvres :

« La municipalité agenaise a cru devoir voter 30 000 francs pour faire au chef de l'État une réception splendide. Il y aura ainsi une fête bruyante, beaucoup d'étalage et de clinquant, de poudre inutilement brûlée, des lampions et des lampions, un feu d'artifice obligatoire et laïque et, brochant sur le tout, une nauséabonde éloquence coulant à flots avec le vin de champagne. Tel sera le bilan de cette journée aussi coûteuse qu'ennuyeuse. »

L'illustre – localement – périodique se trompait quelque peu. Certes, la journée fut fort coûteuse, les pauvres n'en profitèrent guère, mais on ne s'ennuya pas !

L'histoire et ses mystères

Il fut décidé que l'on donnerait du canon pour recevoir dignement le président Carnot. On tirerait également un feu d'artifice et l'on ferait une originale – si! si! – retraite aux flambeaux. Tel était le programme pour la veille de l'arrivée du président.

Pour le jour de sa venue, les élus, en grande pompe, viendraient à la gare – on voyageait en train à cette époque économe de l'énergie – accueillir le grand homme. De la gare à la mairie, le cortège recevrait modestement, vertueusement, « républicainement » et pudiquement le triomphe colossal que les élus agenais souhaitaient – et attendaient – de la part du bon peuple convié aux agapes. Des enfants de douze ans seraient spécialement réquisitionnés pour la circonstance : ils brandiraient des drapeaux en papier et des guirlandes multicolores finement décorées. Spontanément, naturellement. La préfecture organiserait une magnifique réception – réservée aux édiles et aux élites – pour couronner l'événement, et l'on prononcerait des discours qui révolutionneraient l'art oratoire.

En somme, tout fut organisé avec le plus de maîtrise possible. Millimétré, même. On allait voir ce qu'on allait voir !

Pourtant, si l'on en croit encore le *Journal de Lot-et-Garonne*, le préfet s'inquiétait : il ne sentait pas l'affaire. Une sorte d'intuition poisseuse lui taquinait les humeurs. Et ses craintes n'étaient pas vaines : une catastrophe d'une épatante qualité mit en lambeaux les réjouissances prévues, fit passer pour des couillons les édiles agenais, et ridiculisa pour quelques années la réputation de la ville.

Les 24 et 25 avril 1888, avant-veille et veille de la venue du président, des trombes d'eau s'abattirent sur la cité, inondant tout et transformant la Garonne en torrent boueux. Furieuse, la rivière ! Mais ce n'est pas tout. Quand ça veut pas, ça veut pas ! Tous les beaux arcs de triomphe couverts de fleurettes en papier de soie qui égayaient le futur parcours présidentiel furent délavés par les eaux pluviales en furie, et emportés dans les égouts et sur les pavés. La retraite aux flambeaux se transforma en retraite tout court !

Indifférent aux colères du ciel, Carnot débarqua en gare d'Agen le 26 avril alors que la pluie n'avait pas cessé. Il n'avait pas de parapluie et cela l'agaça. Il insulta le ciel, ce qui n'est pas bien, piqua le parapluie du préfet, ce qui n'est pas mieux.

Lorsqu'il arriva à l'endroit où il devait poser la première pierre, la tribune, qui était prévue pour recevoir mille spectateurs – mais qui en accueillait deux mille – s'effondra. Cela irrita encore plus le président ! On releva cent cinquante blessés que l'on transporta à l'hôpital Saint-Jacques, où les bonnes sœurs furent vite débordées, Dieu vaquant sans doute à d'autres occupations. Les autres estropiés se débrouillèrent seuls.

Comme on le souhaitait chez les édiles, on assista tout de même aux mouvements truellaires. Carnot, d'évidence, savait jouer de l'outil. Un virtuose ! Dans un bel élan républicain, M. le président de la République posa donc la première pierre du lycée des garçons sous des trombes d'eau accompagnées par le tonnerre qui, éclairs aidant, donnait des allures de tison fugace à la truelle.

Le lycée garçonnier naissait.

Pour celui des filles, on verrait plus tard.

Dans la soirée, un banquet républicain et convivial – en Lot-et-Garonne, on convive à peine qu'on se voit, même quand il pleut ! – précéda un nouveau et néanmoins fabuleux feu d'artifice, qui partit en quenouille puisqu'il pleuvait toujours. Les pétards devinrent loques et les belles bleues, guenilles.

Le lendemain, la foule agenaise, curieusement en joie bien que toujours réquisitionnée, escorta et rendit hommage au « petit père Carnot », qui voulut embarquer sur l'esplanade du Gravier à bord d'un bateau, lequel le conduirait à Bordeaux. Tout le long du parcours, des arcs de triomphe sans fleurs, aux allures lamentables, donnèrent un moral d'enfer au président et bien du chagrin aux édiles agenais.

Car la catastrophe perdurait. Le président constata que le bateau spécialement affrété pour lui et sa suite, et qui était amarré sur les quais, ne pouvait pas descendre le fleuve tant il faisait gros dos et charroyait des troncs et du bétail noyé. La Garonne, vraiment trop épaisse, se révélait fort dangereuse. Ça l'énerva davantage. Il dut prendre le train. Ce qui l'horripila. Et il quitta la ville fort en colère.

Carnot détesta Agen tout le restant de sa vie, qui fut courte, puisqu'il fut assassiné à Lyon en juin 1894. Inconsciente de ce dédain, la capitale du pruneau lui offrit un boulevard : il va à la gare. Mais pas à la Garonne. On ne comprend pas pourquoi. Cela aurait fait sens. Unique ?

À cette occasion, la ville d'Agen commanda des médailles d'or pour commémorer l'événement et, par la même occasion, ne lésinant sur aucun sacrifice de l'argent du contribuable, une truelle en argent aux armes de la présidence. Elle servit à sceller la fameuse pierre, que l'on peut toujours voir dans les caves du lycée Palissy. Quant aux médailles et à la précieuse truelle, nul ne sait ce qu'elles sont devenues. Il fallait bien un mystère à cette histoire.

Chapitre VI

La chevauchée d'Henri IV en Albret

L E PAYS D'ALBRET, qui s'accroche gaillardement sur des croupes dodues de terre de boulbène et de sable océanique, devrait normalement s'appeler le « pays des Lièvres ». « Albret » vient de « labrit » qui, dans le dialecte prélatin des premiers peuples de ce terroir gascon, veut dire « lièvre ». On trouve un village appelé « Labrit », qui fut également le site d'un château des Albret, dans les Landes. Ici, chaque virage de route, de chemin, de sentier cache un mystère. Les découvrir est la plus ludique des occupations.

Le pays d'Albret était donc, grâce au lièvre, mais pas seulement, un excellent territoire de chasse avant de devenir celui du bon roi Henri. Du reste, Henri le quatrième aimait tout autant chasser le gibier que courir le guilledou où, c'est bien connu, on chasse férocement la grisette.

L'Albret, territoire sentinelle de la Gascogne, fait fièrement face à la Guyenne. Il occupe toute la partie garonnaise de la lande, ainsi que les terres grasses et bossues que la Baïse arrête avec délicatesse. Elle sépare l'Albret de l'Agenais. Ici, le futur roi au cheval blanc fit maintes chevauchées giboyeuses et amoureuses. Les Gascons, qui ne tarissent pas d'éloges sur « leur » prince d'Albret, assurent, la main sur le cœur en guise de bonne foi, que chaque château, chaque belle demeure et chaque gentilhommière du pays possède une chambre dans laquelle l'Henri fit, forcément, des galipettes avec un tendron du coin. Vérité ? Affabulation ? Peu importe ! La légende est belle, et elle mérite d'être écoutée sinon entendue. Car toutes les histoires coquines que l'on raconte ici sont réjouissantes et drôles. Toutes sauf une.

À Nérac, fief emblématique d'Henri, le jeune prince eut une aventure toute platonique – ce qui reste à prouver – avec une gamine joliment nommée Fleurette. Elle l'aimait à en mourir. Et comme lui en aima bien vite une autre, elle en mourut. En se noyant dans la Baïse.

On peut voir sa statue dans la magnifique promenade de la Garenne, à deux pas de l'épatant château de la famille d'Albret. Elle dort là, d'un éternel sommeil, au creux d'une fontaine taillée dans le rocher.

Nérac est très imprégné du séjour royal de celui qui n'était encore qu'un prince. Au bout du vieux pont, bossu à souhait, la maison de Sully indique que, même après son accession au trône et une messe en échange de Paris, le roi gascon séjournait parfois dans sa bonne ville.

Si Nérac est le point d'ancrage des chevauchées d'Henri le quatrième, ce dernier possédait, autour de son château, deux autres chemins d'escapade, les « terres riches » comprises entre Landes et Gers et la lande garonnaise, appelées landes de Gascogne, où le pin est roi.

Nérac

Les d'Albret s'installèrent à Nérac au début du XIIᵉ siècle pour protéger le territoire à la demande de l'Église. Ils feront bien plus que ça puisqu'ils assureront sa gloire. Grâce à Jeanne III d'Albret (1528-1572), qui se convertit à la religion réformée, le pays devint le refuge des protestants, mais surtout un lieu culturel prépondérant. Clément Marot, Saluste du Bartas, Agrippa d'Aubigné, Michel de Montaigne, Joseph Juste Scaliger et quelques autres firent, sous les d'Albret, beaucoup pour la réputation de ce bout de territoire.

Mais si la culture était présente, la théologie l'était tout autant. Lieu de prédilection des réformés, Nérac connut des passions religieuses douloureuses. Les guerres de Religion y firent bien des ravages. Et l'on jetait les cadavres dans la Baïse qui, parfois, prenait des teintes trop rougeoyantes. Aujourd'hui, elle est devenue plus paisible et, surtout, elle s'est transformée en véritable centre touristique. Le port de Nérac est sans nul doute le plus élégant de toute la vallée. Lieu incontournable, il ne détournera pourtant pas le visiteur de l'extraordinaire maison des conférences où fut écrit l'édit de Nérac qui précéda l'édit de Nantes.

Riches terres

Les riches terres commencent à Andiran, qui possède un curieux château et une non moins singulière «église des évêques». Dans ce pays de vallons d'oxygène, il faut toujours se méfier des beaux parleurs. Tous sont menteurs au point, une fois l'an, de se choisir un roi. La cérémonie a lieu à Moncrabeau, qui possède une Académie des menteurs et un fauteuil trône sur lequel il faut absolument s'asseoir[1]. Suivre dans ce village si pittoresque la balade des menteurs permet de voir, par temps clair, le détroit de Gibraltar et, les jours de bonne luminosité, les bergers nomades de Kabylie qui tricotent des chandails de laine vierge. Il faut soit une bonne vue, soit une formidable imagination pour les deviner dans les brumes claires des Pyrénées, mais telle est la force de Moncrabeau : faire prendre des vessies pour des lanternes, sans pour autant se brûler.

Francescas, bastide voisine et étape gourmande, enferme dans ses murs historiques un minuscule et formidable musée de la boîte en fer-blanc ! Là vécut La Hire, bras droit de Jeanne d'Arc. Il reste quelques lambeaux de sa demeure, mais il a donné son nom au meilleur restaurant du coin.

La chevauchée du quatrième Henri se poursuivait, dit-on, à Lamontjoie, autre bastide de Philippe le Bel, où des reliques de

---

1. *Voir troisième partie, chapitre I, « Les mystérieuses origines de l'Académie des menteurs ».*

saint Louis attirent encore des pèlerins érémitiques. Une belle forêt communale a la réputation sulfureuse d'être très riche en cèpes et autres bolets. Résultat, à l'automne, la moitié du département s'y précipite, ce qui provoque parfois de belles bagarres pugilistiques. Ici, tout ne finit pas par des chansons mais par des marrons.

Le bon roi gascon fit-il le voyage de Saint-Jacques-de-Compostelle ? C'est bien peu probable, mais il fit évidemment halte à Mézin, étape du célèbre chemin de foi. Outre le fait que la ville possède un très original musée du liège – ici, jadis, on fabriquait des bouchons –, elle vit naître le président Armand Fallières.

À deux pas, Poudenas, son château et son pont eurent le privilège de voir « *noste Enric* », comme on le nomme ici avec respect puisque, évidemment, il déniaisa de tendres jeunes filles dans une des chambres du castel. Une légende affirme que ce château possède trois cent soixante-cinq ouvertures, portes et fenêtres, destinées à compter les jours de l'année. Il suffit d'aller les dénombrer pour vérifier l'allégation.

La lande

Dès lors qu'il quittait Poudenas, Henri IV pénétrait la lande et ses mystères, ses sources médicinales, ses clairières à sabbats, ses maisons en ruine, ses légendes maléfiques et son cromlech. Cet étrange monument se trouve à Réaup-Lisse, au cœur des bois. Il est signalé par un méchant panneau qui date du roi Cézet, copain de Jules César. On appelle cet endroit « *Las Naou Peyros* », ce qui veut dire « les neuf pierres ». Elles sont déposées en rond et à la bonne saison on y trouve des champignons.

Là, sous la mousse amicale, vit une sorcière. Les nuits de pleine lune, quand les écharpes de brume ceinturent les grands pins noirs, quand les corbeaux apeurés se taisent enfin, quand les reinettes des sous-bois retiennent leur souffle, la méchante *pousouère*, nom local des fées maudites, sortait de la terre et mangeait les jeunes pucelles. Crues ! C'est en tout cas ce que racontait à ces grisettes éperdues de frayeur le prince d'Albret. Le but étant qu'elles ne le restent pas... Pucelles, s'entend! Bref, en les déflorant, il leur rendait service!

Ce si bon roi pour les jeunes filles allait-il voir la superbe église de Saint-Pé, à deux pas de Saint-Simon et Sainte-Maure-de-Peyriac, où l'on mange la meilleure poule au pot du monde? Pour la poule, peut-être! D'autant que la légende est tenace. Elle affirme que Henri mettait plus souvent la poule dans son lit qu'au pot. Ce n'est guère élégant, mais l'indélicatesse fait aussi partie de l'Histoire. Surtout si ce ne sont que des histoires!

Plus sûrement, Henri allait à Sos, village sentinelle entre les Landes et le Lot-et-Garonne, où vivaient les Sotiates. Cette peuplade préromaine et probablement celtibère (ou basque?) donna beaucoup de mal à Jules César. L'empereur dut envoyer ici son meilleur général, Crassus, pour faire céder les farouches combattants. Riton découvrit ici une place étonnante entourée d'arcades – on les appelle les cornières ou les couverts – qu'il reproduisit à Paris.

À travers bois et fougères, il rejoignait toujours Durance, où il avait un pavillon de chasse et beaucoup de maîtresses. Là aussi on mange bien. À la saison, les palombes y ont du génie!

Houeillès «vaut le détour», comme disent les guides en mal d'inspiration. Son église, pourvue d'un incroyable apophtegme affirmant «heureux ceux qui pleurent et qui ont faim», mérite une petite visite. Ce très singulier paraphe, dans un lieu qui prône la charité, prouve que les crises de foi font souvent écrire des âneries.

Dans *Le Quart Livre*, Pantagruel, qui jamais ne pleura ni n'eut faim, parle d'un pays «*tant plaisant, tant fertile, tant salubre et délicieux que je pensoys estre le vray jardin et paradis terrestre*». C'est évidemment l'Albret qu'il évoque. Il aurait pu ajouter, à la manière de Prévert, qu'il chantait les noms des villages de la lande: Allons et son église gothique de Goutz, Sauméjan et la tour carrée de son clocher, Pompogne et son bonzaï religieux qui pousse sur le clocher de l'église et aurait fait plusieurs miracles, Pindères, qui n'est pas un cirque mais qui possède une église plus longue, au regard du village, qu'un jour sans pain, Saint-Martin-de-Curton, qui ne veut pas de mal aux curés, Caubeyres et sa palombière publique, La Réunion, qui n'est pas une île,

Fargues-sur-Ourbise, capitale gasconne de l'asperge, Lavardac et son port un peu guinguette, Barbaste où le roi gascon fit construire le plus beau moulin fortifié du monde, Ambrus où une vierge aimable fait parfois des miracles grâce à sa fontaine.

La balade poétique d'Henri s'achevait à Casteljaloux. La nôtre aussi. Le roi y possédait un pavillon et des copines. De la place du marché, on peut aller à pied à la mer sans jamais quitter la forêt. Les thermes de Casteljaloux, que connurent sans doute les cadets de Gascogne d'Edmond Rostand, intimement associés à la ville, redonnent un destin à cette belle bourgade où il fait bon vivre. Le lac de Clarens tout proche est un paradis de baignade et de pêche.

De l'Albret, dont Casteljaloux est un joyau, le poète gascon Paul Rouncats disait : « Dieu créa le monde puis, dans la foulée, le Labrit, et enfin sa copie conforme : le Paradis. »

Bienvenue au paradis !

Chapitre VII

Clément V

C E PAPE avait de fortes attaches avec l'Agenais. Il naquit dans le bourg de Villandraut, à cette époque un lieu-dit qui s'appelait « la Vigne d'Andron ». Son père, le seigneur de Gouts, était apparenté à la famille d'Albret, de Nérac. Sa femme, Ida de Blanquefort, lui donna onze enfants : six garçons et cinq filles. L'aîné, Arnaud Garcias, se maria en Agenais. Le second, Béraud, devint prêtre puis évêque et cardinal.

Le quatrième, Bertrand, offrait le plus d'espérance à sa famille : sa mère l'envoya à l'école de Bazas. Un jour, en jouant avec ses camarades, il tomba sur un angle de pierre qui lui fit une large plaie sur le front. Il en garda toute sa vie le stigmate. C'est à ce signe que les huguenots, venus piller et profaner son tombeau, allaient le reconnaître deux siècles et demi après sa mort.

Le jeune Bertrand, qui passait quotidiennement devant la petite église d'Uzeste, aimait s'y arrêter, s'y reposer et y dire quelques prières. Devenu pape, il fit de ce lieu un beau sanctuaire gothique, tel qu'on peut le voir aujourd'hui.

À quinze ans, Bertrand demanda à son frère aîné Gaillard de l'aider à gagner Agen, où son oncle était évêque de la ville. Gaillard lui fournit un cheval, avec lequel Bertrand mit trois jours pour arriver dans la capitale du pruneau – qui ne l'était pas encore mais qui allait le devenir grâce aux Templiers. L'oncle évêque trouvait naturel de s'occuper de ses neveux. Il avait déjà accueilli Béraud, devenu vicaire général.

Bertrand fit donc ses études secondaires à Agen. Il y rencontra ceux qui allaient le suivre pendant sa carrière pontificale : Arnaud Frigier, Guillaume Ruffat et Arnaud de Pellegrue. Le maître de Bertrand, à Agen, s'appelait Pierre Cahuzac. Il enseignait au monastère de Saint-Ferréol. C'est là que Bertrand apprit que le traité d'Amiens venait de transférer la souveraineté d'Agen aux Anglais. La transmission officielle des pouvoirs eut lieu le 9 août 1279 en présence de Bertrand. C'est le sénéchal de Gascogne, Jean de Grailly, qui reçut les nouveaux serments pour le roi d'Angleterre.

À l'occasion d'une visite à Toulouse et sur recommandation de son oncle, Bertrand rencontra l'évêque Richard de L'Isle-Jourdain, qui lui fit visiter ses trois bibliothèques, garnies de livres inestimables. Toute cette culture ainsi amassée impressionna le futur pape.

Plus tard, il quitta Agen pour aller étudier à Paris, où il rencontra probablement le dauphin, qui allait devenir, en 1285, à la mort de Philippe le Hardi, Philippe IV le Bel. Mais si elle est fort probable, rien ne démontre que cette rencontre a bien eu lieu.

Bertrand de Got et son ami Arnaud de Pellegrue décidèrent de quitter Paris pour aller étudier le droit à l'École des lois d'Orléans. Leurs maîtres furent Roger Lefort et Pierre Chapelle. Sous le prétexte d'obtenir son brevet de doctorat, il partit à Bologne puis à Rome où, toujours grâce à l'entremise de son oncle l'évêque d'Agen, il fut reçu par le pape Martin III et par Benoît Cajetan, archevêque de Milan, futur pape Boniface VIII.

Puis son père mourut. Il rentra dans sa famille.

Bertrand fut ordonné prêtre à l'âge de vingt-six ans, en 1290, par l'archevêque Guillaume III. À la même époque, son frère, archidiacre du diocèse d'Agen, fut nommé par Martin IV, archevêque de Lyon, en remplacement de Rodolphe de Torrete. Le nouvel archevêque demanda bientôt à Bertrand de venir le seconder. Ascension fulgurante, il le nomma vicaire général.

Bertrand accueillit à Lyon les juifs chassés d'Angleterre par Edouard Ier, qui les accusait – ce n'était qu'un prétexte – de faux monnayage. Il reçut également Benoît Cajetan, légat du Saint-Père.

Plus tard, Béraud de Gouts fut désigné pour annoncer à Pierre Mouron, en juillet 1294, qu'il venait d'être nommé pape. Le 15 décembre de la même année, celui-ci abdiqua, et Benoît Cajetan lui succéda sous le nom de Boniface VIII. C'était un ami de Bertrand de Got.

En 1295, le nouveau pape nomma Bertrand de Got, évêque de Saint-Bertrand de Comminges. Il emmena avec lui Arnaud de Pellegrue, qui devint son vicaire général. Quatre ans plus tard, à la fin de l'année 1299, il fut appelé à Rome pour être désigné archevêque de Bordeaux. Il prit comme vicaires généraux ses deux amis, Arnaud de Pellegrue et Arnaud d'Aux.

Gaillard de Gouts, le frère de Bertrand, se démit de sa propriété de Pessac en faveur de ce dernier, qui en fit le siège épiscopal. Petite curiosité, cette propriété devint le château Pape-Clément, célébrissime pour son vin, mais resta longtemps la propriété des archevêques de Bordeaux, jusqu'à la Révolution.

En 1301, Bertrand organisa son diocèse. Mais c'est à cette époque que naquit le conflit entre Philippe le Bel et Boniface VIII à propos d'impôts levés par le roi – déjà – sur le clergé. Le 1er novembre 1302, le pape convoqua à Rome tous les prélats et évêques du royaume pour délibérer sur les libertés de l'Église et, sans doute aussi un peu, pour préparer une réponse au roi.

Philippe le Bel répliqua en convoquant, le 10 avril 1302, les premiers États généraux de la nation (clergé, noblesse et bourgeoisie). Bertrand se rendit donc à la convocation du roi, mais prit la précaution de faire une déclaration dans laquelle il clamait, pour lui et son Église, qu'il n'était tenu à aucun hommage ni serment de fidélité envers le roi de France.

Les États généraux décidèrent d'écrire au pape et aux cardinaux. Par ce texte, le roi interdisait aux évêques français de se rendre à la convocation de Boniface VIII. Bertrand décida malgré tout d'y aller.

Bertrand quitta Rome et rentra à Bordeaux au début de l'année 1303. Philippe le Bel, fort en colère contre le pape, lui envoya en octobre 1303 son émissaire, Nogaret, avec une troupe d'hommes armés. Ils se rendirent à Agnani, village natal du pape. Ils brûlèrent les portes du palais. Le pape fut même giflé, et Nogaret lui lit une sommation dans laquelle ordre lui était donné d'assister à un prochain concile présidé par Philippe le Bel.

Délivré par les gens d'Agnani révoltés par l'attitude de Nogaret, le pape retourna à Rome, où il mourut des suites des humiliations subies le 11 octobre 1303. Le conclave aussitôt réuni élut Boccasini, qui prit le nom de Benoît XI. C'était un homme de grande aménité, qui releva le roi et la France de toutes les sentences fulminées par Boniface VIII avant son décès, mais il maintint celles contre Nogaret. Il mourut le 7 juillet 1304 d'une... indigestion de figues.

Le conclave se rassembla à Pérouse pour une nouvelle élection. Après onze mois de pénibles tractations, il fut décidé de choisir le nouveau pape à l'extérieur du Sacré Collège des cardinaux, et l'unanimité, ou presque, se fit sur le nom de Bertrand de Got, prélat gascon de moins de quarante ans, éminent diplomate et juriste resté à peu près neutre dans la querelle entre Philippe le Bel et Boniface VIII. Quand son élection lui fut confirmée lors d'une tournée pastorale, il s'en réjouit modérément, et prit tout son temps avant d'accepter la sentence et de choisir le nom de Clément V.

Première surprise, le nouveau pape renonça à se rendre à Rome par crainte des intrigues locales et choisit de se faire couronner à Lyon, qu'il connaissait bien, le 1er novembre 1304.

Clément V fit son possible pour se concilier les bonnes grâces du puissant Philippe le Bel, mais il repoussa énergiquement sa demande d'ouvrir le procès posthume de Boniface VIII. En 1307, il eut un entretien avec le roi capétien, où il était question, en particulier, du sort des Templiers. Philippe le Bel voulait faire tomber cet ordre, influent et riche. Ce fut chose faite le vendredi 13 octobre 1307, sans que le pape, un peu agenais, eût pu s'y opposer.

L'histoire et ses mystères

Comme il n'était toujours pas en mesure de s'établir à Rome et qu'il souhaitait suivre de près le procès des Templiers, Clément V décida, en 1309, de s'installer « provisoirement » dans un couvent de dominicains en Avignon, sur des terres d'empire qui lui furent cédées par le roi de Sicile, par ailleurs comte de Provence.

Après l'élimination des Templiers, il s'empara d'une assez belle partie de leurs biens et en fit profiter son importante famille.

Chapitre VIII

La résistance héroïque de Penne-d'Agenais

L E CHÂTEAU de Penne-d'Agenais, où étaient réfugiés de nombreux cathares, a été édifié par Richard Cœur de Lion, fils d'Aliénor d'Aquitaine. Selon les stratèges de l'époque, le château était « la tête et la clef de tout l'Agenais ». Voici ce qu'écrivait, au XIXe siècle, avec une évidente recherche d'effets, un conteur du lieu : « Installé au carrefour de larges vallées fertiles, dominant comme un nid d'aigle l'opulence des terres cultivées, la gracieuse étendue des prairies, le délicieux agrément des bois et la réjouissante fertilité des vignes », il se dressait, majestueux.

Le chevalier qui commandait cette place forte s'appelait Hugues d'Alfaro. Il était le gendre de Raymond VI de Toulouse, car il avait épousé Guillemette, la fille naturelle de ce dernier. Il commandait quatre cents soldats que l'on nommait à l'époque « routiers ». Pour le seconder, il disposait de quatre capitaines : Guiraud de Montfavès, Bernard du Bourg, Le Meynadier et Baunac (on ne connaît pas leurs prénoms).

Le grand principe de cette époque troublée est qu'il fallait accumuler des vivres derrière les remparts pour faire face à un siège. À cet effet, Richard Cœur de Lion avait fait creuser un puits très profond qui mettait son domaine à l'abri d'une éventuelle pénurie d'eau. Et Hugues d'Alfaro avait fait établir dans l'enceinte du château deux ateliers de forgerons destinés à façonner des armes, un four pour cuire le pain, un moulin pour faire de la farine et une immense réserve dans laquelle il stockait des aliments.

Le donjon était, nuit et jour, occupé par des hommes qui faisaient le guet afin de pouvoir répondre à toute menace guerrière. Penne était donc considérée comme imprenable. Et c'est pour cette raison que Simon de Montfort voulait la prendre.

Prévenu d'une attaque possible de Montfort, Alfaro fit raser le bourg de Penne, au sud-est du donjon, puis fit venir la population dans le château. Ne pouvant défendre le bourg, il ne voulait pour rien au monde laisser le bénéfice de son confort – relatif – à son adversaire. Bref, tout était prêt pour un affrontement.

Avant de venir s'emparer de Penne-d'Agenais, Simon de Montfort avait poussé ses hommes jusqu'à Agen, où il avait reçu le serment de fidélité de l'évêque qui avait fait appel à lui. Il n'avait pas eu besoin de chasser les « hérétiques » de la ville, car ils étaient partis d'eux-mêmes en bateau, vers Bordeaux. À cette époque, la Garonne était une importante voie navigable.

À peine arrivés à Penne, les croisés installèrent leurs machines de guerre (appareils destinés à propulser des pierres de type bombardes, dont certaines, munies d'un contrepoids, portaient l'aimable nom de « couillard ») tout autour des remparts.

Nous étions le 3 juin 1212. Le long siège de Penne-d'Agenais commençait. Montfort bombarda les murs, composés de solides moellons. Ça ne donna pas ou peu de résultats, si bien que, trois semaines plus tard, le jour de la Saint-Jean d'été, les assiégés étaient toujours là, d'évidence bien nourris et en pleine forme. Du reste, ils ne se sentaient pas vraiment assiégés, car ils faisaient quotidiennement des sorties féroces qui ravageaient le camp de Montfort. Ils arrivaient même, parfois, à mettre le feu aux machines de guerre, qui étaient évidemment en bois, ce qui obligeait les charpentiers du comte à se remettre au travail.

Une nuit, à force de combats, les troupes de Montfort réussirent à installer une barrière (sorte de rempart en bois) à quelques pas du château. La nuit suivante, les hommes d'Hugues d'Alfaro s'en emparèrent et y mirent le feu. Le siège de Penne n'était décidément pas de tout repos pour le comte et ses barons nordistes.

Craignant le pire, Simon de Montfort fit appel à son frère Guy qui, avec ses soldats du Nord, avait ravagé le comté de Foix. Il venait de prendre Lavelanet et avait massacré la totalité de la population. Son bonheur était d'effrayer le peuple et de dévaster villes et villages en les incendiant totalement. À marche forcée, il quitta cette région et se dirigea vers Penne. Il se trompa et arriva à Penne-d'Albigeois[1], dans la vallée de l'Aveyron.

Guy de Montfort découvrit son erreur en constatant qu'il n'y avait aucun camp autour du château médiéval. Peu importe : il l'attaqua quand même, et le château tomba en une matinée. Il le ruina et repartit vers Penne-d'Agenais. En chemin, pour le plaisir, il fit détruire les vignes qu'il croisait et incendier les moissons, générant pour longtemps dans ces contrées la haine du nordiste.

Simon avait grand besoin de renforts. Sitôt arrivé, il cerna totalement le château, fit fabriquer par un certain Guillaume une *peyrière* immense, qui permit de lancer d'énormes blocs contre le château.

Pour la croisade contre les hérétiques, le pape avait imposé aux évêques comme à certains seigneurs ce que l'on appelait une «quarantaine». Il s'agissait d'une période de quarante jours de service militaire obligatoire pour la croisade. C'était dans ces «quarantains» que Simon de Montfort recrutait ses troupes. Celles qui étaient avec lui à Penne arrivèrent au terme de leur quarantaine. Ainsi, les chevaliers qui accompagnaient l'évêque de Rouen décidèrent de rentrer chez eux, privant le comte d'une grosse partie de sa troupe. Il faut dire qu'ils étaient singulièrement lassés par la durée du siège et son insuccès. Certains restèrent, d'autres partirent. Mais l'abbé de Reims, appelé en renfort, arriva lui aussi, accompagné par le doyen d'Auxerre et ses soldats. Le doyen aurait mieux fait de rester chez lui, car il mourut quelques jours plus tard sous les remparts de Penne.

Après quarante jours de siège, les vivres commençaient à se raréfier dans les murs du château. D'Alfaro avait bien fait les choses, mais il n'imaginait pas qu'il faudrait tenir plus de six semaines. D'autant qu'il faisait chaud en cette fin de juillet et que le puits, force du château, donnait des signes de faiblesse.

---

1. *Aujourd'hui Penne-du-Tarn.*

51

Montfort avait réussi à ouvrir une brèche dans les murs grâce à son immense *peyrière* et, malgré la farouche résistance des cathares de Penne, elle s'agrandissait chaque jour. Une formule assure que « les assiégés eussent tenu jusqu'au jour du Jugement dernier si les eaux ne s'étaient pas taries » (*si las aîgas no los fossen taridas*). Alfaro, qui attendait des renforts, comprit qu'ils ne viendraient pas. Il redoutait surtout le massacre que feraient Simon de Montfort et son frère Guy s'ils arrivaient à pénétrer dans l'enceinte du château. Il entra donc en négociation et capitula après plus de cinquante jours de résistance. Il obtint la vie sauve pour ceux qui le désiraient, mais soixante-quatorze cathares qui refusèrent d'abjurer furent brûlés. Lui dut subir le questionnement. Il fut également brûlé vif.

La victoire de Simon de Montfort eut un écho considérable. Il venait de conquérir le château « le plus imprenable du Midi ». Les villes de la région (Casseneuil, notamment, mais Marmande aussi et d'autres) se rendirent dès lors sans trop résister. Et la confusion que généra Guy de Montfort se répéta. Simon avait gagné la bataille de l'Albigeois, disait-on, confondant Penne-d'Albigeois et Penne-d'Agenais. C'est peut-être une explication, aucune des autres versions n'ayant la faveur des historiens pour expliquer l'appellation d'« Albigeois » pour la croisade.

À la mort de son père, Raymond VII, dit « le Jeune », vint assiéger Penne-d'Agenais en compagnie de Roger-Bernard de Foix. En mai 1223, Amaury, fils de Simon de Montfort, tenta de lui faire lever ce siège. Il connut un échec. Enfermé dans Carcassonne, il n'avait plus d'argent pour payer ses troupes. Il adressa une supplique au roi de France Philippe-Auguste, qui n'y répondit pas et qui mourut le 14 juillet 1223. Mais Louis VIII, qui avait participé avec Amaury à l'incroyable massacre de Marmande, lui envoya, lorsqu'il succéda à son père, 10 000 marcs. Philippe-Auguste destinait cet argent aux pauvres du royaume, et son fils considéra qu'Amaury l'était. Toutefois, ce transfert d'argent – mais pas de troupes – signifiait que le jeune roi ne voulait pas s'engager davantage. Ce qui poussa Amaury à quitter Carcassonne avec ses hommes après quinze ans de massacres successifs. Il céda tous ses biens au roi, qui jugea, dès lors, qu'ils valaient la peine d'être défendus.

Penne fut donc reprise. Sans combat.

Au château de Nérac, Henri IV cachait ses amours et ses mystères.
(Photographie des auteurs.)

Chapitre IX

Henri IV le Néracais

Pour une messe !

ICI, EN TERRE GARONNAISE et landaise, on parle d'Henri le quatrième comme s'il avait fait partie de la parentèle. Beaucoup prétendent même descendre du roi de Navarre grâce à la courbe élégante de la cuisse d'une aïeule qui aurait séduit le prince de Nérac. Et comme le vert galant se laissait beaucoup séduire, il a beaucoup d'héritiers. Présumés. Toutefois, une question se pose : tout ce que l'on dit à propos de lui est-il vrai ? Mystère.

Henri III, roi de France, fut assassiné par le moine fanatique Jacques Clément. Ce qui prouve que les intégristes musulmans n'ont rien inventé, puisque les catholiques, en brûlant les cathares, en égorgeant comme gorets de janvier les paisibles (?) protestants et, finalement, en assassinant un roi – probablement deux avec Henri IV – leur montrèrent le chemin de la bêtise sanguinaire ! Le roi succomba durant la nuit, après avoir désigné Henri de Navarre comme son successeur, lequel Navarre, « pour une messe », devint à son tour roi de France le 1er août 1588.

En Gascogne, où l'Henri avait sa résidence, tout le monde crut que l'annonce de cet événement considérable était une galéjade. Du reste, à Moncrabeau, où Henri IV, selon la légende, laissa quelques bâtards, on cultive toujours ce souvenir de la blague début août, où la fête des menteurs se tient le premier dimanche de ce mois estival.

Ce doute des Gascons sur l'accession au trône de leur prince « Enric » est normal. Henri de Navarre était huguenot. Or, jamais la France n'eut un parpaillot comme roi ! Mais cette appartenance au culte protestant ne le troublait guère. Il aimait dire : « *Si je n'estoit huguenot, je me ferois turc.* » Plus prosaïquement, le bon roi Henri aurait adopté n'importe quelle religion pour devenir roi. Paris valant grandement une messe, il accéda au trône.

Son dernier séjour en terre garonnaise avant cette accession à la royauté de France remonte à mars 1588. Alors qu'il séjournait au bord de la Baïse, Henri, intuitif, sentit que cette année serait décisive pour lui. Il écrivit à Mme la comtesse de Grammont – qu'il lutinait à ses heures perdues – pour lui annoncer qu'il allait se passer quelque chose : « *Je ne puis faillir d'estre bientost ou fou ou habile homme. Ceste année sera ma pierre de touche.* »

C'est bien évidemment à Nérac qu'il séjourna en ce mois de mars 1588. Sa femme, Marguerite de Valois, reine à Agen en 1585 – on disait même « la reine d'Agen » –, complotait contre lui. Elle fut l'alliée de la Ligue. C'est pourtant en 1587 qu'elle dut fuir la capitale du pruneau pour ne pas subir la révolte farouche des Agenais.

Pour sa part, Henri séjourna de 1577 à 1585 sur nos terres, qui étaient naturellement les siennes. La légende veut qu'il ait engrossé plus de jeunes filles qu'il ne mangea de poules au pot. Les humoristes s'amusèrent de cette proximité lexicale pour montrer qu'il mit davantage de poules au lit qu'au pot. Ça peut être drôle les jours de disette. La blague fut reprise par Antoine Blondin. C'est donc qu'il la jugeait assez fine.

Une autre phrase prouve, s'il en était besoin, l'attachement du prince de Navarre à son Néracais familial. Elle est due à l'évêque d'Aire-sur-l'Adour, qui eut le privilège de lire l'oraison funèbre du roi en 1610 :

« Ce grand roi des capitaines à fait de Nérac toute la France. »

Depuis le XIᵉ siècle, les Albret, dont Henri est le plus noble représentant, ont toujours vécu à Nérac ou à Casteljaloux. Certes, Henri était de Navarre, mais il se sentait d'Albret – il l'était à moitié – et aimait cette terre ondulante où le gibier abonde. Il se complaisait surtout en compagnie de ce peuple gascon, rude, truculent, bretteur, bon mangeur, bon... aussi, mais surtout peuple simple – en ce sens qu'il n'est pas orgueilleux, et non qu'il aurait pu être idiot. Ici, Henri se sentait à l'aise. Il est vrai que les Gascons l'adoraient et qu'il fit des cadets de ce pays sa garde rapprochée. Plus tard, son petit-fils, Louis XIV, l'imita.

Le Néracais était duché d'Albret. Ce pays va du Passage-d'Agen à la lande. C'est surtout la capitale de l'humanisme réformateur et le siège occulte de l'Église réformée. Marguerite d'Angoulême, grand-mère d'Henri, faisait venir au bord de la Baïse, dans le formidable parc de la Garenne qu'elle adorait et qu'Henri améliora encore quelques années plus tard, tout ce que la France humaniste comptait d'érudits. Calvin, bien sûr, séjourna à Nérac, mais également Clément Marot et beaucoup d'autres, qu'il serait fastidieux de citer ici.

Jeanne d'Albret, la mère d'Henri, fit souvent venir son fils à Nérac entre 1553, année de sa naissance, et 1571, année de son premier amour avec la petite bergère Fleurette. Légende ou vérité historique ? Cette histoire, comme la fumée, ne peut exister que parce que le feu couvait « quelque part ». Et Henri IV savait si bien l'éteindre... Ce sont bien évidemment des feux de l'amour que nous parlons. Et Fleurette, après s'être donnée au roi, se serait noyée par dépit amoureux. Le galant était trop vert et aimait trop de femmes.

Mais dès lors qu'il « fit ses dix-huit ans », Henri n'eut plus besoin de sa mère pour venir vivre à Nérac. Selon l'écrivain Patrick Tachouzin, cette terre lui « offrait un espace de liberté et d'apprentissage politique ». Car ici, on aime le verbe, les débats à n'en plus finir qui aiguisent l'esprit et cultivent le sens de la repartie. Ces joutes oratoires réjouissaient le jeune prince, qui non seulement prenait un malin plaisir à les écouter, mais également à y participer. Il y brilla, tant sa verve rocailleuse était fine et son sens des mots judicieux.

Toutefois, le prince d'Albret n'était pas que politique. Il était ripailleur, aussi. Dans la *Revue de l'Agenais* d'avril 1990, un excellent article de Jacques Clémens sur la vie d'Henri IV en terre garonnaise nous propose un tableau concernant les séjours du bon roi sur notre sol. Séjours et ripailles. On y apprend que l'inventeur supposé de la poule au pot aimait aussi la consommer, un peu partout, au gré de la réputation des aubergistes de la région. C'est ainsi qu'il allait très souvent à Durance, où il possédait un territoire de chasse fort giboyeux. Comme tous les seigneurs de l'époque, Henri adorait l'art cynégétique. De même, la région tonneinquaise semble avoir été fort fréquentée par le futur roi. Là, en effet, vivaient beaucoup de huguenots. Et de huguenotes aussi, sans doute !

Il y a une soixantaine d'années, un guide touristique de la Gascogne, dans son édition lot-et-garonnaise, présentait les auberges et les hôtels du département. Il n'était pas rare de lire que tel ou tel établissement offrait à la concupiscence, mais aussi au bon plaisir de ses clients « une chambre où coucha Henri IV ». Il est clair que s'il avait couché dans toutes les chambres qui portaient son nom, il n'aurait jamais couché chez lui. Mais il est tout aussi évident qu'il découcha tout de même très souvent.

Dans la région de Nérac, entre Baïse et Landes, chaque village possède une légende propre à un tout aussi incertain qu'improbable passage de « *noste Enric* ». Ici, on prétend qu'il se trouva en concurrence pour une femme, là avec un chasseur clandestin pour un chevreuil.

Présentons donc cette dernière anecdote :

Henri, fièrement campé sur son cheval, affirma au braconnier qui commençait à dépecer l'animal que ce gibier lui appartenait. L'autre, qui n'avait pas reconnu son roi, lui tint tête et affirma que noble ou pas, à cheval ou pas :

« *Lou moussu* devra se gagner son propre chevreuil, et si tu prétends que celui que je tiens est à toi, moi j'affirme qu'il est à moi. »

Comprenant que le braconnier ne savait pas qu'il parlait à son prince, Henri y fit allusion en affirmant que le maître de l'Albret n'apprécierait pas qu'un manant lui volât son gibier.

«Il n'appréciera pas davantage, répliqua le braconnier, qu'un petit trou du... se fasse son porte-parole. »

Le trou du... en question lui dit qu'il avait raison et fit demi-tour.

Quelques instants plus tard, il revint avec sa cour, du moins ceux qui l'accompagnaient à la chasse. Le braconnier comprit qu'il y avait eu méprise. Il n'implora pas le pardon. Il rendit simplement le gibier en affirmant que quand on est prince, on ne s'abaisse pas à batailler avec un manant pour un chevreuil. Henri sourit et lui donna raison, puis refusa le chevreuil.

Légende, évidemment, que l'on raconte à satiété dans la palombière les jours d'automne, où pas un vol ne se manifeste. C'est le temps des palabres et de la critique du personnel politique. Du temps du bon Henri, c'était bien mieux... et l'on vante sa générosité.

À écouter les Gascons d'aujourd'hui, ces histoires de chasse – ou de fesses – n'en finissent pas, et elles durent des heures. Henri, humaniste d'avant-garde, pardonnait tout à son peuple, y compris l'impardonnable, et s'en faisait aimer.

Il est fort probable que seule la légende ait gardé ce souvenir, mais il n'y a jamais de légende sans une parcelle de vérité. Et ce n'est pas par hasard qu'Henri IV fut baptisé « bon ». Aimant ce pays, il ne pouvait en être autrement ! Donna-t-il le chevreuil ? Il l'aurait fait, en tout cas, s'il avait su tout le bien que l'on dirait de ce geste, et tout le mal que l'on profère à l'encontre de ceux qui ne donnent rien et « nous prennent tout ». Les mystères de l'affection sont insondables.

Pourquoi Henri IV est-il resté cinquante et un ans en prison ?

Pourquoi le bon roi Henri – en réalité sa statue – est-il resté plus de cinquante ans en prison ? Pourquoi sa fête se tient-elle en mai, dans une ville protestante ? Deux petits mystères que l'histoire insolite explique.

59

Deux mois après le départ de Napoléon pour Sainte-Hélène, la nouvelle Chambre des députés, où l'on trouvait beaucoup plus de royalistes que dans la précédente, fut réunie le 7 octobre 1815. Un homme, qui n'a guère laissé de souvenirs ici, représentait le Lot-et-Garonne, et plus particulièrement la circonscription de Nérac. Il s'agissait du comte de Dijon. Royaliste pur sucre, il proposa de faire ériger à Nérac une statue du bon roi Henri. Il en paierait lui-même la réalisation, à charge pour la municipalité néracaise de dégager des fonds afin d'aménager les abords du château, à l'époque en partie en ruine, et de transformer ce quartier, composé de tristes masures insalubres imbriquées les unes dans les autres, en place royale. Selon le comte de Dijon, c'est au milieu d'icelle que trônerait la sculpture en pied de Riton le quatrième.

Louis XVIII, qui voyait là une occasion de mettre en exergue les vertus royales de « *noste Enric* », approuva le projet, d'autant plus vivement qu'il ne lui en coûterait pas un sou.

Les élus de Nérac, parmi lesquels figuraient encore quelques bonapartistes – même s'ils se faisaient discrets –, auraient préféré, pour leur part, que la statue du bon Henri soit installée sur la place du Temple : n'était-ce pas grâce à lui que les protestants pouvaient protester contre Rome sans se faire lapider ? Place du Temple également appelée place d'Armes. L'opposition d'idées créant l'immobilisme, rien ne se fit et on en resta là.

Quatre ans plus tard, le 24 juin 1819, le comte de Dijon, qui avait de la suite dans les idées, annonça que la statue était prête, qu'il était encore disposé à l'offrir, mais à condition qu'elle fût placée non loin du château, sur une place à ériger de toutes pièces après avoir rasé l'ensemble des masures qui l'occupaient.

Le conseil municipal fit faire une étude financière, et devant le coût exorbitant d'un tel chantier – il fallait exproprier une dizaine de propriétaires et réaliser les travaux –, se ravisa. D'autant que ceux qu'il fallait chasser de leurs bâtisses n'étaient pas d'accord, estimant que le sieur de Dijon aurait mieux fait de s'occuper de ses affaires plutôt que des leurs.

Le comte, pour autant, ne désarma pas et obtint du parlement que la municipalité de Nérac pût augmenter les impôts au centime le franc pour financer le chantier[1]. La municipalité perçut donc 98 centimes de plus. Cette augmentation, qui permettait à la commune de toucher apparemment des petites sommes, était prévue pour une durée de deux ans. Or, en réalité, cela fit beaucoup d'argent, car cet ajustement au franc supérieur allait durer un bon siècle. Toutefois, cet argent, petit mystère, ne fut jamais attribué à l'édification d'une place royale à proximité du château, et nul ne sait à quoi il servit.

En 1822, soit sept ans après la proposition du comte, un projet de route prévoyait d'apporter quelque argent supplémentaire à la municipalité qui vendrait des terrains au département afin que la route pût passer. La commune devait recevoir deux sommes rondelettes : 5 000 et 12 000 francs. Le conseil municipal de l'époque proposa de confier cet argent au comte : à charge pour lui de réaliser la place royale. Lui, pourtant si vif, ne réagit pas. Et en effet, rien ne se passa.

En 1823, soit huit ans après, la commune tint à la disposition du comte la somme de 27 000 francs. Ce dernier, cette fois, accepta, à condition que la localité achetât dans le quartier à détruire – pour y édifier la place – une maison qui pourrait accueillir provisoirement la statue d'Henri. Le conseil accepta.

Ce fut jour de liesse à Nérac, celui où l'on vénéra l'Henri, sa poule au pot et ses poules au lit. Hélas, dit la chronique de l'époque, « nul ne voit le visage du roi, puisqu'il est maintenu dans une loge de bois ». Une caisse ! Laquelle était enfermée dans la maison que les édiles avaient achetée. La statue y resta cinq ans.

À la sixième année, on ôta enfin le roi de la caisse – sans raison particulière – et, pour marquer l'événement, on organisa une gigantesque fête. Le 3 mai, précisément. Depuis, Nérac célèbre toujours sa fête annuelle en mai. La Sainte Vierge n'y est pour rien, malgré les affirmations péremptoires de certains historiens locaux.

---

1. *L'expression « au centime le franc » veut dire que si l'on doit 12 francs et 2 centimes d'impôts, les 2 centimes seront transformés en 1 franc.*

Mais les royalistes considéraient que cette statue, certes abritée dans une masure mais accessible à tous, risquait d'être abîmée par un antiroyaliste. Voire plusieurs. Ils exigèrent que la mairie l'entourât d'une grille. Ce qui fut fait par la municipalité, laquelle demanda l'aide d'un forgeron. En même temps, celle-ci étudia le projet d'aménager la place pour qu'enfin on pût voir de loin la magnifique œuvre d'art représentant Henri IV dans toute sa splendeur gasco-béarnaise. Hélas, le 3 décembre 1837, soit vingt-deux ans après que le comte avait proposé l'idée de l'édification d'une statue, la place n'était toujours pas aménagée, et le conseil municipal de Nérac, qui avait pourtant perçu beaucoup d'argent, le « déplora ».

Le comte était introuvable. Qu'avait-il fait de l'argent ? Mystère. Ni lui ni le conseil ne financèrent les travaux, pourtant promis par les deux. Les élus de Nérac demandèrent de l'argent à Louis-Philippe, qui n'en avait guère et, par conséquent, n'en prodigua pas.

En 1853, c'est le peuple qui voulut voir la statue « libre » sur la place. On s'énervait qu'elle fût emprisonnée derrière des grilles. Le conseil approuva ses électeurs, lui donna totalement raison mais ne fit rien. En réalité, si : il différa les travaux.

En 1857, soit quarante-deux ans plus tard, un ingénieur avança une idée : « Changeons la statue de place, mettons-la dans un endroit où il ne sera pas utile de démolir des maisons, construire une place, faire de gros travaux. » Tout le monde reconnut le trait de génie de l'homme. On l'applaudit mais... on ne désigna pas un autre lieu.

En 1860, un autre conseil décida de mettre la statue sur la place du Temple, où le premier conseil voulait qu'elle fût installée. Tout le monde approuva, mais sans suite. Logique : pour élever une statue, il faut un socle, et un socle, ça se paie. Or, la mairie n'avait pas d'argent.

En 1869, soit exactement cinquante et un ans après l'idée initiale, un conseiller municipal proposa de transférer, à ses frais, *lou rey* place Marcadieu, autrement dit la place du Marché (*marcadiu*). On y consentit. Il était maçon. Il le fit. La statue y est encore.

Chapitre X

Le catharisme agenais dans l'histoire

L E CATHARISME est un mystère. D'autant plus grand qu'il est très probablement né en terre garonnaise et que peu de livres d'histoire le disent. Religion de Guyenne et de Gascogne, cette théosophie qui généra trois siècles de guerres et de tueries, y compris dans le Lot-et-Garonne, doit être un peu expliquée. Un petit dictionnaire des termes et des lieux garonnais, en annexe, complétera cette mise en perspective d'une période dont les archives n'ont à ce jour pas tout révélé.

La Libre Belgique du 15 mars 1994 titrait un de ses articles : « Les franciscains de Bosnie ont changé la politique croate. » Selon le chroniqueur, « les premiers franciscains se sont installés en Bosnie en 1291 pour y remplacer les dominicains, qui y œuvraient depuis 1233 pour contrer l'hérésie cathare des chrétiens bosniaques ». Nous revoilà au début du deuxième millénaire, plongés dans un souvenir qui date de son origine.

Après le déclin de l'Empire romain, la Gaule fut successivement envahie par diverses peuplades venues d'Europe centrale ou de l'Est, ainsi que d'Asie. Parmi elles, les Francs et les Wisigoths. Les premiers rétablirent, avec Clovis au Ve siècle, une certaine unité territoriale qui ne manqua pas de s'effriter. Quant aux Wisigoths arrivés en Occident au IVe siècle, après avoir pris l'Italie et Rome, ils s'installèrent à Toulouse en 413. Battus par Clovis en 507 à Vouillé, ils ne conservèrent que l'ancienne province romaine de Narbonne et l'Espagne. Les Wisigoths, cependant, en furent chassés par les Sarrasins au début du VIIIe siècle. Ces derniers repassèrent les Pyrénées une vingtaine d'années après Poitiers (732), battus par Charles Martel puis par Pépin le Bref, grandement aidés par un seigneur gascon.

Charlemagne, leur successeur, reprit le flambeau et édifia un vaste Empire d'Occident réunissant la Germanie et la France du nord au sud. À sa mort, ce territoire se morcela. L'autorité royale déclina constamment en France. Les vassaux devinrent plus puissants que le roi. Parmi eux, les comtes de Toulouse.

À la fin du XIe siècle, un grand mouvement ébranla toutes les couches sociales de la société médiévale : les croisades. Elles visaient théoriquement à délivrer les lieux saints de la domination musulmane ; en réalité, à fédérer les petits féodaux afin qu'ils n'aient qu'un ennemi et cessent de se battre entre eux et à exporter les plus belliqueux vers d'autres territoires !

Au XIIe siècle, le comté de Toulouse, dont l'Agenais faisait partie, était une région où le commerce et l'agriculture se redressaient. Les croisés et la navigation commerciale allaient rapporter des terres étrangères des idées nouvelles. Mais pas seulement...

Si l'Église avait pu susciter l'élan des chrétiens partant guerroyer en Palestine, elle s'installa également comme pouvoir temporel possédant terres, abbayes et droits de taxation. Dans l'insécurité du Moyen Âge, les abbayes furent à la fois des lieux de science, de sécurité et de prospérité. Leur enrichissement (par les dons de chrétiens) devait toutefois entraîner diverses dérives. Le peuple sudiste, accablé par les impôts, supportait mal la richesse de l'Église qui, de surcroît, lui parlait en latin. Les prêcheurs « cathares », en Agenais, parlaient le gascon, langue que tout le monde comprenait. La nouvelle religion qui prônait la pauvreté et la pratiquait – contrairement aux représentants de Rome – devint populaire.

Les origines

Le dualisme serait une théorie ou une doctrine religieuse formulée par Manès (manichéen) en Asie Mineure au IIIe siècle après J.-C., s'inspirant à la fois de la Bible, de la pensée grecque, des religions orientales et d'autres idées ayant partiellement influencé le judaïsme (Kabbale ou les esséniens, Ier siècle avant J.-C.) et le zoroastrisme (VIIe siècle. avant J.-C.). Ses thèses ont eu un impact très important : saint Augustin, par exemple, fut dualiste avant de devenir un des pères de l'Église. Les textes bibliques montrent qu'un courant dualiste est apparu très tôt dans les premières Églises chrétiennes (épître de saint Pierre).

Si Manès a influencé le catharisme, les écrits de cette religion y font peu référence. Le Nouveau Testament (l'Ancien ayant été rejeté) semble prédominant, même s'il s'agit parfois – mais rarement – de textes non reconnus par Rome.

L'idée première est l'existence de deux principes fondant et gouvernant le monde. D'une part, Dieu, parfait et bon, qui règne dans les cieux ou les esprits, d'autre part Satan, mauvais et périssable, ange déchu qui préside aux destinées du monde inférieur ou terrestre et de la matière. Dieu ne peut avoir créé le mal. Si ce dernier existe – et c'est le cas puisqu'il règne partout –, il ne peut être que le produit d'une puissance dévoyée, Satan, identifié au dragon apocalyptique.

Les conséquences de cette double croyance sont multiples. L'âme, ou l'esprit, est l'objet de toute la considération divine, alors que le corps est réprouvé. L'âme et l'esprit sont à Dieu ; le corps qui jouit, mange, etc. est au diable. Gagner son salut éternel n'est possible qu'en adhérant totalement à Dieu et en délaissant la condition terrestre, en n'écoutant pas les appels du corps. L'ascétisme est une des suites logiques du dualisme. Les âmes ne périssent pas mais se réincarnent dans un corps tant qu'elles n'ont pas atteint le degré de perfection leur permettant de pénétrer dans la vie éternelle.

La nature divine de Jésus-Christ, si elle n'est pas contestée, implique l'inexistence de sa nature humaine puisque l'eau et le feu ne peuvent se mélanger. Quant à Marie, la mère de Jésus, son existence humaine n'est pas acceptée par les cathares.

Cette doctrine s'appuie surtout sur l'évangile de Jean (Apocalypse) et sur de rares textes apocryphes, c'est-à-dire écrits par les apôtres non reconnus par l'Église romaine. Un bon exemple est l'*Interrogatio Johannis*, ou questionnaire de Jean, apocryphe d'origine bogomile (fin du XIIᵉ siècle). Il s'agit d'un texte relatant un entretien entre le Christ et saint Jean, au cours duquel ce dernier lui pose diverses questions dont les réponses constituent le credo cathare :

« Et ensuite, moi, Jean, j'ai interrogé le Seigneur en disant : "Seigneur, comment l'homme prend-il sa naissance de l'esprit dans le corps de chair ?" Et le Seigneur me dit : "Des esprits déchus des cieux entrent dans les corps de boue des femmes, et ils reçoivent la chair de la concupiscence de la chair et l'esprit naît de l'esprit, et la chair, de la chair ; et c'est ainsi que le règne de Satanas s'accomplit en ce monde." Et j'ai interrogé le Seigneur en disant : "Jusqu'à quand Satanas régnera-t-il en ce monde sur l'existence humaine ?" Et le Seigneur me dit : "Mon Père lui permit de régner sept jours, c'est-à-dire sept siècles." »

Les interrogatoires d'hérétiques par l'Inquisition attestaient que les idées contenues notamment dans cet apocryphe étaient connues ou partagées par de nombreux cathares ; c'est même ce qui les séduisait.

Le verbe, l'exemple

À l'aube du XIIIᵉ siècle, le catharisme s'était largement développé au vu et au su de l'ensemble de la société. Une telle situation devenait de plus en plus intolérable pour l'Église officielle, et elle ne pouvait laisser indifférent le pouvoir royal. Diverses initiatives furent prises pour tenter, par la persuasion, de convertir les hérétiques. Cela donna lieu à d'importantes confrontations entre les prédicateurs « romains » et les représentants cathares, devant un public qui n'hésitait pas à montrer ses préférences pour les seconds.

Si, dans le pays de langue d'oïl, le glaive écrasa largement les velléités hérétiques – il y en eut bien plus qu'on ne le croit ou ne le dit –, cette méthode sembla moins efficace dans le Midi, puisqu'une large part de la population, dont la noblesse, embrassait l'hérésie. Certes, il y eut çà et là quelques tentatives forcées de reconversion, mais elles restèrent isolées, au XIIe siècle, dans les États du comté de Toulouse, et donc dans l'Agenais.

Dès 1206, un prédicateur d'origine espagnole, Dominique de Guzman, le futur saint Dominique, fondateur des dominicains, comprit que la persuasion viendrait de l'exemple. Il fallait concurrencer le clergé cathare sur son propre terrain, celui du prêche et du dépouillement. Comme l'écrivait un chroniqueur de l'époque :
« Ils [les dominicains] se présentent dans l'humilité, allant pieds nus, sans or et argent. En quelque sorte, ils imitent en tout le modèle des apôtres. »

Les quelques – mais réels – succès de saint Dominique ne furent pas suffisants pour calmer la colère des autorités romaines. On ne lui laissa pas le temps d'agir. Il faut dire que pour l'Église catholique, la méthode de l'exemple mise en place par saint Dominique, si elle devait être généralisée, constituait un bouleversement et un danger importants. Se transformer en une Église dépouillée, « apolitique » comme l'Église cathare, allant nu-pieds sur les chemins, représentait la fin de la puissance ecclésiastique, riche et opulente. Du reste, les princes de l'Église ne désiraient absolument pas faire preuve de pauvreté et d'abstinence. Pour des papes qui tentaient d'imposer leur hégémonie afin de « civiliser » la société féodale, cette tactique de dépouillement ne se concevait pas à grande échelle. Que quelques pauvres curés aillent sur les chemins, soit. Mais pas toute l'Église. Le débat entre les deux Églises ne pouvait, selon la logique de la papauté, être tranché que par l'écrasement du plus faible. « Charité chrétienne commence par l'élimination de l'adversaire », assurait, ironique, l'écrivain Yvan Audouard.

La reconquête

Après la mort d'Innocent III le 16 juillet 1216, le comte Raymond VI, qui s'était réfugié à la cour d'Angleterre, tenta avec son fils, le futur Raymond VII, de reconquérir ses États (dont l'Agenais). Simon de Montfort revint à la charge, mais fut tué au combat le 25 juin 1218. Les rois de France qui avaient espéré recueillir les fruits des efforts des croisés craignaient que le sur-saut du Midi ne les privât de toute influence dans cette contrée. Ils durent donc s'engager plus avant et plus personnellement dans la croisade, dont les buts politiques allaient finir par apparaître au grand jour. On était déjà très loin du fait religieux : il ne servait que de prétexte à une reconquête territoriale.

En 1219, le prince royal Louis (le futur Louis VIII) participa aux combats, sans grand succès, mais avec d'horribles massacres. En 1221, Raymond VI mourut, et son fils Raymond VII, qui avait acquis une solide réputation lors de ses combats contre les croisés français, lui succéda.

Autonomisme ?

La stratégie politique de domination des Français sur le Languedoc, la Gascogne et la Guyenne, sous couvert de croisade contre l'hérésie, apparaissait de plus en plus nettement aux Méridionaux. *La Chanson de la croisade*, particulièrement dans sa seconde partie, écrite vers 1218-1219, ne mentionne guère la lutte contre les cathares, mais s'attache à magnifier la résistance des habitants du Midi unis contre l'invasion française. Évoquant les combats devant Toulouse, où Simon de Montfort fut tué, l'auteur de *La Chanson* évoque les cris ardents des défenseurs toulousains par ces vers :

« À mort ! À mort, foutus Français !
« La roue de la fortune a tourné !
« Vive Dieu, il nous rend Raymond [Raymond VII] et l'héritier de Toulouse,
« Et le feu dans nos cœurs brûle à nouveau tout droit ! »

Les catholiques du Midi restèrent neutres. Ils ne pouvaient guère appuyer la croisade ou combattre l'hérésie, sous peine d'être accusés de traîtrise à leur comte.

Le catharisme peut-il revivre ?

Dans le monde troublé où nous vivons, des sectes et des croyances diverses se développent. Les religions traditionnelles sont l'objet de bouleversements, parfois accompagnés d'une volonté de purification ou d'un retour aux sources. Le catharisme peut-il revivre dans un monde où les repères moraux semblent aujourd'hui difficiles à trouver ? « *Als cap de sept cents ans verdeja le laural*[1] », chantait un troubadour agenais à la fin de la période du catharisme. Nous y voilà[2] !

---

1. « *Dans sept cents ans, le laurier reverdira.* »
2. *Voir lexique sur les cathares en fin d'ouvrage, annexe 1.*

Chapitre XI

Le mystérieux pays d'Icarie

I L Y A PLUS d'un siècle et demi, en octobre 1848, sur le quai de la Garonne, à Agen, près de deux cents personnes originaires du département s'embarquaient à bord d'un bateau pour rejoindre Bordeaux et, de là, voguer d'espoir, d'optimisme et de conviction vers «les Amériques». Ces Gascons et ces Guyennais partaient à la recherche du bonheur promis par un prêcheur d'utopies. Ils allaient, selon leur expression, bâtir une nouvelle société outre-Atlantique. Le chef de ces navigateurs d'espérance, un certain Peuplin, du pont du bateau, cria à la foule immense venue sur le quai offrir un «au revoir» affectueux à ces aventuriers: «Adieu, amis et frères! Nous partirons sous la garde de Dieu et du ciel à la conquête de la liberté!» De bien grands mots pour un embarquement et un voyage somme toute classiques! Sauf que, justement, ce départ n'avait rien de banal: il était en vérité tout à fait extra-ordinaire.

L'aventure qui démarrait cet automne à Agen avait pour ambition de changer le monde. Rien de moins. Du reste, lorsque Peuplin eut achevé son discours, certains, sur le bateau, l'acclamèrent en criant: «Vive la république sociale!» Ces grands mots et ces phrases définitives provenaient d'un dénommé Étienne Cabet. Son histoire et celle des Lot-et-Garonnais qui l'écoutèrent mérite que l'on s'y intéresse, car le destin de ces adeptes d'une nouvelle république est bien mystérieux.

Étienne Cabet naquit à Dijon en 1788. Il devint avocat et publiciste. Un homme sérieux qui se vit même confier la tâche de procureur général en Corse. Mais cette fonction, dans un pays qu'il croyait hostile, ne lui plaisait guère. Cela n'empêchait pas ce fils de tonnelier dijonnais, qui fournissait les plus grands viticulteurs de Bourgogne et de Beaujolais, de vouloir conserver sa liberté d'expression. L'homme, dirait-on aujourd'hui, avait le cœur à gauche. En Corse, il prononça un jour un discours que les dirigeants de l'époque trouvèrent « trop démocratique ». On le révoqua pour cette liberté de parole. Mais le petit père Cabet avait du tempérament. Il se présenta aux élections et fut élu député, à Paris.

Humaniste, notre nouveau parlementaire fréquenta bien vite les carbonaristes. Il s'agissait alors d'une étrange société secrète, d'origine italienne, fondée vers 1807 pour lutter contre Napoléon. En France, le mouvement des *carbonari*[1], fondé en 1820, se donna également pour but de renverser les royalistes, autrement dit les Bourbons. La Fayette était carbonariste. Il y eut bientôt plus de trois cent mille membres en France, et beaucoup dans le Sud-Ouest. Le Lot-et-Garonne n'échappa pas à cette ferveur mystérieuse. Tous les *carbonari* étaient de fervents républicains.

Comme le député Étienne Cabet. Pour faire vivre et connaître ses idées et sa philosophie, il fonda un journal, *Le Populaire*, dans lequel il défendait ses idées humanistes, qu'il aiguisait davantage en fréquentant une loge maçonnique parisienne. En 1834, il publia un article fort sévère contre la monarchie de Juillet. Plutôt que d'aller en prison, il préféra s'exiler en Angleterre. C'est outre-Manche qu'il côtoya des hommes comme Robert Owen, le fondateur du mouvement coopératif, ou Thomas Moore, et apprit auprès d'eux les grandes théories du socialisme, qu'il défendit de nouveau à son retour en France, en 1841, dans son journal.

Dès lors, il tenta de mettre en pratique tout ce en quoi il croyait. Ainsi estimait-il que seule la nation, autrement dit l'État, devait être propriétaire de l'ensemble des outils de production afin de ne fabriquer que ce qui est nécessaire et de ne faire produire que

---

1. *Terme qui provient de « charbonnier », car les membres de cette société occulte se barbouillaient le visage de charbon de bois lors de l'initiation d'un nouvel impétrant afin que ce dernier ne puisse identifier personne au cas où il changerait d'avis en cours de procédure.*

ceux qui en sont capables. En somme, il rêvait d'un socialisme parfait où il n'y aurait plus ni riches ni pauvres, ni gouvernement ni gouvernés, ce régime s'imposant à tous sans contrainte, par la seule persuasion.

Et comme il lui parut – à raison – impossible d'instaurer un tel régime en France, Étienne Cabet envisagea de le mettre en pratique au Texas, sur un territoire qu'il venait d'acheter à une communauté de Mormons.

S'appuyant à la fois sur les réseaux maçonniques pour colporter sa nouvelle philosophie et sur les anciens réseaux carbonaristes, Cabet n'eut pas de mal à recruter des volontaires désireux de s'embarquer vers le Nouveau Monde pour y édifier un... monde nouveau. Et c'est ainsi qu'il rassembla plus de deux cents Lot-et-Garonnais, qui s'embarquèrent le 28 octobre 1848 sur le quai de la Garonne, à Agen, à destination du bonheur complet.

La théorie égalitariste est toujours admirable sur le papier, mais rarement dans les faits. Comme le disait si bien Coluche : « On est tous égaux, mais certains le sont plus que d'autres ! »

Au pays texan d'Étienne Cabet, qu'il avait baptisé « Icarie » en référence au rêve d'Icare, tout alla rapidement de travers : chacun voulait être heureux, mais personne ne voulait travailler à l'édification de ce bonheur promis. On dut déménager et, du Texas, se rendre dans l'Illinois, à Nauvoo. Nouvel échec. En 1852, soit moins de quatre ans après son installation aux Amériques, Étienne Cabet constata son échec. Il se réfugia à Saint-Louis et y mourut de chagrin en 1856.

Mais les Lot-et-Garonnais qui l'avaient suivi – c'est lui qui avait payé le voyage aller – n'avaient pas le moindre sou pour revenir. Ils se fixèrent donc au Texas et dans l'Illinois, où certains firent fortune, mais ils ne revinrent jamais pour en parler. Que sont-ils devenus – ils étaient près de deux cents ? C'est un vrai mystère, car personne n'a vraiment cherché à le savoir.

Personne sauf les auteurs de cet ouvrage.

On trouve encore, aux États-Unis, des traces de ces communautés intentionnelles fondées aux Amériques par les adeptes de Cabet, se désignant comme des « Icariens ». Avant de s'y rendre,

Cabet envoya Charles Sully en éclaireur au Texas pour préparer le terrain, situé sur les bords de la Red River, dans les environs de la ville de Cross Timber. Les créateurs de ce nouveau monde n'y arrivèrent qu'en juin 1848, après une longue et pénible marche, car la Red River n'était pas navigable jusqu'à Cross Timber. Là, ils tentèrent d'organiser leur communauté, mais furent vite découragés par le climat ; plusieurs colons moururent de la fièvre paludique. Ils décidèrent donc de se rendre à La Nouvelle-Orléans où, après avoir rencontré d'autres colons icariens dans une situation identique à la leur, ils votèrent la dissolution de la communauté.

Pourtant, Cabet, dès son arrivée à La Nouvelle Orléans, le 19 janvier 1849, tenta de reprendre les choses en main. Il organisa une assemblée générale grâce à laquelle il parvint à convaincre deux cent quatre-vingts hommes, soixante-quatorze femmes et soixante-quatre enfants, sur un total de quatre cent quatre-vingt-cinq colons, à poursuivre l'aventure icarienne.

Le 1er mai 1849, les colons débarquaient donc dans l'Illinois, État qu'ils abandonnèrent par la suite. Le climat y était agréable et les terres fertiles. Lors de l'assemblée générale tenue le 21 février 1850, les colons votèrent la constitution définitive de la communauté icarienne. Tout n'allait pas aussi mal qu'on le racontait, car la communauté prospérait, et les colons français et américains qui avaient rejoint Cabet affluèrent jusqu'en décembre 1855.

Pourtant, en octobre 1856, une crise interne due à l'insurrection de plusieurs colons, qui jugeaient Cabet trop autoritaire et le système qu'il avait mis en place trop liberticide, entraîna le départ de Cabet, accompagné de soixante-quinze hommes, quarante-sept femmes et cinquante enfants. Ils partirent à Saint-Louis, dans le Missouri. C'est là, peu après son installation, que Cabet mourut d'une attaque cérébrale.

Mercadier, qui fut alors élu président, décida de quitter Saint-Louis en mai 1858 pour installer la communauté à Cheltenham. Elle vivota cinq ans durant, jusqu'en 1863, quand les colons furent obligés de prononcer la dissolution d'Icarie : ils avaient été ruinés par la guerre de Sécession.

La vie se poursuivait toutefois dans l'autre partie d'Icarie. J.-B. Gérard, qui avait succédé à Cabet dans la ville de Nauvoo, jugea bon, en 1857, alors qu'il était à la tête de deux cent quarante colons, de déplacer la communauté à Corning, dans l'Iowa, près de Nodaway. Certains préférèrent le quitter et retournèrent en France ; il n'y avait pas de Lot-et-Garonnais dans ce groupe qui se désolidarisait de l'idée socialiste. D'autres restèrent à Nauvoo et abandonnèrent la communauté pour devenir agriculteurs à leur compte. D'autres, enfin, suivirent Gérard.

En 1863, la communauté icarienne de Corning n'était plus composée que de soixante personnes, mais sa prospérité et sa bonne productivité attirèrent nombre de nouveaux et anciens colons.

En 1876, un nouveau conflit éclata en interne. Il était cette fois d'ordre politique : le « parti des Jeunes Icariens », progressiste et révolutionnaire, accusa ceux qu'il appelait « la vieille Icarie » d'être trop conservateurs et de refuser la modernité. En 1878, l'affaire arriva devant les tribunaux, et ce fut la cour d'appel du comté qui dut régler le litige en prononçant la dissolution de la communauté. Les membres s'installèrent à titre personnel sur les terres qu'ils partageaient, et leurs descendants y sont encore.

Chapitre XII

Les milliards du maquis et du marché noir

I L Y EUT, durant la dernière guerre mondiale, des faits d'armes particulièrement osés, dramatiques, courageux, qui ont marqué les mémoires et les cœurs. Certains actes de résistance ont même rempli les portefeuilles.

Henri Amouroux, un des plus grands spécialistes de cette période trouble en France, nous raconta qu'au sortir de la guerre, un bon nombre d'Agenais et de Lot-et-Garonnais, qui, selon sa formule très euphémique, « n'avaient pas eu trop à souffrir de l'Occupation », durent aller « planquer » leur argent à Paris en achetant pratiquement tous les immeubles d'un même boulevard. Ceux-là s'étaient gavés grâce au marché noir, d'autres le firent à l'aide de quelques parachutages intelligemment détournés. Si beaucoup périrent pour sauver la patrie, certains s'enrichirent en oubliant qu'elle existait. Un autre bon moyen de cacher « le fric pas clair », selon la formule d'Amouroux, consistait à acheter des bijoux en or. Une fois le calme revenu, il était aisé de les revendre, tandis qu'échanger des billets datant d'avant 1945 impliquait que l'on justifie de l'origine de l'argent. Ce n'était pas le cas pour l'or.

Beaucoup connaissent la formidable histoire du braquage du train de la Banque de France, auquel participèrent des résistants périgourdins et une poignée de compagnons issus des armées clandestines du Lot-et-Garonne. Ce braquage, qui fut le plus important de tous les temps – plus encore que celui de l'attaque du train

Glasgow-Londres – mérite une courte allusion, car des natifs du Haut-Agenais y prirent part... mais n'en profitèrent pas.

Ce ne fut pas le cas de tout le monde.

Le 28 juillet 1944, dans la forêt de Cendrieux, au sud de la Dordogne et non loin du Lot-et-Garonne, à l'ombre des châtaigniers et des chênes, un immense tas de sacs dissimulait 2,5 milliards de francs, que des résistants venaient de voler dans un train de la Banque de France. Dans la nuit, la quasi-totalité de cet argent disparut. Aujourd'hui encore, nul ne sait avec précision ce qu'il est devenu. C'est un secret d'État. Converti en franc d'avant l'an 2000, ce magot pèserait 26 milliards de francs, soit 4 milliards d'euros ! Formidable pactole dépassant de loin, on l'a dit, le fameux hold-up du siècle.

Ces sacs de billets composaient le trésor de la Banque de France. Normalement, l'argent aurait dû se trouver dans les coffres de la succursale de Bordeaux. Mais le directeur girondin, craignant les bombardements alliés, avait fait secrètement rapatrier son magot dans les caves de la Banque de France de Périgueux, laquelle risquait moins d'être bombardée que les bâtiments de la capitale girondine.

Toutefois, à Périgueux, en 1944, un nouveau préfet, Jean-Eugène Callard, avait été nommé ; et il avait toujours durement pourchassé les résistants, surtout lorsqu'il était en poste à Bergerac. Comme beaucoup de ses confrères – Maurice Papon, notamment –, il cherchait à se faire pardonner, d'autant que, depuis le succès du débarquement, les Allemands étaient de moins en moins virulents. Il fallait donc, après avoir servilement obéi à Vichy, donner des gages aux probables nouveaux maîtres du pays. Il était évident que ces futurs dirigeants seraient ceux qui s'étaient battus pour libérer la patrie.

Ainsi donc, en accord avec quelques rares résistants, le préfet décida-t-il de renvoyer à Bordeaux, par le train, les 2,3 milliards de francs que contenaient les coffres de la banque périgourdine. L'argent fut chargé dans un wagon de marchandises, lui-même accroché à un train de voyageurs faisant régulièrement la ligne Périgueux-Bordeaux. Discrétion oblige.

L'histoire et ses mystères

À 8 heures du matin, le 26 juillet, deux hommes pénétrèrent dans le bureau de poste de Villeneuve-sur-Lot. Ils étaient là pour neutraliser toutes les communications téléphoniques. Surtout celles qui pourraient être adressées à la *Kommandantur*. Au même moment, un commando d'une dizaine d'hommes dirigé par «Krikri» s'empara de la gare de Neuvic, arraisonna le train et vola tous les sacs contenus dans le wagon. Il fallut plusieurs longues minutes et deux camions pour charger les cent cinquante sacs de billets.

Quand les camions «gazogènes» quittèrent la gare de Neuvic pour rejoindre leur base arrière, un orage formidable éclata, rendant la chaussée glissante et le transport très dangereux. Il n'empêche qu'après quelques incidents – on perdit plusieurs sacs en route, qui ne furent évidemment pas perdus pour tout le monde... –, le convoi arriva à Cendrieux, au cœur de la forêt des résistants. «On aurait dit une montagne tellement il y en avait», confia Gilbert Boissière, un convoyeur des milliards du maquis, à l'un des auteurs de ce livre. Une «montagne» qui disparut dans la nuit du 28 juillet.

Aujourd'hui encore, personne ne sait qui a pu se servir ainsi en toute impunité! Si l'on peut lever le secret sur les fonds – secrets, eux aussi – que la République, bonne mère, offre à ses édiles, pourquoi ne lève-t-on pas celui de ce formidable événement? Où sont passés les 23 milliards du maquis, et qui, à titre évidemment personnel, les a utilisés? Nous avons plusieurs fois posé la question et longuement enquêté sur le sujet. Nous n'avons toujours pas la réponse. Il y a quinze ans, «on» nous a même fait comprendre qu'il ne fallait pas trop insister. N'insistons pas.

Si cette affaire est quelque peu connue, du moins dans son déroulement, il en est une autre qui s'est déroulée à Villeneuve-sur-Lot à peu près dans les mêmes conditions, qui l'est beaucoup moins. Peut-être y a-t-il de bonnes raisons? Certains, qui ont du pouvoir, ont peut-être fait en sorte qu'elle ne soit pas rendue publique.

Toujours est-il que, le 18 juin 1944, un groupe de FTP, venu des environs de Belvès, en Dordogne, attaqua les locaux de la Banque de France, à Villeneuve-sur-Lot. Selon les versions, dont certaines sont très divergentes, et les témoignages, le montant du butin était variable : « Soleil », le patron des FTP du nord du département et du sud de la Dordogne qui avaient opéré cette nuit-là, avança 85 millions de francs, tandis que Jean-Jacques Gillot parle, dans son livre *Le Partage des milliards de la Résistance*[1], de 70 millions. Quoi qu'il en soit, 85 ou 70 millions composent une fort jolie somme. Mais ce qui compte dans cette affaire, c'est le mode opératoire. Car la minutie, l'audace et l'ampleur de l'opération frappent toujours les esprits soixante-dix ans après.

Ce soir-là, jour anniversaire de l'appel du général de Gaulle – peut-être, du reste, s'agissait-il de commémorer un souvenir ? –, trois camions de maquisards partent des environs de Belvès vers 21 heures. Bientôt, le convoi franchit Sauveterre-la-Lémance et pénètre en Lot-et-Garonne, « pays redoutable par l'absence de forêts et l'abondance de miliciens », comme l'écrit le Belvésois Michel Carcenac dans *Souvenirs d'un ingénu*. Dans les camions, des dizaines d'hommes du groupe Soleil, qui contrôle le Sud-Dordogne et a déjà fait de multiples incursions en Villeneuvois et en Duraquois.

Au milieu de la nuit, ils installent des barrages sur toutes les routes qui mènent à la ville. Un groupe d'hommes se dirige vers le central téléphonique, s'en empare et place aux manettes un opérateur qui parle l'allemand. Villeneuve est soudain coupée du monde : nul ne peut y entrer, nul ne peut en sortir, et toutes les communications téléphoniques sont interceptées. Parallèlement, les forces d'occupation qui sont stationnées à Agen et la milice, dont le siège se trouve à Tonneins, sont attaquées par deux bataillons pour faire diversion et être retenues sur place. À Villeneuve, le commando se dirige vers la Banque de France avec à sa tête le « patron », René Coustellier, *alias* « Soleil ». Pendant ce temps, un autre commando se regroupe autour du bar Saint-Michel, « repaire de la milice », et l'attaque à feu nourri.

---

1. *Éditions Pilote 24, 2004.*

Soleil positionne ses troupes près de la Banque de France, sur le boulevard Saint-Cyr-de-Coquard, à l'emplacement de l'actuel Trésor public.

Le directeur et le portier, qui dorment dans la banque, sont réveillés ; puis les hommes « saisissent », selon la terminologie employée par les résistants, trois énormes sacs remplis de liasses de billets de 5 000 francs. Pendant ce temps, d'autres groupes « ratissent » les conserveries villeneuvoises qui « travaillaient avec les Boches », comme l'affirme René Coustellier dans son ouvrage *Le Groupe Soleil dans la Résistance*[1].

Le 19 juin, à 7 heures du matin, tout le monde est de retour à Belvès, avec cinq camions remplis de victuailles et des dizaines de liasses de billets. Du côté des résistants, on déplorera seulement quatre blessés légers. Soleil assure que cet argent a été donné à ses chefs, autrement dit au Parti communiste.

À la Libération, certains résistants reprochèrent à ceux qui avaient parlé de l'affaire d'avoir utilisé le terme de « braquage » qui, selon eux, s'apparentait à un vol, tandis qu'ils procédaient à des « prélèvements légitimes ». Soit.

Mais ce qui fit surtout réagir nombre d'anciens maquisards, ce furent les propos de René Coustellier. L'homme est aujourd'hui controversé. Un premier ouvrage, qui relatait sous sa plume ses souvenirs de guerre, avait provoqué plusieurs mises au point de la part d'anciens membres de son groupe, dont Maurice Nusembaum, son second de l'époque, ancien cofondateur de ce commando de FTP. D'autres indiquèrent que si « le gros des effectifs engagés dans l'action était constitué de FTPF et de FTP-MOI [main-d'œuvre immigrée], y participait également un groupe de l'AS de Belvès ». Certains accusèrent même Soleil de ne pas avoir pris part à l'opération et dirent que l'argent avait été versé au chef de la Résistance, Maxime Roux. Possible.

Dans ces affaires de gros sous, en Dordogne comme en Lot-et-Garonne, il y a une vérité relative et toujours un peu de mystère quant à la destination réelle des fonds. C'est ce qui fait le piquant

---

1. *Éditions Pierre Fanlac, 2003.*

de ces histoires. D'autant plus piquantes que tout ce que nous savons, ou presque, du « braquage » de Villeneuve-sur-Lot nous fut raconté par Soleil lui-même, lequel, selon d'anciens camarades de combat, ne participa pas à l'opération.

Quand on veut noyer un poisson, on le prive d'eau. Quand on veut noyer une histoire, on en rajoute.

Chapitre XIII

Des femmes emmurées vivantes

C E QUI IMPRESSIONNE le plus les pèlerins se rendant à Saint-Jacques-de-Compostelle, c'est de découvrir, à Astorga, à quatre ou cinq jours de marche de Santiago, c'est-à-dire presque à la fin du périple, une sorte de tour non pourvue de porte, mais simplement équipée d'un petit *fenestrou* muni d'une grille, une sorte d'œil-de-bœuf, à travers lequel les visiteurs pouvaient jeter un maigre bout de pain à de pauvres femmes – pauvres folles ? – qui se faisaient enfermer ici pour racheter leurs péchés et ceux des autres. On les emmurait vivantes, et elles n'étaient abreuvées et alimentées que par le bon vouloir des pèlerins, qui n'avaient eux-mêmes quasiment rien à manger. Bref, elles mouraient de faim dans ces prisons imposées par la chrétienté, et on appelait ces femmes « les empierrées », *las empedradas*.

Au Moyen Âge, il y avait exactement le même type de prison dans certaines villes de France – singulièrement en Auvergne, mais pas seulement –, également créées par l'Église. Jadis, en effet, les « reclus » ou « recluses » s'enfermaient en guise de pénitence. Afin de montrer à Dieu qu'ils avaient de l'amour pour lui, pour sauver les autres de leurs péchés, ils décidaient de quitter ce monde et, comme le suicide était interdit par l'Église, utilisaient la protection de Rome pour se murer vivants dans ces geôles minuscules. Ils offraient leur vie à Dieu. Horrible geste d'une inutilité absolue !

Ces prisons comportaient parfois une ouverture pour permettre à l'air – et aux aliments offerts par les croyants – d'entrer. Mais il n'existait aucune évacuation pour rejeter les excréments de ces pauvres hères. Ainsi donc, les reclus vivaient sur leurs défécations dans le froid – dans la chaleur l'été –, la solitude, et certains hurlaient et gémissaient durant des jours avant de s'éteindre, seuls, abandonnés de tous et évidemment de Dieu, qui n'a jamais demandé de tels gestes.

Il y eut à Agen un quartier où des femmes, peut-être volontairement, s'enfermaient dans des guitounes de deux mètres sur deux. Les Agenais de ce temps admiraient ces actes, et apportaient à boire et à manger aux recluses. On racontait que l'abnégation de ces femmes protégeait le pays de la grêle, des ouragans et de toutes les catastrophes météorologiques... Car au bord de la Garonne, aucun homme ne se « réclusait ».

L'histoire de la recluse – en réalité, des recluses – d'Agen nous est contée par le chanoine Labénasie, dans son « Histoire de la ville et des églises d'Agen par rapport aux évêques qui les ont régies ». Ce document, jamais publié en tant que tel, mais dont des extraits ont paru dans la *Revue de l'Agenais*, nous dit qu'à cette époque, c'est-à-dire en 1348, il y avait « des filles dévotes qui se vouaient à la plus étroite réclusion, et qu'à cause de cela on les nommait "recluses" ». On rencontre, ajoutait le chanoine, « dans des testaments faits à Agen des legs à la recluse ». Et le chanoine de préciser : « J'en ai lu un à Condom, où se trouvaient deux articles concernant des legs en faveur des deux recluses qui étaient établies aux environs des deux portes de ladite ville. »

Ces prisons étaient en général placées hors de la cité, car quand ces pauvres femmes hurlaient à la mort, on préférait ne pas les entendre. L'une des recluseries d'Agen se trouvait dans le quartier Saint-Georges, non loin de la porte du même nom. Il faut savoir qu'au XIVe siècle, ce quartier s'appelait *lou barri de la Reclusa*, autrement dit « le quartier de la Recluse ».

En 1914, lorsqu'on fit appel aux jeunes Agenais pour aller mourir sur le front de la Marne ou ailleurs, de braves gosses indiquèrent également leur quartier d'origine, celui « de la Recluse », en espérant que l'ancien sacrifice de ces femmes éviterait le leur.

Ce quartier se situe dans la rue Lamennais, qui fait face à l'ancienne caserne de gendarmerie. C'est là, dans ces réduits minuscules, que s'enfermaient les pauvres filles, été comme hiver, emmurées vivantes. Elles n'en sortaient qu'une fois mortes, souvent de froid ou de maladies consécutives au froid. Et beaucoup voulaient les remplacer ! Il y avait en effet de nombreuses volontaires, des mystiques chauffées à blanc par des prêtres qui ne les décourageaient pas.

Jusqu'au XVIIIe siècle, ce quartier de la Recluse se trouvait hors des enceintes d'Agen. Il était pourvu d'un hôpital, l'hospice Saint-Georges, qui servait de halte aux pèlerins de Saint-Jacques-de-Compostelle. Cet établissement se trouvait à l'emplacement de l'ancienne clinique Esquirol qui, aujourd'hui, a déménagé et porte le nom de clinique Saint-Hilaire-Esquirol. Dans les soubassements de ce quartier, on peut encore voir les pierres de la barbacane de l'ancienne porte Saint-Georges.

Et si l'on trouve des recluses à Agen, c'est justement parce que cette ville se trouve sur le chemin de Saint-Jacques-de-Compostelle. Un peu partout, le long de la route, des recluseries rappellent au pèlerin que, s'il souffre, d'autres ont souffert bien plus que lui.

À Astorga, au-dessus du *fenestrou*, une inscription en latin indique : « Moi aujourd'hui, toi demain. » Sympathique comme tout !

On peut se demander pourquoi ce chemin générateur de tant de foi a abrité tant de souffrances inutiles et mortelles. Jésus n'a jamais demandé que l'on meure pour lui de cette manière. Certains évoquent le libre arbitre de ces femmes. En disposaient-elles vraiment ? Il n'empêche, l'Église, au nom de Rome, réclama ces tortures physiques et morales, et finalement ces morts... ou les suggéra... ou laissa faire. Ce qui revient au même.

En 1800, le petit pont enjambant la Masse dans ce quartier de la rue Lamennais portait le nom de « pont de la Recluse ». Aujourd'hui, il a disparu, les recluseries aussi. Nul ne le regrette.

Chapitre XIV

Les Templiers et l'ordre du Temple en Lot-et-Garonne

L E LOT-ET-GARONNE, entre autres singularités, se distingue par le nombre impressionnant de lieux ayant appartenu aux Templiers, et par deux commanderies notoires – les plus importantes du Périgord à l'océan. Pourquoi les Templiers ont-ils eu tant de possessions en terre garonnaise ? C'est un mystère. Elles ont toutefois été en grande partie détruites. C'est aussi dans ce département que s'est joué le destin final de l'Ordre, qui régna en maître durant plusieurs siècles.

Livrons-nous à un petit éclairage sur cette puissance financière, guerrière et morale, avant de faire le tour du propriétaire dans les terres de Guyenne et de Gascogne.

À l'origine des Templiers

La première croisade se termina en 1099, lors de la reconquête de Jérusalem. Les pèlerins, aussitôt, partirent pour l'Orient en empruntant des routes dangereuses. En 1118, neuf chevaliers, parmi lesquels Hugues de Payns et Godefroy de Saint-Omer, fondèrent l'ordre des « Pauvres Chevaliers du Christ ». Leur demanda-t-on de partir ? Si oui, qui ? Leur mission – on ne sait pas qui la leur confia – était de protéger les pèlerins et de sécuriser les routes entre la France et Jérusalem. Tâche ardue s'il en est pour neuf hommes... Mais ils ne restèrent pas sur les routes, puisque

Baudouin II, roi de Jérusalem, leur donna asile dans les caves du temple de Salomon. Ils prirent alors le nom de « Chevaliers du Temple ». Puis le temps passa.

La mission des Templiers

Guillaume de Tyr, l'archevêque des premiers Templiers, décrivait ainsi leur mission : « Protéger les routes et les voies, autant qu'ils le pourraient, des embuscades des voleurs et des attaquants, en particulier pour la sécurité des pèlerins. »

Une question se pose : comment, à neuf – les neuf Templiers initiaux, qui restèrent neuf ans durant –, pouvaient-ils protéger des milliers de pèlerins sur les milliers de kilomètres qui séparaient la France du tombeau du Christ ? Cette étrangeté aboutit à une autre question : leur mission n'avait-elle pas un autre but ? Qu'ont donc recherché durant ces neuf années les Templiers dans les caves et les ruines du temple de Salomon ? Comme on ne le sait pas, toutes les hypothèses sont possibles, y compris les plus délirantes et les plus farfelues.

Devenir Templier

Les postulants étaient toujours présentés par un des Templiers de la commanderie qui les recevait. Parrainés, en quelque sorte. Leur initiation commençait par une difficile mise à l'épreuve. Puis ils étaient présentés devant le chapitre. Ils devaient accepter les lois suivantes : éviter et fuir les péchés de ce monde, servir le Seigneur, être pauvre et faire pénitence. Puis ils devaient répondre à des questions sur leur vie actuelle : situation familiale, financière, etc.

Après l'initiation, qui fut sévèrement critiquée par la suite et sans doute déformée, l'impétrant devenait frère du Temple à vie. « Vivants ou morts, nous sommes au Seigneur... Glorieux les vainqueurs, heureux les vaincus. » Aucune femme n'était admise.

Hiérarchie

Si les Templiers obéissaient à une règle assez stricte, respectée au début, un peu moins, sans doute, à la fin, ils devaient également respecter une hiérarchie immuable. La voici.

Le maître : le rôle du maître et son pouvoir étaient relativement restreints. Il était la figure de proue de l'Ordre, mais il ne pouvait rien faire seul. Il avait un rôle de représentation et se contentait de signer les documents qui lui étaient soumis par le chapitre général. C'était au cours des réunions du chapitre général que le maître et les membres du chapitre décidaient de tout ce qui concernait l'Ordre. Toute décision devait être approuvée par l'ensemble du conseil. Le maître était élu par un conseil composé de douze frères (huit chevaliers et quatre sergents) et d'un frère chapelain. Les membres de ce conseil étaient désignés par l'ensemble des dignitaires et des commandeurs de Terre sainte à la mort du précédent maître.

Le sénéchal : deuxième personnage le plus important de l'Ordre, quoique son rôle se jouait dans l'ombre du maître. Sa fonction essentielle était de le remplacer lorsque celui-ci s'absentait.

Le maréchal : il était le chef militaire de l'Ordre. En campagne, même le maître devait se plier aux décisions du maréchal du couvent. Il était aussi responsable de la garde du gonfanon baucent, et veillait à ce que les frères de l'Ordre aient leur matériel de combat en bon état.

Le commandeur de la terre de Jérusalem : quatrième personnage, il était le trésorier de l'Ordre. C'est lui qui gérait l'argent des commanderies d'Europe et qui s'occupait des fournitures.

Le commandeur de la cité de Jérusalem : frère hospitalier de l'Ordre, il s'occupait des malades et des blessés et, en campagne, c'est à lui que revenait la charge de faire garder la Vraie Croix.

Les commandeurs des terres de Tripoli et d'Antioche : ils étaient les représentants du maître dans ces provinces. Ils avaient les mêmes droits et prérogatives que ce dernier, lorsque celui-ci n'était pas présent physiquement dans leur province. Tout comme le maître, ils étaient secondés par des chevaliers, le maréchal de la terre d'Antioche, par exemple.

Les commandeurs des autres provinces: ils avaient le même statut que les frères précédents, exception faite que leurs provinces n'étaient pas des terres «en guerre»; ils n'avaient donc pas de maréchaux pour les seconder.

Le frère drapier: il était le responsable d'une partie de la logistique de l'Ordre. C'est à lui qu'incombait le devoir de fournir vêtements, pièces de literie, chaussures... à tous les frères de l'Ordre. C'est aussi lui qui prenait les habits séculiers d'un nouveau frère, et qui préparait la robe et le manteau pour la cérémonie de prise d'habit.

Les frères chevaliers commandeurs des maisons: ils étaient simplement responsables de leur maison, à savoir des commanderies, des forteresses, etc. Ils devaient rendre compte de tout au commandeur de la terre ou de la province.

Le commandeur des chevaliers: il y avait plusieurs commandeurs des chevaliers. Ils étaient en fait des lieutenants du maréchal du couvent. L'un d'eux, placé sous l'autorité directe du commandeur de la cité de Jérusalem, dirigeait les chevaliers laïcs qui servaient dans l'Ordre.

Le turcoplier: il commandait aux turcoples ou troupes indigènes, des habitants de la Terre sainte qui s'engageaient dans l'Ordre et qui servaient le plus souvent d'éclaireurs ou comme cavalerie légère. Le turcoplier commandait également les frères sergents lorsque les Templiers étaient en campagne.

Le sous-maréchal: comme son nom l'indique, il était sous le commandement du maréchal du couvent. C'est lui qui gardait le gonfanon plié jusqu'au début de la bataille. À ce moment-là, c'est le maréchal qui s'en emparait et qui le brandissait. En dehors des campagnes, il commandait aux frères de métier. C'est aussi lui qui devait fournir en menu matériel les frères de l'Ordre.

Le gonfanonier: il commandait aux écuyers. En campagne, il gardait un gonfanon de réserve enroulé autour de sa lance.

Le commandeur de la voûte d'Acre: c'était un trésorier particulier. C'est lui qui administrait tous les biens de l'Ordre qui étaient débarqués des bateaux à leur arrivée, dans le port d'Acre.

Maçons et Templiers

La légende templière est intégrée dans le parcours initiatique proposé aux francs-maçons. Selon les rites et les degrés, elle est plus ou moins développée.

Elle fait partie du Rite écossais rectifié par le biais de son ordre intérieur. Elle est également présente aux trentième et trente-deuxième degrés du Rite écossais ancien et accepté, ainsi qu'au Rite d'York dans son degré de «chevalier du Temple» (*Knight Templar*).

Au trentième degré du Rite écossais ancien et accepté, il est dit :

«C'est à ce moment, mes frères, que nous avions coutume d'appeler à venger les Templiers tourmentés par deux abominables, Philippe le Bel et Bertrand de Goth. On leur attribuait de grandes connaissances ésotériques, et l'on prétendait qu'une série ininterrompue de grands maîtres reliait le Temple à notre ordre. Aucune de ces allégations n'a reçu le moindre commencement de preuve, et il ne nous appartient pas de respecter comme une vérité ce qui n'est sans doute qu'une légende.»

Cette légende est de nouveau évoquée dans le discours dit «historique» du trente-troisième degré :

«C'est ici le lieu de rappeler quelques détails historiques auxquels, par la suite, le grade de KS a été mêlé d'une manière telle que sa raison d'être en a été controuvée, voici : les Chevaliers templiers formaient un ordre de Chevaliers, institué sous le règne du pape Gelase, vers l'année maçonnique 5117, et ainsi appelés parce qu'ils demeuraient dans une partie du temple de Jérusalem, non loin du sépulcre de Jésus-Christ.

«Ils recevaient et assistaient les étrangers chrétiens et les pèlerins charitablement, revêtus de leur armure, les conduisaient dans la Terre sainte pour y voir les monuments sacrés de la chrétienté, sans crainte des infidèles. Cet ordre s'accrut en nombre, en pouvoir, en richesse et, vers l'an 1200 de l'ère vulgaire, il se répandit dans toute l'Europe. Leurs principales commanderies étaient situées sur les bords de la Méditerranée. Leur influence et leurs possessions étaient immenses et s'accroissaient journellement. Philippe le Bel, roi de France, en devint jaloux, et cette jalousie se transforma bientôt en une haine implacable lorsqu'ils épousèrent la cause de Boniface VIII, dans le différend qu'eut ce pontife avec le roi. Le 13 octobre, *anno lucis* 5307, Philippe le Bel fit arrêter tous les Chevaliers templiers qui se trouvaient dans son royaume, et les livra aux plus horribles supplices.

« En 5312, tout l'Ordre fut supprimé par le pape Clément V, à la requête du roi. Les rois d'Angleterre, de Castille et de Sicile, le comte de Provence et tous les souverains de l'Europe firent arrêter les Chevaliers templiers, s'emparèrent de leurs possessions et mirent des gardiens dans leurs commanderies. Le 1er octobre de la même année, le concile de Vienne avait banni tout l'Ordre, de concert avec le pape, et donné la plus grande partie de leurs possessions aux Chevaliers hospitaliers de l'ordre de Saint-Jean de Jérusalem, Chevaliers de Rhodes, maintenant dénommés "Chevaliers de Malte", ordre établi vers l'an maçonnique 5120, lorsque Honorius fut élu pape. Les Chevaliers Kadosh étaient originellement appelés "Chevaliers templiers", mais, après le massacre de ceux-ci par ordre de Philippe le Bel, ceux qui en échappèrent furent obligés de changer de nom et d'apparence pour mieux éviter les persécutions de leurs ennemis. Ils cessèrent de porter le cordon noir et la croix rouge, et y substituèrent un large cordon, couleur de sang, porté de l'épaule gauche à la hanche droite, auquel était suspendu un aigle noir à deux têtes, les ailes étendues, tenant dans ses serres une épée nue. »

Le trésor des Templiers

En 1312, l'ordre du Temple fut définitivement aboli, et ses biens placés sous la garde du roi Philippe le Bel, qui souhaitait les remettre à l'ordre des Hospitaliers. En 1314, le procès des dignitaires du Temple se termina. Jacques de Molay, grand maître, et Geoffroy de Charnay, commandeur, furent brûlés vifs à Paris. Ils jetèrent une malédiction au roi. Elle se réalisa en partie.

Une des principales motivations de Philippe le Bel dans la dissolution de l'ordre du Temple était financière. Les terres, maisons et commanderies possédées par les Templiers en France étaient en effet très nombreuses. En outre, ils détenaient une flotte maritime considérable, et effectuaient des transferts de fonds partout en Europe. Ils allèrent jusqu'à payer la rançon pour libérer Richard Cœur de Lion, fait prisonnier en Orient, et prêtèrent même de l'argent à Philippe le Bel. Les Templiers étaient donc bien « connus » pour leurs richesses.

Mais où cachaient-ils leur trésor colossal ? Où mieux qu'à Paris, dans leur enclos fermé, celui-ci pouvait-il être dissimulé ? On crut, à tort, qu'il se trouvait là. Ni Philippe le Bel ni aucun inquisiteur n'en découvrit la trace.

Deux hypothèses existent à ce sujet :

Si le trésor des Templiers est bien financier, celui-ci aura disparu juste avant les arrestations. Certains Templiers auraient été prévenus de l'attaque et auraient quitté leur commanderie avec le trésor. À ce jour, il n'a pas été retrouvé, mais selon nombre de spécialistes, il aurait en partie servi à armer la flotte portugaise qui partit à la conquête du Nouveau Monde. En effet, tous ces bateaux portaient sur leurs voiles la croix pattée du Temple.

Si le trésor de Templiers n'est pas financier, il pourrait être d'ordre spirituel. Cette hypothèse a été avancée au regard du temps passé par les Templiers en Orient, où ils côtoyèrent différentes civilisations, possédant chacune des connaissances et des croyances différentes. Ils y apportèrent des techniques novatrices permettant la construction de cathédrales. On peut alors penser que les rencontres qu'ils y firent au cours de ces deux siècles leur permirent d'acquérir un « nouveau savoir ». Il n'est pas impossible non plus que, ayant vécu en Terre sainte et approché de très près d'autres religions, ils aient fini par découvrir un secret très important, d'ordre religieux.

Ce sont deux supputations parmi d'autres. Des hypothèses par milliers ont circulé et circulent encore[1].

_____

1. *Voir lexique sur les Templiers en fin d'ouvrage, annexe 2.*

Chapitre XV

Le mystère des Gavaches

POUR AUTANT que l'on sache, les premiers Lot-et-Garonnais qui s'installèrent dans la vallée de la Masse il y a quelques millénaires étaient des cousins de Cro-Magnon. La Masse, minuscule affluent de la Garonne, creusa ici un « vallon d'oxygène » aussi profond que beau. Il part des plateaux de Laroque-Timbaut pour venir mourir à Agen, dans le vieux fleuve sudiste. Sur chaque rive de cet éden sauvage, des falaises, raides comme la justice corse, hébergent une multitude de grottes et d'abris où, d'évidence, les hommes de la pierre taillée élurent domicile.

Ainsi donc, comme tout le monde, du reste, l'Agenais actuel descend du singe. Pour autant, il n'est pas plus simiesque qu'un Parisien. Pas moins non plus. Il faut dire qu'après Cro-Magnon, il a connu bien des bâtardises qui lui ont, à chaque fois, apporté sang neuf et richesse culturelle.

Des peuples garonnais qui vécurent entre ce cher « Croma » et les Nitiobriges, antiques Agenais, on ne sait pas grand-chose. Il y eut certes les Celtes, puis les Ibères, qui firent qu'ici chacun devint Celtibère sans le savoir. C'est à peu près tout ce que l'on est en mesure de garantir sur cette époque lointaine.

On sait mieux, en revanche, que les hommes de Jules César, avec une grande facilité, conquirent ce territoire morcelé en tribus. L'empereur romain, à qui aucun Rubicon ne faisait peur, imposa ses coutumes aux neuf peuples du Sud-Ouest (Novempopuli).

Les centurions de Jules étaient autorisés à prendre femme localement. Ils ne s'en privèrent pas. Il faut dire qu'elles étaient beaucoup plus belles que les Transalpines et, surtout, plus proches. C'est ainsi que s'inventa un nouveau peuple : de gallo-celte-ibère, notre ancêtre devint gallo-romain. Ça vous change un homme ! Et peu ou prou, chaque pur Gascon en descend.

Bientôt, Rome s'essouffla, et les Germains vinrent la chasser, elle et ses troupes, pour occuper sa place et s'occuper des filles, qui n'y mettaient pas toujours de la bonne volonté. Ce furent d'abord les Vandales, qui violaient tout ce qu'ils rencontraient. Ils bâtirent même une cité que l'on appela « Castelvandalous », et qui devint Casteljaloux. D'autres peuples de l'Est, à peu près à la même époque (IVe et Ve siècles), les Wisigoths, s'emparèrent à leur tour de l'Aquitaine et, par conséquent, du pays qui va de la Garonne au Lot. Ils occupèrent toute la région durant plusieurs siècles. Les Gascons, c'est sûr, sont donc originaires de l'Est. Cousins des Germains.

Pas pour longtemps, puisqu'en 732, un autre « barbare », venant du Sud, cette fois, s'appropria le pays. Il s'appelait Abdelramane et, en remontant la Garonne puis le Lot, il conquit le pays. On ne compte plus les lieux-dits qui ont conservé la mémoire de cette présence maure (« La Maurague », « Mauret », « Mauril », « le Champ-du-Maure », etc., et même une grosse bourgade, Castelmoron). Les Gascons, c'est sûr, sont donc maures.

Mais les Maures furent à leur tour chassés par les Normands, qui ne laissèrent pas un très bon souvenir dans la région, d'autant qu'ils firent, de force, beaucoup d'enfants aux femmes du secteur. Une fois leur passion assouvie, ils regagnèrent leur contrée, mais revinrent deux siècles plus tard éradiquer le catharisme, qui faisait ici « la nique » au christianisme. Les Gascons, c'est sûr, sont donc normands et cathares.

Quasiment à la même époque, à cause d'Aliénor d'Aquitaine, les Anglais s'emparèrent de la région, y firent régner l'ordre, s'y installèrent comme s'ils étaient chez eux, conçurent des enfants et, durant quatre siècles, mélangèrent leur sang – quand ils ne le faisaient pas couler – à celui des Garonnaises. Ils enquiquinent encore les Agenais avec leurs arbitres de rugby à XV, mais c'est une autre histoire... Nous n'oserons pas écrire que les Gascons sont anglais, ça ferait trop de peine aux autochtones ! Mais tout de même...

Comme de bien entendu, ces migrations, ces interpénétrations d'un peuple vers l'autre continuèrent. Jusqu'au début du XXᵉ siècle, où un nationalisme exacerbé fit écrire à quelque édile un peu aveugle que le Gascon ne s'en laisserait plus conter. Un professeur de philosophie mézinais, Dieudonné Massartic, faux félibre et véritable ignare, assura en 1903 dans un brûlot vengeur que la « race » des Gascons, pure depuis les origines, « devait conserver sa nature propre » en refusant tout mariage avec un membre d'un autre peuple, « y compris les Basques, dont on connaît la sauvagerie et l'impiété » !

Ce donneur de leçons aurait mieux fait de se taire. Comme pour lui donner tort, pour au moins deux raisons, les Gascons sont avant tout basques et, en 1914, la guerre éclata. Elle emporta dans ses tranchées une grande partie de la jeunesse lot-et-garonnaise, privant l'agriculture locale des solides bras dont elle avait tant besoin.

Pendant ce temps, en Italie et en Espagne (Vénitie et Frioul pour l'Italie, Catalogne et Castille pour l'Espagne), la natalité augmentait, générant trop d'enfants pour les nourrir. Or, c'est bien connu, ceux qui n'ont pas de travail vont en chercher ailleurs, et ceux qui en ont trop finissent toujours par rencontrer les premiers. Ainsi, Italiens et Espagnols vinrent en Lot-et-Garonne en grand nombre à partir de 1921. Ils travaillèrent aux champs, construisirent des maisons et fabriquèrent des bouchons de liège.

Quelques Vendéens tentèrent également l'aventure. L'arrivée concomitante des Bretons, des Savoyards, des Ariégeois (qui descendaient simplement la Garonne) et des Aveyronnais vint, une nouvelle fois, renforcer la pureté de la race gasconne. Or, ces Vendéens, Bretons, Savoyards et Ariégeois étaient, xénophobie aidant, surnommés les « Gavaches ».

Le mot, dit-on, vient d'Espagne. Rien n'est moins sûr. On appelle « Gavaches » ceux qui, dans le Sud-Ouest, parlent la langue d'oïl. Et l'on baptise de « Gavacheries » les régions qu'ils habitèrent : la Grande Gavacherie au nord du département, et la Petite dans la vallée du Dropt. Leur parler est en général le saintongeais, avec substrat et adstrat occitans plus ou moins marqués.

Pourtant, en Catalogne, où le terme est utilisé, il signifie « homme du gave ». En réalité, il s'appliquait à tous ceux, hommes de peine, qui vinrent à partir de 1456, à la demande des prêtres et des monastères, pour remplacer les nombreux bras des Gascons et des Guyennais morts durant la guerre de Cent Ans ou, bien plus tôt, lors des massacres des cathares. Les Saintongeais comme les Ariègeois prirent donc le nom de « Gavaches ».

Autour de Buzet, du Port-Sainte-Marie, de Marmande et de Duras, il y avait tant et tant de ces hommes et de ces femmes que la région fut baptisée « Petite Gavacherie ». Désignant la communauté allophone de Guyenne et son territoire, le mot « Gavacherie » apparaît dans l'Almanach des laboureurs de 1778.

Aujourd'hui, beaucoup de lieux-dits portent encore le nom de « Gavache », et nombre de Lot-et-Garonnais descendent de ces familles émigrées ici pour lutter contre les dégâts de la peste et des guerres.

Comme tout nouvel arrivant, l'apport culturel des Gavaches fut important. On leur doit, par exemple, une espèce de pomme, dite « pomme à cidre » ou « pomme de Saintonge », qui possède un agréable petit goût anisé et que l'on retrouve au conservatoire de Montesquieu, très intéressant à visiter.

Vers Montségur et Castelmoron, ces Gavaches formèrent une très forte communauté dont aujourd'hui les traces et la mémoire se perdent dans la modernité. Pourtant, en Espagne, le mot « *gavacho* » est considéré comme une injure, qui ne figure même pas dans les dictionnaires. Un muletier appelle ainsi son mulet « *mulo gavacho* » ; les Ibériques donnent également le nom de « *Gavachos* » aux Français. Pour punir Napoléon de leur avoir fait tant de mal.

En 1546, sous la forme *guavasche*, Rabelais donna au vocable le sens de « vaurien », et l'occitan *gavach* signifie à la fois « rustre » et « montagnard ». Certains étymologistes savants assurent que le terme est un dérivé ironique du préroman *gaba*, qui signifie « goitre », « gésier », « gorge » et, éventuellement, « gaver » ; le goitre étant une maladie fréquente chez les montagnards, mais aussi chez les cagots.

L'histoire et ses mystères

Le Gavache était donc l'émigré qui venait sur un territoire chercher du travail. Il était forcément pauvre, souvent faible et soumis, et naturellement accusé de toutes les tares, singulièrement celle d'être voleur. Puis, le temps passant, il s'intégra, et on oublia son origine et parfois même son histoire. Beaucoup ignorent en effet que leur gendre, leur belle-fille, leur meilleur ami descend d'un Gavache. C'est la preuve même d'une parfaite intégration.

Chapitre XVI

« Il faut anéantir le patois »

POUR QUELLE RAISON la langue des origines, la nôtre, *lou gas-coun*, a-t-elle disparu ? Ce n'est plus un mystère. Ici, *a bisto de nas*, nous parlons donc le gascon, le milodiou au sud de la Garonne et le languedocien, *hil de puto*, au nord et à l'est. Articulées notamment autour du latin, mais plus antiquement du basque – n'appelle-t-on pas, dans certains coins des landes garonnaises, les palombes du doux nom d'*uzoa* qui, en basque, désigne ce beau et bon volatile ? –, ces langues se sont adaptées aux territoires ondulants du Lot-et-Garonne que Jules César conquit après quelques difficultés, singulièrement du côté de Sos.

Chaque « parler » diffère un peu du voisin. Cela agace les puristes, mais c'est ce qui fait le charme de ces langues authentiques, même si certains, aujourd'hui, voudraient imposer à tous un occitan « normalisé » qui, historiquement, n'a pas lieu d'être, puisqu'il n'y eut pas de pays occitan, de barons ni de princes d'Occitanie.

On ne parlait en effet pas de la même manière à Dax et à Toulouse, à Marmande et à Moncrabeau, où l'on sait que le parler était fleuri et salé. La normalité n'existait heureusement pas.

Il s'en est pourtant fallu de peu que ces langues sudistes, belles comme les fleurs des prés, chantantes comme un Italien qui aurait bu du vin de Buzet, joyeuses comme les jupes des filles au printemps renaissant, ne disparaissent à tout jamais.

En 1794, quelque temps après la Révolution – qui ici ne fit pas qu'un tour –, un abbé, Henri Grégoire (1750-1831), lut, le 16 prairial an II (4 juin 1794), un vibrant réquisitoire à la Convention. Il requerrait en faveur de la nécessité – et sur les moyens – de l'anéantissement des patois. L'avait pas peur des mots, pépère : anéantir. Rien que ça !

L'histoire de ce curé qui voulait tuer le si désopilant gascon, macarel, mérite grandement le détour, même si le poète gascon Paul Rouncats estimait que l'on «ferait mieux de lui botter les fesses». C'était, hélas, un peu tard. Encore que : les coups de pied occultes existaient et ne se perdaient pas tous.

En vérité, Rouncats n'a pas exactement prononcé le terme «fesses». Son mot n'avait que trois lettres. Gasconnes, de surcroît. Quoi qu'il en soit, un curé despote tenta d'assassiner la langue des ancêtres des Garonnais...

L'abbé Henri Grégoire était un personnage hors du commun. Il devint député aux États généraux, député de la Convention et membre du Comité de l'Instruction publique. Tous les exégètes grégoriens s'accordent à reconnaître qu'il fit beaucoup pour l'émancipation du peuple. Dont acte !

Ainsi, lorsque, en 1989, à l'occasion du bicentenaire de la Révolution et à la demande du président de la République François Mitterrand, les cendres du bon abbé furent transférées au Panthéon, il se trouva quelques princes de l'Église, et pas des moindres, pour ne point apprécier cette reconnaissance éternelle.

Diantre, voici un homme de Dieu, en outre franc-maçon, qui voulait le bien de l'humanité et de ses semblables, et l'on bouda son «panthéonage»? Certains parlèrent même de «pantalonnade», ce qui n'est ni très chrétien ni très fraternel, comme devraient l'être des prêtres entre eux.

Mais l'Église pardonne rarement aux siens lorsqu'ils font ou tentent de faire le bien en dehors de ses nefs. Elle ne pardonna donc pas à Grégoire son «socialisme» hérétique et le fait qu'il «coucha» avec la Révolution. Elle ne fut toutefois pas la seule à brocarder sa mémoire. Les occitanistes, les basquisants et autres Bretons bretonnants ne voulaient pas, eux non plus, que du bien à l'abbé Grégoire.

L'histoire et ses mystères

L'homme, en effet, après une longue enquête dans toute la France, constata que la diversité des parlers compromettait gravement l'unité nationale. Unité linguistique, certes, mais qui impliquait l'unité tout court. Un Breton ne pouvait pas dialoguer avec un Gascon, pas plus qu'un Alsacien ne pouvait commercer avec un Basque, tout simplement parce qu'ils ne parlaient pas la même langue. Au sud du département, vers Mézin ou Poudenas, à cette époque, quatre-vingt-quinze pour cent de la population ne parlait pas le français. Ce redoutable constat eut au moins un avantage : c'était la première fois, en France, que l'on s'intéressait aux diverses langues et aux particularismes du pays. Cette étude ethnolinguistique fut la première et resta longtemps la seule. Elle est toujours une référence et sert, encore aujourd'hui, à beaucoup de linguistes et d'étymologistes. Grégoire en déduisit que le pays n'irait pas loin, et avec lui la République, si la diversité des parlers se pérennisait. Les enfants étant par essence l'avenir d'un pays, ils devaient tous, selon le docte abbé, parler la même langue. Telle fut la conclusion du curé révolutionnaire.

Pour réaliser son souhait, deux possibilités se présentaient à lui : soit laisser la vie sauve à la langue maternelle – les patois, en l'occurrence –, mais imposer à l'école l'usage exclusif du français, soit faire interdire purement et simplement les idiomes régionaux pour leur substituer la langue nationale, une et indivisible, à l'image de la République. Pour une raison mystérieuse, cet homme de bon sens, pourtant tolérant – ses nombreux écrits le prouvent –, opta pour l'éradication des patois. Donc du gascon.

Son raisonnement, bien que contesté, est toutefois défendable. Ou du moins cela peut se plaider. À la Révolution, l'illettrisme était tel qu'il sembla à l'abbé Grégoire qu'il serait impossible à de jeunes enfants d'apprendre deux langues en même temps, et que la langue maternelle primerait toujours sur la langue imposée par l'école de la République.

Avait-il tort ? Avait-il raison ? Aujourd'hui, les partisans des identités régionales lui donnent tort. Sans doute ont-ils quelques arguments à faire valoir, notamment celui de la destruction des racines linguistiques. Mais, à une époque où l'on coupait des têtes pour peu qu'elles dépassassent du rang, que pesait un dialecte local face à la grandeur annoncée de la langue de Molière ?

Cet argument tient aujourd'hui les promesses d'hier. Qui, en effet, parle convenablement la langue de son grand-père dans ce bon vieux département ? Quelques centaines de personnes tout au plus. Peu de monde, en vérité.

Mais l'abbé Grégoire, au moment de la Révolution, remarqua sur le terrain la redoutable inculture de son peuple. Pour lui, la solution de cette acculturation passait par la langue unique que, de surcroît, il voulait universelle : le français.

Ainsi donc, il publia ses conclusions. Comme tous les passionnés, Grégoire ne fit pas dans la dentelle. Ce « Rapport sur la nécessité et les moyens d'anéantir les patois et d'universaliser l'usage de la langue française » est un véritable traité guerrier.

Ne résistons pas au doux plaisir de reproduire ici quelques extraits de cet assassinat linguistique public, assassinat concocté au nom de la liberté. Ce premier rapport est, petit bonheur qui n'occulte pas le crime, suivi d'un merveilleux essai historique et patriotique sur les arbres de la liberté qui furent plantés en ces heures troubles, et dont certains ornent encore – ils sont trop peu nombreux, hélas – les places des mairies de certains villages entre Garonne et Lot.

« Il n'y a qu'environ quinze départements de l'intérieur où la langue française soit exclusivement parlée. Encore y éprouve-t-elle des altérations sensibles, soit dans la prononciation, soit par l'emploi de termes impropres et surannés. [...] Nous n'avons plus de provinces, mais nous avons environ trente patois qui en rappellent les noms. »

Grégoire cite ces parlers. Le picard, le lorrain, le franc-comtois, le rouergat, etc. font les frais de sa vindicte, mais il mentionne surtout le gascon, celui de Garonne :

« [...] Et le gascon. Ce seul dernier est parlé sur une surface de soixante lieues en tout sens[1]. »

Bref, nos ancêtres étaient une vraie plaie. Pas tout à fait, pourtant, puisque « les Nègres de nos colonies, dont vous avez fait des

---

1. *Environ trois cents kilomètres.*

104

hommes [il fallait oser], ont une espèce d'idiome pauvre comme celui des Hottentots, comme la langue franque qui, dans tous les verbes, ne connaît guère que l'infinitif ». Et Grégoire d'en tirer les conclusions qui s'imposaient :

« On peut assurer, sans exagération, qu'au moins six millions de Français, surtout dans les campagnes, ignorent la langue nationale ; qu'un nombre égal est à peu près incapable de soutenir une conversation suivie ; qu'en dernier résultat, le nombre de ceux qui la parlent purement n'excède pas trois millions et, probablement, le nombre de ceux qui l'écrivent correctement est encore moindre. »

Une vraie calamité !

Ainsi donc, Grégoire proposa d'éradiquer le patois et singulièrement le gascon. Et il y a fort bien réussi, le bougre, puisque moins d'un pour cent de la population gasconne parle sa langue originelle.

Et c'est grave, macarel !

Quant au français, que ce bon abbé voulait universaliser, il est devenu verlan ou franglais, quand ce n'est pas « métèque », comme le chantait si bien le pâtre grec Moustaki. Une question se pose donc : qui sera notre futur abbé Grégoire ? Qui sauvera réellement le gascon contre l'impérialisme de l'occitan et du français ?

Sur les berges de Garonne, on l'attend, verre de vin gascon – de Buzet, par conséquent – en main.

Chapitre XVII

Les secrets du plus grand procès qu'ait connu le tribunal d'Agen

J OSEPH CHAUMIÉ naquit à Agen en 1849, et il devint maire de sa ville natale en 1896. Avocat réputé, homme politique modéré, il fut également élu sénateur en même temps que son célèbre co-listier, Armand Fallières. Installé au Palais du Luxembourg, Chaumié créa un parti politique, «l'Alliance républicaine démocratique», qui fut présidé par le célèbre Waldeck Rousseau. Ce groupe apporta un soutien plein et entier à Dreyfus et demanda sa réhabilitation. Geste qui situe Chaumié dans le camp de l'intelligence et de l'humanisme.

Plus tard, Joseph Chaumié devint ministre de l'Instruction publique, future Éducation nationale, puis garde des Sceaux. C'est dans cette dernière fonction qu'il eut de sérieux problèmes avec le quotidien *Le Matin*[1].

À l'issue du procès Dreyfus, le directeur du journal demanda à Chaumié de lui communiquer la totalité des minutes du procès,

---

1. *Journal créé en 1883, il disparut en 1944. Racheté par l'homme d'affaires sulfureux Maurice Bunau-Varilla, il fut l'un des quatre grands quotidiens français des années 1910 à 1920, tirant à plus d'un million d'exemplaires à la veille de 1914. Sa diffusion baissa à partir des années 1920, pour n'atteindre que trois cent mille exemplaires à la fin des années 1930, tandis qu'il s'orientait vers l'extrême droite, devenant totalement collaborationniste sous Vichy. Il fut interdit de parution à la Libération. Il reparut avec une étiquette de gauche en 1978. Quelques Lot-et-Garonnais contribuèrent à sa renaissance et collaborèrent à sa rédaction, mais, jugé trop indépendant, il reçut le coup de grâce d'un ministre de François Mitterrand dans les années 1980.*

afin d'en publier de larges extraits. S'abritant derrière une vieille tradition de la Chancellerie, le ministre refusa. Vexé, le directeur du *Matin* demanda à son meilleur limier, le redoutable journaliste Gustave Téry, de prendre en chasse Chaumié et de dépouiller sa vie afin de publier tout ce qui en faisait le sel. Qui oserait aujourd'hui prendre en chasse un ministre et raconter ses turpitudes ? Personne, heureusement. La vie privée... Ainsi fonctionnait la presse...

Rapidement, Téry découvrit que Chaumié avait placé deux de ses petits-neveux dans des cabinets ministériels. Première faute. On appelle cela du « piston ». C'était toléré quand on en bénéficiait, interdit quand on ne connaissait personne. Téry considéra que cette information n'était pas suffisante – il avait raison – pour alimenter sa chronique et il fouilla encore. À force de patience et de persévérance, il découvrit enfin que certains collaborateurs du ministère accusaient les deux jeunes pistonnés de s'être livrés à des trafics d'influence afin d'obtenir les palmes académiques pour certains amis. Mieux encore, moyennant indemnisation, les neveux auraient obtenu que certains conscrits fussent réformés. Téry découvrit également que le ministre Chaumié avait vendu à quelques amis originaires du pays, donc du Lot-et-Garonne, des postes de greffiers de paix, fonction qui, à l'époque, s'achetait et rapportait gros. Il publia enfin son article.

Fou de rage devant « une telle affabulation », Joseph Chaumié intenta un procès au journal et à son journaliste. Le procès devant se dérouler au domicile du diffamé, c'est donc en Lot-et-Garonne, le 18 février 1907, que Gustave Téry et sa direction furent convoqués. L'homme de presse ne vint pas mais délégua sur place le meilleur avocat de Paris, entouré, comme il se doit, d'une cour de journalistes de la capitale, avides d'un rutilant scandale annoncé d'avance.

Débarquèrent donc à Agen tout ce que la capitale comptait de plumes acides, perfides, pointues, acérées... mais qui ne publièrent rien, faute de renvois. Elles goûtèrent toutefois à la gastronomie locale et, dit-on, aux filles de joie qui faisaient la célébrité de la capitale du pruneau fourré. Car, après d'incroyables arguties et un nombre invraisemblable de renvois, le procès fut, pour la énième fois, renvoyé le 19 février 1908, soit un an après la première ouverture des débats.

Comme de bien entendu, tout le monde savait que le journal *Le Matin* perdrait si la procédure allait jusqu'à son terme, puisque le journaliste Gustave Téry avait totalement « bidonné » ses informations et, surtout, n'avait rien vérifié : il avait accusé sur calomnie, sans preuve. Le but recherché par le patron du *Matin* était donc de repousser au maximum l'échéance fatale. Après d'ultimes pirouettes procédurières de la part de Gustave Téry, tout le monde fut de nouveau convoqué à Agen le 5 août 1908.

Rappelons que la première convocation avait eu lieu le 18 février 1907 ; il s'était donc écoulé un peu plus d'un an et demi. La justice est bonne fille ; il est vrai que partout dans le monde, elle est une vertu, alors qu'en France, c'est une administration. L'ayant compris, Gustave Téry changea d'avocat. Il abandonna Henri Robert, ce bon procédurier qui lui avait fait gagner beaucoup de temps, et vint à Agen en compagnie du célébrissime bâtonnier Moro-Giafferi. *Le Matin*, plus prudent que son journaliste, choisit un avocat plus coulant, plus modéré et nettement moins célèbre, Me Pelletier, qui risquait moins de braquer les magistrats, que la présence d'un ténor avait excités et que les arguties de Téry avaient, en outre, quelque peu exaspérés. En somme, ça commençait à bien faire. *Le Matin*, qui sentait décidément que le vent ne tournait pas en sa faveur, présenta même à Joseph Chaumié ses plus plates excuses, et se proposa de publier une déclaration solennelle dans ses colonnes, déclaration qui donnerait raison à l'ancien ministre. Maître Pelletier, en pleine audience, reconnut que toutes les informations qui avaient été publiées étaient dénuées de fondement. Cet aveu allait leur coûter cher !

Mais Gustave Téry, homme tenace qui tenait à sa réputation, se battit comme un beau diable. Abandonné par son journal, qui l'avait pourtant poussé dans ce pétrin, il garda la tête haute et assura qu'il pouvait apporter la preuve de ses assertions. Contre toute attente, Gustave Téry se révéla meilleur plaideur que son célèbre avocat. Il prit la parole et la garda plusieurs heures face à un tribunal ébahi, auquel il n'adressa aucun regard, et à un jury que, *a contrario*, il ne quitta pas des yeux, face à un public de journalistes et de curieux venu en nombre. Il époustoufla toute l'assemblée, accusant même Joseph Chaumié d'avoir monté l'opération dans le but de prononcer sa mise à mort, de l'empêcher de devenir professeur d'université. Il tira sur toutes les ficelles de la sensibilité. Tel juré était bonapartiste ? Il le flatta. Tel autre royaliste ? Il lui en fit raison et compliment avec un incroyable toupet. Ce juré fréquentait assidûment l'église ? Rien n'était plus beau que la messe. Et l'instituteur anticlérical qui siégeait également au banc du jury eut droit à un fabuleux couplet sur la laïcité. Du grand art.

Téry raconta qu'il était un vrai fils du peuple : sa mère ne vendait-elle pas des légumes sur les marchés ? Et Chaumié, avocat, sénateur, maire, ministre, n'avait-il pas envoyé son secrétaire séduire sa femme ? Et aujourd'hui on voulait le condamner pour qu'il perde son emploi ? Il voulut citer l'amitié qui liait Joseph Chaumié à Armand Fallières, mais la Cour intervint et lui interdit de dire quoi que ce soit sur le président de la République – un président, ça vous mute un magistrat comme qui rigole ! Avec des trémolos dans la voix, Gustave Téry s'écria, puisqu'on lui avait interdit de s'exprimer :

« Alors, condamnez-moi, emprisonnez-moi, tuez-moi, coupez-moi en morceaux puisque je ne peux plus parler ! »

Il venait de parler durant cinq heures !

Maître Montels, en qualité de défenseur de Chaumié, prit la parole avec modestie, demandant simplement que les coupables soient punis, et que les dommages et intérêts soient versés à l'hôpital d'Agen.

Joseph Chaumié, pour sa part, évoqua son honneur et les attaques contre sa vie privée. Il refusa les excuses du *Matin* et réclama une condamnation.

Enfin, au titre de la défense, Me Moro-Giafferi prit la parole. Le prétoire agenais vibre encore des trois heures extraordinaires de sa plaidoirie. Joseph Chaumié fut littéralement démoli. Le bâtonnier sonna la charge. Terrible, épouvantable, cataclysmique, déflagrante et, osons le mot, « tsunamique ».

Quand les jurés quittèrent la salle pour délibérer, ils ne dirent rien mais avaient le souffle coupé, leurs oreilles bourdonnaient : ils étaient sonnés. Nul n'avait jamais entendu pareil ouragan verbal, et nul, jamais, n'en entendrait de tel. Ils se réunirent seuls, en présence d'un magistrat qui avait peur, qui aurait voulu les influencer mais qui n'osa pas ; Moro-Giafferi les avait prévenus : les juges n'avaient pas le droit d'influencer le jury, et si eux n'étaient pas autorisés à livrer le secret des débats, ils pouvaient toutefois dénoncer l'intervention du juge. De quoi paniquer ! Qu'allaient décider ces jurés, qui étaient, c'est le moins que l'on puisse dire, totalement bouleversés par les arguments du grand avocat et du journaliste ?

À leur retour, ils annoncèrent le résultat : le journal *Le Matin*, reconnu coupable de diffamation, fut condamné à 500 francs d'amende et à 50 000 francs de dommages et intérêts. Fort curieusement, Téry, qui avait pourtant tout écrit, fut acquitté. Jugement salomonique coupant le bébé en deux.

Il est parfois bon d'avoir un avocat tel que Moro-Giafferi et soi-même un bon bagout !

Le sénateur Chaumié était effondré. Il mourut quelques mois plus tard, désespéré, alors qu'il s'était retiré dans la campagne agenaise. Le chagrin est une peine de mort. Les raisons des jurés, un mystère.

DEUXIÈME PARTIE

Patrimoine

Chapitre I

Les maisons à empilage

DANS LES TERRITOIRES du nord agenais et des coteaux de Guyenne, sur une zone délimitée par Villeréal à l'est, Castillonnès à l'ouest, la vallée du Dropt au nord et les vallées de Tolzat au sud, il était possible de voir, il n'y a pas si longtemps, cinquante-trois maisons assez étranges, ressemblant à des chalets canadiens ou alpins, dont on ignorait à la fois l'origine et la raison d'être. Ces maisons ont été plus ou moins transformées par leurs propriétaires, laissées à l'abandon ou démolies, si bien qu'aujourd'hui, personne ne sait combien il en reste précisément. L'indifférence est une cruelle façon de tuer. Il s'agissait pourtant d'un patrimoine unique que, par ignorance et négligence, nous avons laissé disparaître. Seule l'Association des Amis du Pastourais a réussi à en sauver une à Cavarc/Saint-Dizier avec l'aide du Camesira 47. Elle restera le seul témoin d'un passé encore mystérieux.

On s'est très longtemps interrogé – et l'on s'interroge encore – sur ce que furent ces maisons : qui les édifia ? Pourquoi ? Et même, quand furent-elles construites ? On ne pourrait répondre précisément, même si l'on se rapproche, pour la date, de la vérité. Étrange, tout de même, qu'à une époque où l'on va sur la lune et où l'on invente plus d'outils que dans les trente mille ans de l'humanité *sapiens*, l'on ne soit pas capable d'expliquer un passé pensé par l'homme.

Le mystère reste donc entier.

Au début du XXe siècle, on les nommait «maisons de poutres». Aujourd'hui, l'appellation communément acceptée est «maisons à empilage», tant il est vrai que, pour les bâtir, il faut empiler des poutres de bois dégauchies à la hache.

On connaît un peu mieux ces mystérieuses demeures grâce à deux études. L'une fut réalisée par François Fray, étudiant à Bordeaux XI, qui publia, en 1974, un extrait de sa thèse dans une revue intitulée *Information d'histoire de l'art*. L'autre, très complète, fut rendue par les Amis du Pastourais, société savante de la région de Saint-Pastour, entre Villeneuve-sur-Lot et Cancon.

Ces maisons sont des bâtiments rectangulaires ayant une longueur allant de huit mètres cinquante à treize mètres, une largeur de cinq mètres cinquante à huit mètres, pouvant parfois atteindre onze mètres, la hauteur sous voliges (planches que l'on trouve sous la toiture) variant, selon les modèles, entre trois et cinq mètres. Pour les construire, on empilait des poutres horizontalement, comme le font les Canadiens avec leurs chalets ou les bâtisseurs alpins. À l'extrémité de ces poutres, trois types d'assemblages étaient utilisés : celui dit «à tiers-bois» (on entamait la poutre d'un tiers pour y encastrer une deuxième poutre venant à angle droit de l'autre mur), «à mi-bois» (même principe), et enfin par chevillage vertical.

Ces systèmes d'assemblage ressemblent à ceux pratiqués par les bûcherons ou les trappeurs pour construire leurs chalets. On retrouve également ce genre de construction assez rudimentaire dans les montagnes européennes et dans les pays nordiques. Les chevilles étaient le plus souvent en chêne, quelquefois – très rarement – en châtaignier. Les pièces de bois avaient une épaisseur d'environ vingt centimètres, la tombée (hauteur du rondin) pouvant atteindre les soixante centimètres, mais la moyenne était de trente centimètres.

Selon un secret ancestral de bûcherons, les arbres d'où provenaient ces poutres étaient abattus à la bonne période et au bon quartier de lune. Les charpentiers du Moyen Âge connaissaient ce secret compagnonnique, qui semble aujourd'hui appartenir au passé ou à quelques rares compagnons accomplis, dont l'initiation se fait encore sur le tour de France. Outre la période de coupe, ce bois devait être plongé pendant deux ou trois ans dans du purin, qui a les vertus, notamment, de chasser les termites à vie et de durcir la matière.

De même, il fallait laisser tremper le bois dans une eau réputée calcaire, qui avait pour particularité de le solidifier grâce à une sorte de calcification pénétrante. Cette eau produisait sur le bois un effet à peu près identique à ce que font les fontaines pétrifiantes sur les objets que l'on abandonne dans leur bassin. Bénéficiant des meilleures conditions d'exploitation possible, ce bois était d'une solidité à toute épreuve. Du reste, il suffit d'essayer de rentrer un canif dans une poutre de ces maisons pour comprendre que cela est impossible.

Les maisons à empilage sont posées sur quatre gigantesques blocs de silex non taillé, joints par une sorte de mortier sec, composé, notamment, de petits morceaux de silex. La toiture est à deux pentes et très souvent recouverte, aujourd'hui, de tuiles canal. Mais il n'est pas impossible qu'à l'origine, ces maisons aient été abritées par des bardeaux de châtaignier, matériau économique, solide et inépuisable que l'on trouvait en grande quantité dans les forêts, sous forme d'arbres, évidemment.

Les pignons sont à colombages. La façade ne compte qu'une porte, d'une hauteur moyenne d'un mètre soixante-dix. Le linteau est soit droit, soit cintré. De chaque côté de la porte, il y a une minuscule ouverture – un *fenestrou*, comme on dit ici – carrée d'une vingtaine – au maximum – de centimètres de côté, et qui ne comporte ni volet ni fenêtre. On trouve une seule vraie fenêtre à l'arrière, tandis que les deux murs de côté de la maison sont aveugles.

L'intérieur des bâtiments est d'une sobriété monacale. Il comprend deux pièces séparées par une cloison élevée en colombages et emplie de torchis. L'une des pièces servait de réserve, l'autre de pièce principale ou d'habitation. Cette dernière est généralement pourvue d'une grande cheminée, quasiment monumentale, constituée d'un manteau élevé par une énorme poutre qui traverse toute la maison. La plus grande de ces poutres, découverte par les Amis du Pastourais, mesure sept mètres de long et a une section de cinquante-neuf centimètres par vingt-trois ! Deux autres poutres perpendiculaires relient la poutre principale au mur. Le manteau est souvent sculpté d'un écusson ancien.

La question que l'on se posa à propos de ces étranges maisons qui, à cause de leurs petits *fenestrous*, ressemblent à des maisons fortes, concerna d'abord leur destination.

On imagina pendant un temps qu'elles avaient pu servir de logis à des charbonniers, nombreux dans la région au XIIIe siècle. À cette époque, en effet, le nord du département était couvert de forêts. Seuls la nuit dans les bois, ils devaient impérativement se protéger. Mais un charbonnier n'aurait pas eu les moyens de s'offrir une telle maison forte. La quantité de bois nécessaire à sa construction était très importante et aurait coûté infiniment trop cher à un manœuvrier. Enfin, lorsqu'il faisait son charbon, un « noir », comme on les appelait ici, abattait tous les arbres autour de son futur bûcher charbonnier. Il bâtissait donc sa loge – c'est le nom d'une maison provisoire de charbonnier – à proximité de son chantier. Ces abris ressemblaient à des cabanes d'Indiens : ils étaient pointus, composés de longues branches serrées les unes contre les autres ; les interstices étaient garnis de terre. Rustique et simple, donc, car dès que le chantier était achevé, le charbonnier changeait d'endroit, choisissait une autre zone boisée, construisait une nouvelle loge et se remettait au travail. Un charbonnier ressemblait à un défricheur : quand il quittait une assole, il ne restait plus un seul arbre. Les maisons à empilage ne sont donc pas d'anciennes demeures de charbonniers. Et puis, un charbonnier n'aurait pas eu le temps de faire tremper les poutres dans le purin et l'eau calcaire, procédé qui dure plus de deux ans.

Les écussons gravés sur le manteau de la cheminée semblent indiquer que ce sont de riches familles, possédant blason, qui ont fait bâtir ces demeures sécurisées. Des refuges ? La réserve d'un côté, où l'on stockait les aliments, et le logis de l'autre, même dans un espace réduit, laissent supposer que l'on venait se réfugier dans ces bâtisses quand les bandes de routiers, ces brigands de grands chemins, hantaient le secteur. Et ils le hantèrent longtemps, des premières escarmouches de l'interminable guerre de Cent Ans jusqu'à la Révolution. Il y eut même les réfractaires aux réquisitions de Napoléon, les « miquelots », qui habitaient les bois et rapinaient tout le secteur. Ces maisons pouvaient donc servir d'asiles aux bourgeois ou aux nobles qui désiraient fuir les pillards à qui les régions de Villeréal et Castillonnès servaient d'abri. De garde-manger, aussi. À cause d'eux, les cultivateurs, nous dit la chronique de l'époque, fuyaient la région. Certains terroirs étaient totalement abandonnés, et ils le restèrent durant plus de cinquante ans. Les seigneurs locaux se trouvaient dans l'incapacité d'assurer la sécurité de ceux qui préféraient fuir, leurs serfs. Mais ils pouvaient garantir la leur en édifiant des petites maisons fortes aux fenêtres réduites où, s'ils avaient suffisamment de provisions, il était possible de vivre un certain temps. Celui de laisser passer l'orage ! D'autant que toutes ces maisons furent construites à proximité d'un point d'eau.

On supposa donc que les demeures à empilage avaient été édifiées pendant ou après la guerre de Cent Ans. On pensa, en tout cas, qu'elles avaient été construites avant le XVIe siècle, puisque le bois scié n'apparaît qu'au début de ce siècle. Avant, on travaillait à la hache ou avec des outils similaires. Et les poutres des maisons étaient « dressées » avec un instrument ressemblant à une plane.

Si l'on ne sait pas exactement pour qui elles furent construites, ce qui accentue le mystère, on s'est longtemps demandé à quel moment les maisons à empilage avaient été bâties. Toujours grâce aux Amis du Pastourais, qui ont fait réaliser une étude de dendrochronologie en avril 1999, un début de réponse est apparu : en datant le bois, cette technique au nom barbare donne une fourchette qui ne nous avance guère ; les arbres ont été abattus entre 1495 et 1580 et, en tout cas, avant 1714.

On ne sait donc pas qui a construit les maisons à empilage, ni pourquoi ni quand. Ce qui fait beaucoup d'interrogations à une époque où l'on a réponse à tout. Quoi qu'il en soit, il faut aller dans la région de Villeréal découvrir cet habitat mystérieux, original et plein de charme nostalgique.

Le château de Bonaguil.
(Photographie des auteurs.)

Chapitre II

Les étranges graffitis
du château de Bonaguil

«INCONGRUITÉ!» AU MITAN du XXe siècle, Yvan Pouget, Gascon lunatique et atrabilaire, s'efforçait d'être professeur de français au lycée de Nérac. Il se piquait surtout d'histoire et d'histoires. Celle du formidable château de Bonaguil l'enchantait et l'exaspérait à la fois, au point de qualifier l'édifice magnifique d'«incongruité». Le mot, qu'il mouillait à satiété, emplissait sa bouche comme l'aurait fait une pêche de vigne, juteuse et sucrée. Le substantif féminin le régalait tout autant que ce fruit, dont il suçait sempiternellement un noyau, qu'il ne manquait jamais de replanter pour avoir un nouvel arbre qui donnerait d'autres fruits.

«Incongruité!» Il le répétait avec gourmandise et jubilation. Ça sonnait fort et juste. Comme tout ce qu'il disait, au fond. Ce château «féodal» incongru du XVIe siècle n'avait en effet aucune raison d'être. Au beau siècle[1], il était véritablement saugrenu de bâtir un château médiéval en un lieu où nul ne passait et où il ne se passait pas grand-chose: ainsi au nord de l'Agenais, aux confins du Périgord et du Quercy. L'endroit n'était pas un carrefour commercial stratégique, et personne n'aurait eu envie de posséder un tel piton rocheux[2] où, hormis des chênes rabougris et maigrelets, presque rien ne pousse. Personne, sauf le mystérieux, controversé

---

1. Le XVIe siècle fut le plus court de l'Histoire en raison de l'ajustement au calendrier grégorien. Ce changement fit perdre onze jours – qui n'ont donc jamais existé – car, dans la nuit du 4 octobre 1582, on passa directement au 15 du même mois.
2. Bonaguil signifie «bonne aiguille».

et acharné Béranger de Roquefeuil. C'est lui, quarante ans durant, qui épuisa sa fortune et ses forces pour faire bâtir cette inutile forteresse, grande comme le quart de la cité de Carcassonne et belle comme un rêve néoromantique.

Au départ, en des temps si reculés qu'ils ne sont plus dans les mémoires, il y avait une modeste tour de défense gasconne, édifiée peut-être sous le coléreux Louis le onzième. Plus tard, quand la construction de Chambord débuta (premier quart du XVIe siècle), un second château remplaça la tour, mais c'est Roquefeuil qui fit le grand œuvre, édifiant le colossal ouvrage. La fameuse incongruité.

Pourquoi, aux temps modernes balbutiants, fit-il construire un tel monument, tout de puissance et de noble majesté élevé ? Nul, à ce jour, n'a pu donner de réponse satisfaisante. On ne se battait plus à coups de bombarde, de couillard et d'huile bouillante, mais il imposa tout de même d'y inclure une formidable barbacane, six tours, dont une est considérée comme la plus belle d'Aquitaine, sept ponts-levis et autant de tourelles, une chicane, une casemate, des canonnières et une caponnière, laquelle fit souvent le bonheur de grasses poulardes et d'oies caquetantes supposées plus dodues que les chanoines, puisqu'elle devint un poulailler.

Mieux encore et forcément incongru, il fit installer un système défensif basé sur l'artillerie (à feu, donc), révolutionnaire et formidablement moderne, mais que l'on n'utilisa jamais ; il opta pour le dernier cri en matière de fonctionnalité avec des puits, de multiples latrines, alors que, dans les châteaux de l'époque, on se soulageait délicatement dans les recoins des grandes pièces ou – olfactivement, c'était mieux – sur les cendres des vastes cheminées. Mais le castel possédait aussi des lessivières plus modernes que les antiques lavoirs, le tout-à-l'égout et, dirait-on pour faire sa réclame, tout le confort moderne. Le « top », en somme.

Viollet-le-Duc et Lawrence d'Arabie firent l'éloge de l'édifice. C'est tout dire. Même André Breton, théoricien du surréalisme, qualifia Bonaguil de... « surréaliste » !

En ce lieu conçu pour la pire des guerres, on vécut en paix jusqu'à la Révolution. C'est à cette période que le mal intentionné Lakanal décida de sa démolition partielle. Pourquoi ? Il ne le dit

Les graffitis de Bonaguil n'ont pas totalement révélé leurs mystères.
(Collection particulière.)

jamais, et passa plus tard pour le protecteur des arts et des beaux ouvrages. Un comble ou une perfidie de l'Histoire.

Le château de Bonaguil devint donc carrière où, selon ses désirs et ses besoins, chacun s'approvisionnait en belles pierres et moellons pour bâtir maisons et chartreuses. Jusqu'au moment où la mairie de Fumel, en 1860, décida d'acheter l'incongru afin d'interrompre l'hémorragie de fenêtres à meneaux et de corbeaux à gueule de loup qui embellissent encore quelques grandes demeures de la région.

Le château est d'autant plus mystérieux que, si l'on ne comprend pas les raisons de sa construction, l'on ne sait pas davantage ce que fut sa vie au temps des guerres de Religion qui firent tant de ravages dans le pays, ni durant la Fronde, qui provoqua autant de dégâts que de chagrins. C'est tout juste si l'on sait que Marguerite de Fumel, qui habitait dans un manoir proche où elle mourut, fit faire quelques réparations dans le château. Pourquoi œuvra-t-elle pour cette demeure où elle ne vivait point ? Mystère, encore.

Les édiles municipaux de Fumel suivirent son exemple et, au gré des budgets disponibles, firent eux aussi effectuer des restaurations qui sauvèrent le formidable château de la ruine.

C'est dans cet élan magnifique que des fouilles archéologiques furent entreprises à partir de 1972. Il était temps. Elles permirent d'établir une chronologie sérieuse du bâtiment, plus proche de la vérité, en tout cas, que les supputations des savants qui savent et décrètent *a bisto dé naz*[1] l'âge d'une pierre simplement en la regardant. La bonne blague. Grâce à ces fouilles, on découvrit d'étranges graffitis près d'une grande fenêtre à meneaux. Ressemblant à s'y méprendre à un carré magique qui donne le même résultat quand on additionne ses composants horizontalement et verticalement, ces écrits non datables, gravés à la pointe sur des enduits à la chaux, ne livrèrent pas le secret de leur message. D'autant qu'il est possible que les messages soient multiples. Ce qui, évidemment, ajoute au mystère.

On découvrit également quelques dessins coquins et des textes qui ne l'étaient pas moins, laissant supposer que des parties galantes – ou fines – étaient régulièrement organisées à l'abri de ces hauts murs. Salaces, les habitants du lieu ! Grivois, certainement. Salaces ? Possiblement. De doctes spécialistes estimèrent que ces graffitis avaient été tracés entre le XVIe et le XVIIe siècle. Ce qui, à défaut de nous expliquer ce qu'ils signifient, prouve une belle antiquité.

On y trouve encore les noms et prénoms d'anciens propriétaires du château, des poèmes galants et de bons mots. Quelques épitaphes complètent le décor. C'est un palindrome, le fameux carré magique, qui intrigue le plus. D'autant que certains assurent qu'il pourrait s'agir de la reproduction d'un palindrome retrouvé à Pompéi. À nous, Vésuve !

Trois portraits de femmes achèvent cette galerie d'art.

---

1. *« À vue de nez. »*

Patrimoine

Que signifient ces dessins et tracés? On ne le sait pas, et c'est évidemment ce qui en fait le charme et attire ici nombre de chercheurs d'espérance et chasseurs de mystères qui rêvent de résoudre l'énigme. Certains, obnubilés par l'étrange, ne voient que ces curieuses inscriptions, alors que le château, gigantesque et dominateur, mérite à lui seul la balade. Sans compter que la région, à la bonne saison, regorge de cèpes phalliques bien plus coquins que les croquis des murs de l'étrange Béranger de Roquefeuil... Pour se convaincre de la puissante beauté de Bonaguil l'incongru, il suffit d'y venir. Une seule route y conduit : celle du romantisme onirique.

Le pont-canal, à Agen.
(Photographie des auteurs.)

Chapitre III

Le chantier du pont-canal d'Agen
et son trésor

QUELQUE TEMPS après la fin de la construction du pont-canal, à Agen, ouvrage de Pierre-Paul Riquet qui permettait de franchir la Garonne, une rumeur annonça qu'un formidable trésor avait été caché dans le bâti du pont durant son édification. Pour le récupérer, disait-on, il fallait casser le pont mais, ce faisant, on inonderait la ville et on noierait tous les Agenais. Personne ne se risqua donc à chercher ce formidable trésor.

Pour savoir quand il fut caché et où, il faut revenir au temps de la construction du pont.

C'est le 25 août 1839 que fut posée la première pierre du pont-canal d'Agen par le duc d'Orléans. Il y a beaucoup d'autres ponts-canaux en France (à Moissac, à côté de Nevers, sur l'Allier, à Digoin, sur la Loire, à Béziers, sur l'Orb), mais celui d'Agen, avec ses cinq cent quatre-vingts mètres, figure parmi les plus longs de France. À l'époque, il s'agissait d'un véritable monument et du pont le plus long d'Europe. C'est, du reste, pour cette raison que le duc vint donner un coup de main, modeste mais symbolique, aux bâtisseurs.

Un descriptif donne la mesure du chef-d'œuvre. Ce pont aqueduc est composé de vingt-trois arches mesurant chacune vingt mètres d'ouverture. Les voûtes, d'une épatante harmonie, s'élèvent à dix mètres soixante-cinq au-dessus du plus bas étiage de la Garonne.

L'ensemble des travaux du canal latéral à la Garonne, dont il est le plus fameux ouvrage, avait été décidé en 1828. Il fut achevé en 1854, soit vingt-six ans plus tard. Ce fantastique délai prouve qu'à l'époque, quand un chantier voyait le jour, il donnait quasiment du travail à toute une génération. Ce qui fut le cas pour les quatre-vingt-sept kilomètres du canal latéral à la Garonne, prolongateur du canal du Midi. C'est donc Louis-Philippe Ier qui acheva le rêve de Louis XVI, lequel voulait prolonger le canal du Midi jusqu'à l'océan où, au moins, jusqu'à un endroit où la Garonne disposerait d'un mouillage suffisant pour « recevoir des nefs ».

Quelque temps après la signature, le 3 juillet 1838, relative à l'autorisation de creuser l'ouvrage, les propriétés riveraines de la Garonne furent visitées par des agents des Ponts et Chaussées. En Lot-et-Garonne, c'est un certain Job, ingénieur en chef, secondé par trois autres ingénieurs, Maniel, Baumgarten et Cambuzat, qui contrôlait la mise en place des divers ateliers nécessaires à l'alimentation en matériaux de l'énorme chantier : atelier de taille de la pierre, atelier de réparation du matériel, tour de fabrication des différents ciments hydrauliques, etc. On imagine mal l'agitation qui régna sur les berges du vieux fleuve sudiste.

Il fallait évidemment nourrir tous les hommes qui travaillaient là. Il fallait accueillir les centaines de charrettes qui venaient, tirées par des bœufs, des carrières de Vianne et de Roquefort pour les pierres de taille, de Sainte-Colombe pour les socles et les fondations. C'est un véritable village qui s'éleva sur les berges. On y trouvait des cantines, des dortoirs et une infirmerie, car il y avait des accidents de travail et des blessés. Il y eut même des morts.

Comme on s'en doute, ce redoublement d'activité était très bien vu par la population locale, qui trouvait ici des petits travaux à exécuter, tandis que le soir, après le labeur, certains compagnons bâtisseurs allaient dépenser un peu de l'argent gagné dans les estaminets ou les échoppes de la cité. Le chantier dura plusieurs mois, et tout le monde profita de l'aubaine. Le dicton qui affirme aujourd'hui « quand le bâtiment va, tout va » est peut-être né à Agen.

Le 14 août 1839, M. Brun – comme celui de Pagnol –, préfet de Lot-et-Garonne, reçut la visite d'un fonctionnaire du ministère des

Travaux publics, un certain Dufaure, qui lui annonça que le duc d'Orléans poserait la première pierre, dans laquelle seraient glissés un parchemin et une truelle en or. C'est de ce petit bijou qu'est née la légende du trésor. Il prévient que «Leurs Altesses royales doivent partir de Bordeaux le 24 août pour aller coucher à Marmande, et que le lendemain, elles doivent arriver à Agen». Le fonctionnaire était porteur d'une lettre qui expliquait encore que le préfet recevrait une caisse contenant «une boîte de cèdre renfermant un médailler spécial que Son Altesse scellera dans la première pierre du pont-canal» à l'aide de la truelle d'or. Le médaillier en cèdre que scella le roi contenait également une pièce d'or, destinée à porter chance à l'ouvrage. Il s'agit en réalité d'une grosse médaille sur laquelle est inscrit le nom de M. de Baudre, inspecteur divisionnaire des Ponts et Chaussées.

Ce trésor – la truelle et la médaille – est bien modeste. Mais il nous rappelle que Jean-Baptiste de Baudre, qui donna son nom à un lycée agenais, fut le « père » du pont-canal d'Agen.

Le chantier (creusement du canal, construction des écluses et du pont) fit vivre plus de mille personnes durant près de huit ans.

Chapitre IV

Les trésors du Lot-et-Garonne

C OMME À PEU PRÈS partout en France, les conflits, les querelles, les grandes guerres, les chicaneries et les fâcheries de famille ont généré le besoin de cacher des trésors, de les mettre à l'abri des pillards, dans l'espoir de les retrouver une fois le calme revenu. Cependant, ceux qui cachaient leur fortune périssaient parfois avant de pouvoir la récupérer. C'est ainsi que le sol de la vieille Gaule regorge de cachettes inédites, non découvertes, dans lesquelles furent dissimulées de petites fortunes. Il ne reste plus qu'à les dénicher.

Si le Lot-et-Garonne ressemble à bien d'autres départements pour ses trésors secrets, il s'en distingue néanmoins par le fait qu'il hébergea sur son ventre les premiers cathares et un contingent important de Templiers. Les trésors de ces deux ordres, l'un « légal », l'autre pas, sont peut-être cachés chez nous. De même, en raison de la présence d'Henri IV sur le territoire, les protestants y furent nombreux. Lors des guerres de Religion, eux comme les catholiques apostoliques cachèrent de précieux objets qui n'ont pas tous été retrouvés à ce jour.

S'agissant des cathares et des Templiers, nous leur consacrons un chapitre particulier; leurs éventuels trésors ne figurent donc pas dans cet inventaire. Pour les autres, à vous de voir. Réalité? Utopie? C'est un vrai mystère. Il est donc possible (sous toutes réserves) de trouver des trésors dans les villes suivantes.

Agen

L'un des bijoux architecturaux d'Agen s'appelle la « Maison du Sénéchal ». Elle se trouve dans la rue au nom bien mystérieux du « Puy-du-Saumon ». Selon les spécialistes, elle daterait du XIVe siècle, mais quelques historiens assurent qu'elle a un siècle de plus et qu'elle aurait été bâtie au XIIIe siècle. Elle possède des caves voûtées et aurait appartenu aux Chevaliers du Temple, présents de manière importante à Agen puisqu'ils y avaient leurs quartiers. Une information, donnée en son temps par Robert Charroux, grand spécialiste des trésors cachés, disait qu'avant 1307, les Templiers auraient caché un trésor – pas forcément le leur – dans les fondations de ce sous-sol. Comme il n'a jamais été fouillé, il est difficile de dire que l'histoire est fausse.

Par ailleurs, un soldat de Napoléon, qui appartenait au 2e régiment étranger, raconte qu'en 1814, alors qu'il était attaqué par on ne sait qui, il jeta depuis « un pont de la ville », dans les eaux de la Garonne, une aigle impériale de son régiment. L'aigle, qui porte ici le féminin, est la décoration qui orne le sommet de la hampe d'un drapeau.

Une aigle de cette époque est, selon les spécialistes, extrêmement rare. À retrouver, donc. Mais où ?

Aiguillon

Il existe sur le Lot, à Aiguillon, une digue appelée « de Pélagat ». C'est près d'elle, sur la berge de la rivière, qu'en 1859, plus de deux mille pièces de monnaie furent découvertes entre des tuiles. Le trésor était dissimulé à plusieurs endroits. Il n'est pas impossible qu'il soit le fruit d'une razzia opérée longtemps avant, enterré là dans l'espoir de venir le récupérer plus tard.

Les spécialistes de la chasse aux trésors estiment qu'il reste d'autres pièces à la digue de Pélagat. Il suffit de les trouver.

En outre, les amateurs de mystères assurent que lors de la guerre de Cent Ans, qui dura plus longtemps que ça, un chef anglais fut enterré – après avoir été massacré selon les uns, vivant selon les autres – dans une crypte creusée près de la tour gallo-romaine de la Tourasse, à Peyrelongue. Enterré avec ses armes, ses bijoux et sa fortune. Comme personne ne l'a exhumé, il y est encore.

Auriac-sur-Dropt

À quelques encablures d'Auriac-sur-Dropt, au lieu-dit « la Place-d'Armes », appellation pour le moins étrange en pleine campagne, des archéologues du dimanche découvrent régulièrement des armes, des armures et des pièces de monnaie datant de l'époque gallo-romaine. « Il suffit de fouiller pour en dénicher », dit un chercheur d'espérance. Dans ce cas...

Beauville

Au sud de la grosse et magnifique bourgade de Beauville, au XIXe siècle, des archéologues ont découvert, non loin du cimetière, des pièces d'or romaines ou gallo-romaines. En reste-t-il ? Nul ne sait.

Calignac

Sur le territoire de cette commune, qui se trouve entre Agen et Nérac, un laboureur chanceux découvrit en 1955, alors qu'il travaillait son champ au lieu-dit « Bataillé », une étrange plaque de marbre blanc couverte d'inscriptions. Une tombe ? Possible. Le texte était en latin et évoquait un homme appelé Marcus Annius Severus, qui aurait exigé que son tombeau soit décoré de statues de marbre. L'inscription dit encore que la veuve de ce cher Marcus avait fait dresser les statues. Elles sont toujours au champ Bataillé, puisqu'on ne les a jamais mises au jour. Or, des statues en marbre de l'époque romaine, ça vaut une fortune. Et même si c'est interdit, ça fait très chic dans un salon.

Castelculier

Outre les ruines du château de Castelculier, l'un des plus considérables de l'Agenais, qui recèlent nécessairement quelques antiquités oubliées, on trouve des cimetières eux aussi antiques à Las Cabanes, à Osilis et à Cabalsaut.

Casteljaloux

L'histoire de cette très antique bourgade (Casteljaloux signifie « le château des Vandales ») est si riche en batailles et en présences illustres (Henri IV, notamment) qu'il ne serait pas étonnant qu'un trésor se cache dans cette cité des Cadets de Gascogne, d'autant qu'une légende affirme que les Vandales y auraient dissimulé une partie des richesses accumulées lors de leurs multiples et redoutables rapines dans la région. Le problème, c'est que l'on ne sait pas où est ce trésor...

Castella

Une source, appelée « de Bourbon », n'a rien à voir avec la famille royale. Elle était jadis consacrée à la divinité Borbo, déesse gauloise des eaux salutaires et médicinales. On venait donc y boire pour guérir, mais on laissait chaque fois des offrandes que l'on enterrait alentour. Y sont-elles encore ? Il y a des chances.

Castelmoron

Comme au Castella, la source de Fontfrède (fontaine froide) était jadis très prisée pour ses vertus médicinales. Elle recevait donc des offrandes en menue monnaie que l'on jetait dans l'eau et des cadeaux, plus consistants, que l'on enfouissait autour.

Castillonnès

On sait – ou on ne sait pas – que la guerre de Cent Ans (qui dura plus longtemps que le siècle qui la décrit) démarra en Lot-et-Garonne, à Saint-Sardos, et s'acheva, après avoir embrasé l'Europe, à moins de cent kilomètres de là, à Castillon-la-Bataille. On s'y bagarra donc pendant plus d'un siècle, se disputant des parcelles de terre, des trésors, des châteaux, des bastides, que l'on se volait à qui mieux mieux.

C'est dans cet état d'esprit fort belliqueux que la bastide de Castillonnès, comme bien d'autres, fut l'objet d'âpres batailles maintes fois répétées. Pour mettre réserves alimentaires, objets de valeur et argent à l'abri des soldats pillards, les habitants de la cité creusèrent des souterrains refuges dans lesquels ces trésors étaient stockés et, à vrai dire, dissimulés. Les spécialistes de cette époque savent que l'on trouve un ou des souterrain(s) refuge(s) dans la colline qui porte une chapelle, à Ferrensac. On trouve également, mais de manière beaucoup plus étendue, d'autres souterrains qui s'apparentent à de véritables villages enterrés sous l'église de Saint-Martin, à Montauriol, sous une colline où se trouvait un moulin dit du « Vinagré », et, enfin, dans les bois de Montaut. Beaucoup de villages, aujourd'hui assez petits, sis autour de Castillonnès étaient jadis des bourgs plus ou moins riches, dont les trésors ont été cachés pour les protéger des routiers ou rouliers, ces soldats sans vergogne qui attaquaient tout et tout le monde. Bref, on cachait maintes choses en ces temps de cape et d'épée assassins. Et l'on ne retrouva pas tout, surtout si l'on se faisait couper la tête avant d'avoir révélé l'endroit de la cachette.

C'est ainsi qu'à Montauriol furent découvertes de magnifiques statues ; que l'on sait que le prieuré de Grammaurou, en partie détruit, abritait des fortunes jamais mises au jour ; qu'à Cahuzac se trouvait un centre protestant assez riche qui fut détruit lors des guerres de Religion, centre dont le trésor n'a jamais été enlevé par quiconque. Sous l'église de Saint-Martin, il y a encore des choses à découvrir, bien qu'un trésor y ait été déniché jadis. Même chose au lieu-dit « Roc-de-Banne » ou encore à Bournel, etc.

À Douzains, des grottes et un cimetière antique complètent avantageusement la légende d'un énorme chêne dit « chêne du roi perdu », autour duquel serait caché un trésor mortel pour celui qui le découvrirait.

Mais avant d'être une bastide, Castillonnès fut aussi un *oppidum* gaulois, puis une cité gallo-romaine. Ces antiques *villæ* ont inévitablement abrité des œuvres d'art, des bibelots, des objets de culte. Enfin, au lieu-dit « La Ferrette », il y a un tumulus qui n'a, dit-on, jamais été fouillé. S'il héberge des trésors, ils sont toujours là, dans le sol de la ville ou de ses environs, selon les spécialistes.

La fortune est donc là, à Castillonnès, qui vous attend...

Caubon-Saint-Sauveur

Le village de Caubon-Saint-Sauveur héberge un château en ruine, celui du seigneur Caubon, qui abriterait un trésor depuis la guerre de Cent Ans. Mais où précisément dans le château ? Mystère...

Caumont-sur-Garonne

C'est dans cette commune que fut découverte la célèbre *Vénus du Mas* en marbre de Paros, qui est la perle de la magnifique collection du musée d'Agen. Ce trésor inestimable n'est probablement pas le seul. Il y a un tumulus à Guillemonts et un cimetière gallo-romain à Saint-Martin-de-Lesque.

Clairac

Le passé gallo-romain (très important) puis protestant de la commune de Clairac laisse supposer que le sous-sol regorge d'antiquités et de fortunes protestantes cachées pour échapper aux razzias catholiques. Le musée historique de la ville en apporte la preuve. Reste un mystère : où exactement ?

Clermont-Dessous

C'est une histoire que l'on pourrait raconter à la veillée. Un petit mystère qui fit et fait encore beaucoup jaser.

En 1955, le curé desservant la paroisse de Clermont-Dessous vit l'âge de la retraite arriver avec déplaisir, car il termina sa vie pauvre comme Job. Ce qui est très biblique, mais ne remplit guère la marmite. Il vécut, dit-on, dans son presbytère qui occupait les ruines de l'ancien château, aujourd'hui propriété privée transformée en centre culturel. Le pauvre homme décéda dans les années 1980. À cette période-là, un sacristain – il n'en existe presque plus – entretenait l'église.

Après la mort du curé, en sa qualité d'employé municipal, ce dernier fut chargé de nettoyer les locaux où le pauvre ecclésiastique avait vécu. Sous un vieux poêle, qui devait davantage fumer que chauffer, il découvrit une cachette que dissimulaient les lames du parquet : sous les planches, il tomba sur neuf lingots d'or, qu'il garda quelques jours précieusement. Il les transporta, dit-on, dans les sacoches de sa pétrolette.

Bientôt, pris de remords, il alla confier sa rapine à une personne en qui il avait confiance et dont il ne révéla pas le nom, sauf à de rares occasions. Pour le récompenser de ce geste, l'heureux récipiendaire fit repeindre les contrevents de la maison de l'employé sacristain. Et nul n'entendit plus jamais parler de cette histoire. Ni de l'or. À part quelques-uns, à qui le sacristain la racontait parfois.

Nous avons essayé de savoir ce qu'étaient devenus les lingots d'or. Personne ne le sait. Ou ne veut parler. Au point que l'on se demande si ce récit est vrai. Mais qui serait allé inventer une chose pareille ?

Outre ce très curieux trésor, on peut trouver au lieu-dit « la Mourasse », près du Bousquet, une importante villa gallo-romaine. On a découvert ici, mais c'est plus ancien, des poteries grecques à figure noire datant du IVe siècle avant J.-C. De même, il y a d'autres ruines gallo-romaines à Loubatery.

Cocumont

Dans le hameau de Gouts dépendant de la commune de Cocumont se trouve une église romane du XIe siècle. Elle est bâtie sur une butte en terre édifiée par les Celtes. Qu'y a-t-il dans cette butte ? Nul ne le sait puisqu'elle n'a pas été fouillée. Mais les Celtes n'avaient pas pour habitude de créer de telles pyramides terrestres sans raison.

Ce mystère fit, au siècle dernier, naître une rumeur qui assurait qu'un trésor fabuleux se cachait dans la butte. Pourtant, une question se pose : est-ce dans la butte de Gouts qu'il se cache ou bien dans le bois de Bastard, où fut installé, lors de la guerre de Cent Ans, un camp retranché que l'on nomme « la tuque de Mouréa », qui pourrait être plus ancien que la guerre centenaire, puisque Mouréa vient de Maure ? Gouts et Mouréa méritent donc un grand intérêt.

Colayrac-Saint-Cirq

On trouve des grottes très anciennes au-dessous de Tuquet et de Franc, des ruines gallo-romaines à Lary et un tertre fortifié à Naux. Autant d'endroits qu'il faut fouiller d'urgence.

Cuq

Quand ça chauffe dans la contrée, les braves gens cachent ce qu'ils ont peur de se faire voler. C'est une bonne idée qu'eut sans aucun doute une femme fortunée de l'époque gallo-romaine, vers l'an 270, lors des premières invasions des barbares. Elle cacha, non loin de chez elle, dans un champ sis à cinq cents mètres au sud du village de Cuq, un pot dans lequel elle dissimula de nombreuses pièces de monnaie, un magnifique miroir, une pince à épiler en or, une superbe bague et quelques babioles du même acabit. Mais ceux que l'on appelait « les barbares » l'étaient vraiment, et ils tuèrent probablement cette pauvre femme, qui ne vint jamais récupérer son trésor. Il fut découvert en 1920 par un laboureur. Avait-elle caché autre chose ? Possible. Ce qui est probable, en tout cas, c'est qu'elle ne devait pas être la seule à avoir eu peur des barbares et que, en conséquence, il y a encore des trésors à dénicher autour de Cuq.

Dausse

Autrefois, lorsqu'on enterrait un mort, on le faisait en l'entourant des objets qu'il préférait. Il y a de nombreuses tombes antiques à Lamouroux et à Paganel. Une question se pose : faire des fouilles dans des tombes très anciennes, est-ce de la profanation ? Fouiller les pyramides, par exemple...

Dévillac (Villeréal)

Les ruines gallo-romaines de Chairol sont, selon les spécialistes, très alléchantes. Pourquoi ne pas y aller ?

Dondas

Près du village, des grottes sépulcrales remontant à l'âge de la pierre polie permirent de découvrir des cuillères en terre cuite. Le pourtour de ces grottes cache forcément quelque trésor. De même, Chez Gaure, dans l'ancien domaine celtibère de Quatros-Mamelos, on trouve la base d'une tour templière qui, comme tous les vieux bâtiments templiers, cache un trésor ou un secret !

Durance

L'ancien prieuré de La Grange, bâti au XIIIe siècle par les religieux prémontrés, est un endroit très intéressant. D'autant qu'une grange est toujours templière et que la Tour-d'Avance, magnifique bâtiment templier édifié dans le secteur, est réputée pour être un bon indicateur du fameux trésor du Temple.

Escassefort

Au lieu-dit « la Potence », à Escassefort, qui devait jadis être fortement occupé et habité, on a fréquemment trouvé divers objets de valeur. Une hache polie, qui ne date pas d'hier, donc, mais aussi une boîte remplie de monnaie, évidemment beaucoup plus récente, des pièces de monnaie romaines, gauloises et plus récentes encore. L'endroit mérite que l'on s'intéresse à lui.

Espiens

On mit au jour, il y a cent ans, des tombes en pierre autour de l'église. Sur le territoire de la commune, il y a un château datant du XIIIe siècle qui serait templier.

Comme dans beaucoup d'endroits, le fait qu'il soit templier a créé la légende d'un trésor.

Fargues-sur-Ourbise

Cette commune est une vraie mine (d'or ?). On trouve deux souterrains à Lourdens et à Lumé. Des substructions gallo-romaines, un oratoire mérovingien et un dolmen, toujours à Lumé. Il faudrait être allumé pour ne pas y aller !

Fauguerolles

Un tumulus, aujourd'hui rasé, se trouvait jadis à la tuque du Baron. Ses environs n'ont pas été fouillés.

Patrimoine

Ferrensac

Il y a un refuge sous l'église Saint-Martin. Jadis, on cachait tout dans les souterrains refuges. Or, s'il y en a un, alors il y en a plusieurs. C'est assez classique.

Fieux

Il y a un tumulus au lieu-dit « le Petit-Château ». Or, dans les tumulus, on n'enterrait que les chefs, avec leurs objets préférés. À bon entendeur...

Foulayronnes

La commune compte plusieurs grottes préhistoriques. Foulayronnes veut dire « fontaine des *ladrones* », c'est-à-dire des voleurs. Au lieu-dit « Marmande », on trouve un gigantesque tumulus qui ne fut jamais exploré.

Frégimont

Près de Gaujac, dans les « falaises » du « Peyrot de l'homme », il y a de très curieuses demeures creusées dans le rocher. Pour un chercheur de trésors, l'endroit est intéressant.

Fumel

Jean Ier est-il venu à Fumel ? Rien ne le dit sinon la légende qui prétend que les étranges dalles gravées de Fossat, hameau situé à quelques pas de Fumel, sont en réalité un plan indiquant l'endroit où est caché le trésor de ce brave homme, qui vécut fort peu de temps et posa quelques problèmes à la lignée royale.

Jean Ier de France, dit « le Posthume », roi de France et roi de Navarre, était le fils posthume de Louis X le Hutin et de Clémence de Hongrie. Né dans la nuit du 14 au 15 novembre 1316, il ne vécut que cinq jours. Le comte de Poitiers, alors régent, fut proclamé roi de France sous le nom de « Philippe V ». Mais la fortune de Jean fut cachée par les siens, qui laissèrent des plans pour la retrouver. Comme un malheur n'arrive jamais seul, un petit malin qui restaurait les dalles de Fossat ne les remit pas dans le bon ordre, si bien qu'elles sont aujourd'hui disposées comme un puzzle. Ce qui ne facilite pas la tâche des chercheurs... Il faut dire que dans le cas contraire, il y a belle lurette que le trésor aurait été découvert.

Autre piste : en fouillant dans la campagne environnante, Ludomir Combes accumula une impressionnante collection d'objets préhistoriques qu'il vendit – fort cher – au musée d'Agen. A-t-il tout découvert ? C'est peu probable.

Gavaudun

Outre la remontée de la Lède, qui est un véritable trésor touristique, il y a sur la commune un endroit appelé « le Couvent ». Il s'agit d'une ancienne église détruite lors des troubles religieux. Les moines y auraient caché leur fortune avant de s'enfuir pour ne jamais revenir.

Gontaud-de-Nogaret

On trouve un très ancien cimetière à Saint-Pierre-le-Vieux. On y découvrit, en 1930, des sarcophages datant du IXe siècle. Il y a également un très riche emplacement archéologique près de l'ancienne église de Saint-Symphorien-du-Loup où, récemment, un amateur a découvert des haches de silex.

Goulens

Dans le coteau qui fait face à la cave de Goulens se trouve une gigantesque grotte dans laquelle, selon une légende locale, Condé aurait caché, avant de s'enfuir, un immense trésor.

Grateloup

Dans ce village, au lieu-dit « Cuenin », des chercheurs de trésor trouvèrent, au début du siècle, une cachette monétaire. Il y aurait d'autres trésors, dont un pourrait être découvert si l'on parvenait à décrypter la mystérieuse inscription gravée sur la clef du cintre de la porte méridionale de l'église. Il y a plusieurs mottes refuges à Rabaza, à Lamothe de James, des souterrains à Peyrugues et à Gardeau. Bref, Grateloup mérite d'être gratté !

La Sauvetat-du-Dropt

Au moment de la Terreur, trois agriculteurs catholiques de La Sauvetat montèrent en haut du clocher, démontèrent les trois cloches qui s'y trouvaient et les jetèrent dans un trou du Dropt, connu pour être le gouffre des Baconnes. Les révolutionnaires, en effet, avaient besoin du bronze de ces cloches pour en faire des canons et les destinaient aux fonderies de Sainte-Foy-la-Grande. Les pratiquants connaissaient tous l'histoire, qui se transmettait de génération en génération. C'est ainsi qu'en 1990, le maire de La Sauvetat décida de remonter les cloches à la surface. On trouva bien trace des grandes sonneuses, mais on ne put les remonter... les cordes qui les tiraient cassaient. Elles sont toujours là.

Labretonie

Le lieu-dit s'appelle « Contenson ». C'est un épatant vallon de Labretonie. En 1832, c'était un champ et, à ce titre, il était labouré. C'est ainsi qu'un laboureur, à l'hiver de cette année-là, heurta un objet avec le soc de sa charrue. L'affaire est assez classique. Il l'arracha des entrailles de la terre et découvrit qu'il s'agissait d'un coffre. Il l'ouvrit et s'aperçut avec bonheur qu'il contenait des objets précieux en bronze, en cuivre, des pièces de monnaie romaines presque neuves, des statuettes en ivoire et des lingots d'or. En somme, quelqu'un avait caché là son trésor. Un riche trésor, d'autant que certaines pièces étaient en or. Un spécialiste qui en acheta une à l'agriculteur écrivit un court texte, dans lequel il explique que ce trésor date de Claude II, empereur romain. Or, les pièces de cette époque ont une très grande valeur. L'agriculteur, pauvre, vendit tout son trésor pièce par pièce, si bien qu'il fut dispersé et finalement véritablement soldé, bradé à vil prix.

Plus tard, au même endroit, d'autres pièces ont été retrouvées. Combien ? On ne le sait pas. Mais il semble bien que ce vallon de Contenson mérite une grande attention.

Le Mas-d'Agenais

Le Mas-d'Agenais fut au début de notre ère une villa romaine et un riche village gallo-romain, que les barbares pillèrent à plusieurs reprises et finalement rasèrent. Mais il existe de beaux restes de ce village dans la campagne du Mas-d'Agenais, sur les pentes nord du plateau de Ravenac et au lieu-dit « Breguet », qui s'est peut-être aussi appelé « Bregnet ». En ces lieux, des découvertes extraordinaires ont été faites : une Vénus en marbre de Carrare et une Minerve en bronze. Des prospecteurs du dimanche trouvent régulièrement des objets de plus ou moins grande valeur dans ce secteur. Il ne fait aucun doute qu'il y en a encore. Comme Lectoure, dans le Gers, où chaque coup de pioche révèle des pièces archéologiques, le Mas-d'Agenais est appelé par les chercheurs le « jardin des trésors ».

Loubès-Bernac

Au moment des guerres de Religion qui, dans ce département, laissèrent de lourdes traces, le seigneur de Pichegrue, M. de Duras, jeta dans son puits tout son trésor afin que ceux qui assaillaient son château ne puissent pas en profiter. Lui non plus n'en profita guère, puisque les assaillants, qui ignoraient où était caché le trésor, jetèrent le corps de M. de Duras dans le puits, avec son or. Certains assurent que l'or y est encore...

Moncrabeau

Moncrabeau fut une importante place forte avant d'être la capitale des menteurs. Les trois fils du marquis de Trans, qui assaillirent le donjon en 1587, trouvèrent tous les trois la mort dans la plaine sur la rive gauche de la Baïse, qui protège le village. Le lieu s'est appelé « *los très* morts » et, au fil du temps, est devenu « *estremau* ». Ici, il arrive que l'on trouve des armes, des casques, des pièces métalliques disparates qui sont la preuve de cette terrible bataille de Moncrabeau. Plus tard, lors des guerres de Religion, le village fut attaqué et pillé par les protestants. Un radiesthésiste connu prétend que l'or des protestants serait caché et enterré dans une cave, à côté de la porte féodale de Moncrabeau. Enfin, ce village fut gallo-romain. Une importante villa, à Bapteste, en apporte encore la preuve. Autour de la villa, les chercheurs du dimanche vont promener leur poêle à détecter les métaux dans les prés circonvoisins. Et ils trouvent des objets. Chaque fois. C'est dire s'il y en a...

Montpezat-d'Agenais

Les habitants de Montpezat-d'Agenais, dont les seigneurs (favorables aux Anglais) sont à l'origine de la guerre de Cent Ans, puisque ce sont eux qui attaquèrent les moines (favorables aux Français) de Saint-Sardos, les habitants, donc, prétendent que le trésor de ces seigneurs (de cette époque) se trouve dans les ruines du château. S'il y a un trésor, c'est lors de la Terreur, en 1793, qu'il fut caché, car c'est à cette date que le château fut totalement rasé par les sans-culottes et leurs mandants. Mais peu de temps après la Révolution, la population, persuadée que des monceaux d'or se cachaient dans les dernières pierres du vieux château, finirent de le ruiner pour dénicher le trésor, qu'ils ne trouvèrent pas. C'est donc qu'il est ailleurs dans le secteur, puisque les sans-culottes, lors de la Terreur, ne purent s'en emparer.

Nérac

En 1966, on labourait encore avec deux bœufs et une charrue, qui avançait lentement et que le paysan tenait à la main pour la guider. Ce qui lui laissait le temps d'observer la qualité du sillon, la beauté de la terre fraîchement tranchée, la danse des vers de terre qui regagnaient les tréfonds du sol, et le vol des pinsons qui venaient chaparder ces minuscules vermisseaux. Ce qui permit à un agriculteur du lieu-dit « Planté », sis entre les communes de Nérac et du Fréchou, d'apercevoir une piécette qu'il ramassa. Nous étions en 1966. L'année suivante, il en trouva d'autres. Et ainsi tous les ans, jusqu'à ce que le fils de l'agriculteur achetât un tracteur et ne vît plus ce qu'il labourait. De toute évidence, il y a encore des piécettes de grande valeur dans le champ de Planté, entre Nérac et Le Fréchou.

Sainte-Colombe-en-Bruilhois

Il y a, à côté de Sainte-Colombe-en-Bruilhois, un hameau dit « de Goulard ». Jusqu'au XIVe siècle et la peste, c'était un bourg important qui remontait à l'époque gauloise et gallo-romaine, et probablement encore plus ancienne puisqu'on y trouve, dans les champs environnants, des silex taillés et des débris de poteries, mais également des pièces d'or remontant à l'époque gallo-romaine. Une rumeur tenace assure qu'il y aurait dans le village un formidable trésor romain.

Saint-Vite

La commune de Saint-Vite se trouve dans le canton de Tournon-d'Agenais. Là vivait jadis un seigneur appelé Lard. Il habitait le château de Lapougeade, où des rabatteurs lui amenaient des jeunes femmes qu'il faisait danser nues, qu'il battait et, tant qu'à faire, qu'il violait. Une nuit, les parents des donzelles vinrent au château donner une leçon au châtelain pornographe. L'homme fut poussé dans un escalier et se tua. Cela ne suffit pas au commando vengeur, qui vola tout ce qui avait de la valeur. Il fut convenu d'enterrer ce magot entre les bourgs de Dor et de Lavergne, voisins de Saint-Vite, le temps que l'affaire se calme. Mais les vengeurs n'eurent pas le temps de profiter de leurs rapines. Ils furent arrêtés et tués pour crime. Si bien que nul n'a jamais retrouvé le trésor caché. Il y est encore, certes, mais où? Il est vaste, le territoire entre Dor et Lavergne...

Recherche et découverte de trésors : des lois à respecter

En rappel de l'article 1 de la loi du 27 septembre 1941 concernant la réglementation des fouilles archéologiques, précisons que « nul ne peut effectuer sur un terrain lui appartenant ou appartenant à autrui des fouilles et des sondages à l'effet de rechercher des monuments ou des objets pouvant intéresser la préhistoire, l'histoire, l'art ou l'archéologie, sans en avoir préalablement obtenu l'autorisation ».

Toutefois, la propriété de trouvailles faites fortuitement – il est donc permis de se promener fortuitement à l'endroit où il y a des trésors – demeure réglée par l'article 716 du code civil. Mais l'État peut revendiquer ces découvertes moyennant une indemnité fixée à l'amiable ou à dire d'expert.

Si la trouvaille a lieu à moins de trente centimètres de la surface du sol, et s'il peut le prouver, le découvreur – ou le propriétaire du terrain? – peut en revendiquer la propriété. En deçà de trente centimètres, c'est propriété de l'État.

Ainsi, la Minerve exposée au musée de Villascopia, à Castelculier, appartient-elle à l'agriculteur qui l'a trouvée.

Les couverts de la bastide de Castillonnès
sont également appelés des « cornières ».
(Photographie des auteurs.)

Chapitre V

Le printemps des pierres : les bastides

« Q UAND LE BÂTIMENT va, tout va ! » Ce vieil adage a forcément été inventé pour le Moyen Âge. Qu'on en juge : entre le XIᵉ et le XIVᵉ siècle, en France, les compagnons du Devoir ont transporté, transformé et utilisé plus de pierres pour édifier les bastides que les maîtres bâtisseurs de l'Égypte ancienne pour les pyramides et les temples... en plus de mille ans !

Ces formidables travaux, réalisés par des hommes qui sortaient de la nuit du Moyen Âge, constituent un vrai mystère. Qui a formé les milliers de compagnons nécessaires à cette besogne ? D'autant qu'au même moment, les pays se couvraient de l'immense « chantier blanc » des cathédrales gothiques qui, elles aussi, nécessitaient une large main-d'œuvre hautement spécialisée.

Pour le seul Sud-Ouest, ce sont près de quatre cents bastides qui ont égayé le paysage de leurs blanches pierres. Là où il n'y avait rien, il y eut soudain la vie, le travail, le commerce, la paix, l'expansion démographique et commerciale, le perfectionnement et, parfois, la naissance de métiers pratiqués plus ou moins empiriquement au préalable. Tous les artisanats s'y développèrent. La gastronomie prit aussi de l'originalité en ces lieux de confort, où les temps n'étaient pas aussi belliqueux que les livres d'histoire l'ont raconté. Chaque bastide tentait avec plus ou moins de succès de créer un produit de bouche original. Il lui était propre, et elle était la seule à le proposer et à en faire un symbole identitaire.

Ce fut le cas pour la gesse, récoltée dans les *cazals* et les arpents de Villeneuve-sur-Lot. Aujourd'hui, ce pois carré quasiment inconnu permet de réaliser des veloutés d'exception et des purées de rêve. Certaines de ces spécialités se sont perdues, mais quelques-unes ont survécu : *l'estoufat* de bœuf de Monflanquin, que l'on appelle aussi « daube de la Saint-André », fait partie de ces recettes en voie de disparition que quelques initiés et quelques *mamées*, de plus en plus rares, se refilent sous le manteau, comme on délivre un secret millénaire.

Mieux encore : les bastides furent le lieu d'invention d'une forme de démocratie que certains, plus tard, tentèrent de faire disparaître. Chaque ville neuve était administrée par une « jurade », assemblée de douze jurats choisis par la population. Le conseil municipal moderne, en somme.

Le Lot-et-Garonne, avec ses cinquante-sept ou cinquante-neuf bastides – les spécialistes chipotent sur ces deux chiffres – est le département champion du Sud-Ouest pour l'édification de ces villes, qui ont sauvé le grand Sud de la ruine consécutive à la guerre de Cent Ans et à la croisade des Albigeois.

Voici une tentative d'explication du mystère de l'édification de ces bastides, si séduisante encore aujourd'hui.

Un besoin

Les bastides sont nées d'une double nécessité : fixer les populations plus ou moins errantes, en quête de liberté et de sécurité, et répondre à l'important essor démographique dû à l'amélioration du climat et des récoltes.

Dans le Sud-Ouest, la croisade contre les Albigeois et les nombreux épisodes de la guerre de Cent Ans, née en Lot-et-Garonne, à Saint-Sardos, détruisirent des dizaines de villes et de villages, et jetèrent dans les campagnes des milliers de pauvres hères. N'ayant ni feu ni lieu, ceux-ci se livraient au brigandage, rançonnaient les voyageurs, vivaient de chapardages, de rapines et de crimes. Leur faire bâtir une ville nouvelle les occupa. Rois (français et anglais) et Église profitèrent donc à la fois d'un développement des populations et d'une recherche de *libertas*, de choix d'une vie plus libre. Ajoutons à cela que les différents pouvoirs cherchaient chacun à se renforcer et à développer leur emprise sur les populations errantes. Aussi, les Français et les Anglais, qui se partageaient le territoire morcelé de ce qui allait devenir le Lot-et-Garonne, créèrent une forme de jalousie bâtisseuse : quand les Français élevaient une bastide, les Anglais en dressaient une autre à quelques lieues, en face, comme pour narguer les autres. Il en résulta trois séries de bastides.

Il y eut d'abord celles de Raymond VII, comte de Toulouse et cathare, qui cherchait des positions stratégiques défensives pour y installer ses hérétiques dans des villes ouvertes, des villes neuves : on leur donna le nom de « bastides ». Alphonse de Poitiers, qui succéda au comte de Toulouse, fut le véritable promoteur de l'essor des bastides. À sa mort, son successeur, E. de Beaumarchais, poursuivit l'œuvre bâtisseuse. Mais il y avait aussi la lutte franco-anglaise.

Ainsi, outre leur vocation économique, les bastides allaient acquérir, à cause de cette guerre – guéguerre, en vérité –, une dimension militaire le long de la frontière (fluctuante, entre la Garonne et le Dropt) qui séparait Capétiens et Plantagenêts, la Guyenne et la Gascogne. C'était à celui qui édifierait la plus belle, la plus forte, la plus riche ville nouvelle !

Enfin, ici ou là, pour montrer leur puissance, seigneurs, abbayes et monastères construisirent aussi leurs villes neuves. Il ne leur en coûtait que le prix du terrain. Les futurs habitants construisaient eux-mêmes, pour l'essentiel, les maisons ou ateliers qu'ils allaient habiter. Ils disposaient également d'un temps assez réduit pour le faire. La nécessité de bâtir vite devint force de loi, et lorsqu'on est obligé, on apprend rapidement. De voleurs errants, ces peuples à la dérive devinrent donc bâtisseurs.

Orthogonal

Le plan des bastides est en gros celui des antiques camps romains, lorsque les centurions de Jules César conquirent la

Gaule. L'idéal bastidien retenu par Viollet-le-Duc était la théorisation du plan julien. On y retrouve la conception de la ville idéale selon Eiximentis au XIVᵉ siècle, une ville au plan orthogonal pourvue d'un poumon central : la place. Elle donne à la bastide le sens de sa fonction première, l'échange, le commerce, le développement économique. Cette conception de l'espace est conforme au projet égalitaire qui sous-tend le phénomène des bastides. Ce désir d'égalité va jusqu'à prévoir la dotation de trois catégories de parcelles, plus une zone communautaire, le tout réparti de façon concentrique : l'ayral à bâtir, au centre, dans la bastide, objet d'un parcellaire strict ; le cazal pour jardiner, sur le pourtour immédiat de la bastide, relevant également du parcellaire défini par celui qui décidait de construire une bastide ; « l'arpent » dans le terroir à cultiver, sur les terres arables, autour de la bastide ; les padouencs, enfin, s'ajoutent à ces trois catégories de parcelles, propriété indivise de la communauté ; ils servent notamment à faire pacager le bétail, et parfois à organiser la foire annuelle aux bestiaux qui sont apportés de toute la région.

Toutes les bastides sont bâties sur ce modèle. Sans exception. Sur la place centrale, et parfois à côté, on trouve la halle. Dédiée évidemment au commerce. Outre celle de fixer les hommes, les bastides ont une fonction économique essentielle, basique : l'implantation sur des sols propices aux travaux agricoles est un des principes incontournables, tout comme le choix d'un lieu de passage qui favorise les échanges. Le tracé de la bastide est également économique : les rues principales convergent vers la place marchande et la halle. Ces rues aboutissent aux quatre angles afin que le flux des personnes, des marchandises et des transports ne soit pas une gêne pour les étalages installés sur la place les jours de marché. C'est très intelligent : on fait du commerce sans être importuné.

Pour visiter une bastide, il faut y aller deux fois : l'une un jour de marché, pour comprendre le dynamisme qu'apportait le commerce, l'autre un jour sans marché, pour voir la splendeur de la bourgade.

Tout au nord du Lot-et-Garonne, tutoyant le Périgord, le Haut-Agenais couleuvre autour de la riche vallée du Dropt. Cette épatante rivière aux flancs bordés de moulins et de nombreuses bastides fut longtemps une frontière. Elle séparait les terres anglaises sur la rive droite (où l'on trouve Monpazier) des terroirs français sur la rive gauche. C'est là que brille Villeréal, la ville royale. En 1265, Gaston de Gontaut-Biron fut obligé de céder au comte Alphonse de Poitiers, frère de saint Louis, une terre située dans sa forêt de Montlabour, où allait être édifiée en seulement quatre années, ce qui est un exploit incroyable, la bastide de Villeréal. Huit rues principales se coupent à angles droits ; au centre, entourée de cornières, une formidable place héberge une superbe et vaste halle, solide comme un pack de rugby. L'église, en légère rupture avec la trame rigide du bourg, est une véritable forteresse.

Ici, on parle bien plus l'anglais que le français, le hollandais que le gascon. Si l'on arrive à se faire inviter chez l'habitant, toujours convivial, on pourra goûter au tourin local, soupe divine dans laquelle trempe parfois du pain *goussé* d'ail et *tomaté*. Ce régal, qui selon Guy Berny, l'ancien maire, « pourrait donner l'accent du Sud aux titis de Ménilmuche », est presque toujours suivi d'un casse-croûte au foie gras, sorte de sport local.

Pourtant, si la bastide est d'une exceptionnelle élégance, sa richesse vient d'ailleurs. Dans ce haut pays, il faut absolument aller voir les maisons à empilage qui sont un mystère[1]. On ne sait pas d'où elles viennent, qui les construisit ni pourquoi elles sont concentrées dans la région. Elles sont uniques au monde. Construites uniquement de poutres empilées – d'où leur nom –, elles perturbent pour longtemps l'humeur de tous ceux qui les découvrent. À voir impérativement, en étant si possible guidé par un *papé* du coin !

Dans Villeréal, des *carreyras* pittoresques comme la rue des *Escambios* (rue des Échanges), devenue par erreur la rue d'*Escambis*, content l'histoire de Villeréal. Il suffit de remonter les ruelles de Lagnel, du Bras-de-Fer ou de traverser la place Jeanne-de-Toulouse pour sentir que toutes parlent d'un passé riche ou douloureux, avec infiniment de puissance. De belles

---

1. *Voir dans cette partie chapitre I, « Les maisons à empilage ».*

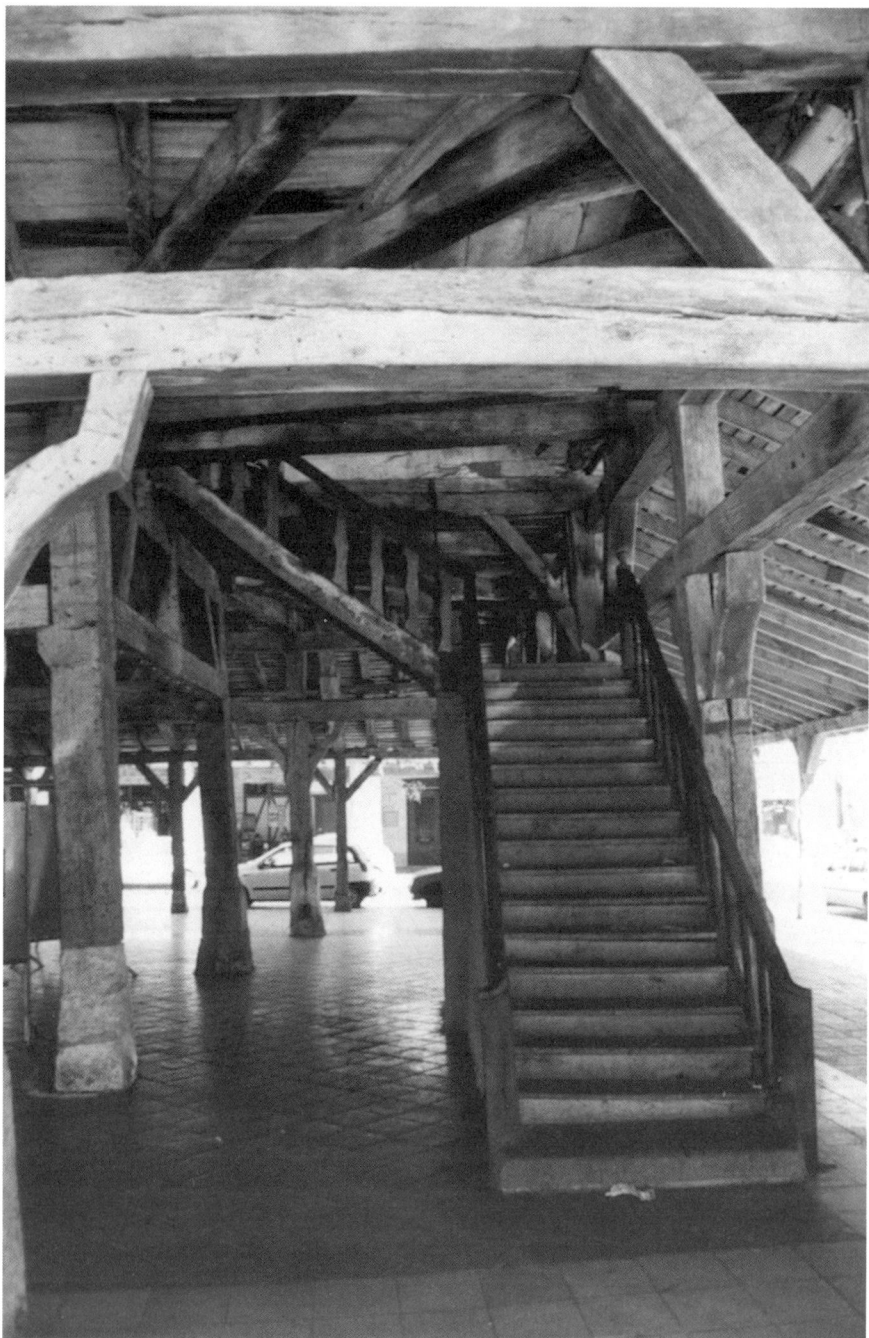

La halle de Villeréal.
(Photographie des auteurs.)

restaurations ont sauvé des maisons ateliers. Rue Saint-James, qui sent l'Angleterre à plein nez, un tonnelier exerçait son métier il y a peu. On croit l'entendre encore dresser les douelles. L'effet du vin, peut-être ! La bourgade n'a pas de « grand » restaurant, mais on mange bien partout. Pourquoi s'en priver ?

On ne se privera pas davantage du musée des Bastides qui, à Monflanquin la Magnifique (c'est évidemment une bastide) tout proche, conte l'histoire tumultueuse des bastides. Il s'est donné pour ambition d'apporter à chacun le moyen d'appréhender les conditions historiques dans lesquelles ces villes neuves du Moyen Âge sont nées et se sont développées sur toute la contrée. Outre ce pédagogique outil, Monflanquin possède une formidable rareté : la place du marché est en pente. Elle ressemble au mythique Tourmalet. Dans son angle le plus haut, le Prince Noir avait sa maison. Elle y est encore. Magnifique !

Les vins du pays de l'Agenais, les pruneaux, les produits bio, les tourtières, les foies gras, les confits, la cuisine du cochon sont au menu de toutes les bonnes tables et des fermes de Monflanquin, qui vendent directement leurs produits. Les restaurants n'y sont ni toqués ni étoilés, mais on est dans le Sud-Ouest, et manger est un art cultivé avec élégance dans chaque auberge.

Chez l'habitant, on sert encore l'*estoufat*, la daube de la Saint-André évoquée plus haut. Jadis, ici, les jours de marché, on vendait du bétail, mais on gardait le meilleur. Et on le cuisinait magnifiquement. C'est toujours le cas.

Quittons la Guyenne pour la Gascogne. On a toutes les chances d'entrer dans une *chicaillerie* (du verbe « chicaner »), que seuls les *beretayres* (porteurs de bérets) sont capables de conduire. Le formidable village rond de Fourcès (Gers) prétend être une bastide. Rien n'est moins sûr, même si le bourg figure sur la liste officielle des villes neuves. Beaucoup, qui ne sont pas d'accord avec cette affirmation, prétendent que Fourcès n'est qu'une « ancienne sauveté qui aimerait bien être une bastide ». On se bagarre sur cette question depuis deux ou trois siècles. Et ce n'est pas fini.

La bastide de Monflanquin.
(Droits réservés.)

Pour trancher, il faut y aller et participer à la chicaille. Le minuscule village rond mérite en effet grandement le détour et la visite. Le château du XVe siècle, devenu hôtel et restaurant, semble encore protéger cette unique circulade de Gascogne. Inutile de dire que dans ce coin, on trouvera plaisirs de bouche à son palais et bonheur à ses yeux. Il n'est pas que dans les prés. Il est aussi sur les tables où trônent toujours un pot d'armagnac, des conserves de confits et des poulardes dodues.

Toutes les bastides ont été élevées pour offrir la paix, le plaisir de vivre et celui de bien manger. Cette vocation première se perpétue aimablement encore aujourd'hui. Pourtant, le mystère de ce fourmillement, de l'énergie déployée pour bâtir autant de beauté reste entier.

Étymologie

Le nom des bastides n'est jamais un hasard. Il y eut une Villeneuve (sur-Lot, par exemple) quand la ville ancienne voisine, Pujols, cité cathare, fut rasée par Simon de Montfort. Les noms Villeneuve ou Villefranche s'expliquent d'eux-mêmes : ils renvoient aux bastides de Lot-et-Garonne.

Souvent construite en paréage (avec un parrain) entre l'Église de Rome et un seigneur, la bastide prenait généralement le nom d'une autre cité où le seigneur « parrain » avait des attaches. C'est le cas, par exemple, pour Beauvais (Tarn), qui a une sœur dans le nord de la France, Cadix (Tarn) en Andalousie, Cordes (Tarn) pour Cordoue, ou encore Damiatte (Tarn), qui correspond à Damiette, que prit Louis IX en Égypte. Grenade (Haute-Garonne) pour l'Espagne, et Pampelonne (Tarn), qui rappelle Pampelune en Navarre. Espagne encore avec Valence-sur-Baïse (Gers). Pavie (Gers) se tourne vers l'Italie, tout comme Viterbe (Tarn), ville italienne, etc.

Mais le nom peut aussi être celui du parrain fondateur : Lalinde (Dordogne) pour le sénéchal de Lalinde, Labastide-d'Anjou (Aude) pour Louis d'Anjou, Labastide-de-Lévis (Tarn) pour Gui de Lévis, maréchal de Simon de Montfort qui s'appropria Montségur. La Bastide-l'Évêque (Aveyron) pour l'évêque qui la fonda, et Libourne (Gironde) pour Leyburn, le nom du sénéchal du roi d'Angleterre Édouard Ier.

Il y a cinquante-quatre bastides (certains disent cinquante-neuf) en Lot-et-Garonne, sur près de trois cent soixante-cinq villages, hameaux et bourgs. Près de quinze pour cent des communautés urbaines de ce département ont donc été construites en moins d'un siècle (en quatre-vingt-deux ans exactement), pour le plus grand bonheur de ceux qui s'y installèrent et de ceux qui, aujourd'hui, les visitent ou y vivent.

Voici la liste de ces bastides.

Aiguillon, Artus, Castelmoron-sur-Lot, Castelnaud-de-Gratecambe, Castelnau-sur-Gupie, Castillonnès, Caudecoste, Cours, Damazan, Durance, Feltone, Fourques, Francescas,

Granges-sur-Lot, Hautes-Vignes, Labastide-Castelamouroux, Lagruère, Lamontjoie, Laparade, La Serre, Lavardac, Layrac, Le Breuil, Le Rayet, Lévignac, Libos-Monsempron, Mauvezin, Miramont-de-Guyenne, Monclar, Monflanquin, Monjoi, Montauriol, Montpezat, Montpouillan, Nicole, Port-Sainte-Marie, Puymirol, Rayet, Saint-Julien-Cap-d'Orbise, Sainte-Livrade, Saint-Pastour, Saint-Pé-de-Boulogne, Saint-Pierre-de-Londres, Saint-Sardos, Saint-Sauveur-de-Meilhan, Sainte-Gemme, Sainte-Maure-de-Peyriac, Sauveterre-Saint-Denis, Sauveterre-la-Lémance, Sérignac, Sos, Temple-sur-Lot (?), Tournon-d'Agenais, Vianne, Villefranche-du-Queyran, Villeneuve-sur-Lot, Villeréal.

Manquent à cette liste deux bastides qui à peine édifiées ont été détruites : Montreal, dans la commune de Colayrac-Saint-Cirq, et Lacenne, sur le territoire de la commune de Sembas. Les visiter est un petit bonheur qui n'élucide pas les mystères : celui de leur édification si rapide et celui de l'arrêt subit de leur construction[1].

---

1. *Voir lexique des bastides en fin d'ouvrage, annexe 3.*

Chapitre VI

Le style d'habitat en Lot-et-Garonne

L'AUTOMOBILISTE qui traverse le Lot-et-Garonne croit changer de paysage quasiment à chaque virage. Cet alphabet paysager s'accompagne toujours d'une modification dans le style architectural. S'il existe, en gros, quatre régions thématiques dans ce département, l'Agenais, l'Albret, le Marmandais et le Villeneuvois, s'agissant de l'habitat rural, ces vastes bassins possèdent presque tous des styles architecturaux propres, parfois inspirés par les genres voisins mais souvent assez différents.

D'où vient cette diversité ? Quel mystérieux architecte a défini tous ces modèles d'habitat ? Peut-être cette singulière originalité s'explique-t-elle par la variété des sites qui, même si c'est imperceptible, modifie la climatologie, les mentalités, les modes de vie et, par conséquent, les modes de construction.

La multiplicité des ressources en matériaux et celle des techniques ont également, chacune à leur manière, influencé les styles, eux-mêmes modifiés – « abondés », dit-on ici – par des apports extérieurs. Il serait peut-être un peu osé de dire qu'il n'existe pas de type architectural lot-et-garonnais au prétexte qu'il en existe plusieurs. Ce département n'a pas un style mais six. Et peut-être sept ! C'est dire sa richesse et son originalité.

Le type d'habitation qui va des limites du Quercy à la Garonne, composé d'un bloc quadrilatère aux justes proportions, sans étage et avec des *fenestrous* sur le haut des murs, n'est identifiable et

159

comparable à aucun autre. Puisque unique et original, il est bien de Lot-et-Garonne. Comme les très mystérieuses maisons à empilage qui sont uniques au monde[1].

Étonnant par sa mosaïque de peuples et de terroirs, le Lot-et-Garonne s'identifie à la fois au pays quercinois, au Périgourdin, au Bordelais, au Landais, au Toulousain (Languedocien), au Garonnais, au Guyennais et au Gascon... Excusez du peu.

Cette richesse incroyable est un atout majeur. On retrouve donc ce génie dans les maisons rurales qui datent du XVe, du XVIe et du XVIIe siècles. D'autres styles ont commencé à apparaître à la Révolution.

Nier l'influence agricole sur l'architecture serait également une erreur puisque les terres fertiles ont toujours généré des maisons opulentes, tandis que les terroirs pauvres produisaient des maisonnettes, pas forcément dépourvues de charme ni de caractère, mais aux volumes moins conséquents.

Partout, pourtant, l'habitat rural de notre département retrouve une base commune : l'appel à la sobriété. À l'époque où furent bâties ces demeures rurales, du XVe au XIXe siècle, on ne recherchait pas, du moins pas dans les campagnes, les effets architecturaux qui donnent une apparence flatteuse à la maison. Seule l'utilité était retenue et prise en compte.

C'est donc une découverte de l'habitat rural en terres gasconnes et guyennaises que proposent cette balade des terroirs et cette sorte de feuilleton urbanistique qui s'étire entre et autour de la Garonne et du Lot.

Le languedocien

Le style des maisons fut parfois influencé par les travailleurs, saisonniers ou pas, qui venaient œuvrer dans les fermes et les villages des berges de la Garonne. L'aranais et le gascon sont la même langue. On se comprenait sans faire d'efforts. Et si les terres du val d'Aran étaient pauvres, celles de la vallée de la Garonne étaient riches. Les travailleurs aranais venaient donc ici. C'est la

---

1. *Voir dans cette partie chapitre I, « Les maisons à empilage ».*

raison pour laquelle on retrouve une grande similitude entre les maisons du val d'Aran et d'Ariège et celles de la plaine garonnaise, construites avec des galets du fleuve, des briques plates pour stabiliser l'ensemble et des pierres, exclusivement pour les linteaux et les piliers des portes et des fenêtres.

Il n'y a pas vraiment d'architecture aranaise en Lot-et-Garonne, même si les journaliers du val d'Aran ont évidemment aidé à la construction de nombreux logis. Le style de base de la vallée de la Garonne est de type languedocien. On le retrouve dans la région toulousaine, dans le Lauragais et dans le centre-est du département.

Ces maisons ont une architecture rectangulaire sans étage, comprenant le logement et les bâtiments fonctionnels. La demeure n'est jamais principale, étant donné que le plus important à protéger c'était le bétail et les récoltes, même si, dans la maisonnée, il y avait souvent beaucoup de bouches à nourrir.

Le plus gros du corps de la bâtisse englobe donc la remise, l'étable, la grange à foin et l'habitation. L'ensemble, généralement orienté plein sud, peut posséder un auvent, selon la richesse du propriétaire et, par conséquent, celle du sol qu'il travaille. Un pigeonnier est généralement adjoint à ces maisons.

Il existait il y a encore une dizaine d'années plus de six mille pigeonniers sur le sol garonnais. Les pigeons étaient très prisés de la bourgeoisie des villes, et ils se vendaient assez cher aux marchés. Leur fiente, appelée « colombine », était un engrais extrêmement prisé par les jardiniers. On mélangeait cette colombine avec beaucoup d'eau, et l'on arrosait les plants de légumes avec cette fumure d'exception. La région parisienne achetait à prix d'or cet engrais naturel.

La toiture des maisons est à deux pentes. L'habitation – une pièce principale avec une cheminée et deux chambres – est toujours intégrée entre l'étable et la grange. Ces deux « assesseurs » isolent et protègent du froid. Surtout l'étable, dont une porte donne généralement sur la cuisine. Le bétail dégage énormément de chaleur et un peu d'odeur. On s'accommode de la dernière pour profiter pleinement de la première.

Les matériaux d'origine se composaient de briques en terre crue (ou cuite) qui servaient d'assise (tous les cinquante centimètres environ) à des épaisseurs de galets volés au fleuve. Ces briques, souvent fabriquées par le paysan lui-même, servaient également à confectionner les piliers pour les portes, dont le linteau était fabriqué à l'aide d'une poutre. Le bois, les briques plates, les galets ne valaient que du travail. Le toit était en tuiles canal. Il coûtait cher. C'est pourquoi les charpentes étaient très solides : il fallait que la toiture dure toute une vie et, surtout, chose peu connue, que les maîtres de maison, qui pesaient alors allégrement un quintal, puissent eux-mêmes réparer ces toitures sans briser les chevrons.

Les Aranais, carriers dans leur pays d'origine, venaient « faire la saison » partout où l'on avait besoin d'eux en suivant le lit du fleuve et en empruntant la voie antique qui longeait la Garonne : la carrère. Ils ont apporté ici leur savoir de la taille de la pierre. Ce savoir s'est donc retrouvé dans les piliers des portes et des fenêtres, ainsi que dans les linteaux.

Ce style architectural se retrouve sur les deux rives de la Garonne, avec une propension plus grande pour la rive droite en amont d'Agen, et pour la rive gauche après la capitale du pruneau.

Pour autant, cette méthode de construction n'était pas figée territorialement. Si elle s'est lentement laissé influencer par les carriers aranais, elle a également utilisé le meilleur des styles voisins : gascon pour la rive gauche en amont d'Agen, quercinois et du pays de Serres pour l'extrémité intérieure des terres de la rive droite, etc.

Bref, le style languedocien n'est pas monolithique mais pluriel, pour utiliser un mot qui fut un temps politiquement à la mode.

La borde landaise

Le sud-ouest du Lot-et-Garonne est essentiellement composé de l'Albret et du Queyran. Cette zone, limitée par la Baïse sur sa frontière est, est un pays de landes, de pins et de sable. Elle fut longtemps sous la domination des Basques, qui donnèrent leur nom à la région. « Gascon » vient de « vascon », et lui-même de

« basque » (la tradition de la chasse à la palombe est basque, beaucoup de lieux-dits de l'Albret ont une étymologie euskadienne...).

Le style architectural basque, qui n'occupe que la moitié des Pyrénées-Atlantiques (jusqu'au Béarn), s'étendit au sud du département des Landes, gagnant tout le territoire de la forêt et, par conséquent, après que Brémontier y eut planté des pins, toute la zone de la lande, excepté le Néracais et, plus largement, le val de Baïse.

Ce style landais, magnifique, évolua et s'adapta aux matériaux locaux. Alors qu'au Pays basque la pierre ne manque pas, on n'en trouve guère dans les Landes. En revanche, on y trouve du bois, de la paille pour faire du torchis, de la terre pour faire des briques et les inévitables tuiles canal pour la toiture... qu'il faut acheter ou aller cuire soi-même chez des tuiliers louant leurs fours. Beaucoup de lieux-dits portent les noms de « Téoulé », « Téoulère », etc., qui signifient « tuilerie ». C'est là que l'on pouvait soit acheter des tuiles, soit porter sa glaise et mouler les tuiles sur place avant de les cuire. Le *téoulet*, c'est-à-dire le tuilier, ne vendait que son service et pas ses produits. Comme le moulinier.

Ces maisons sont bâties – parfois, ce qui est curieux, jusqu'à la limite de la Dordogne – sur un plan carré. La structure porteuse est naturellement en bois (la forêt en regorge) ; elle repose sur un châssis de pierre et, le plus souvent, de briques pour isoler le bois de l'humidité du sol. La façade principale est toujours tournée vers l'est, à l'abri des vents dominants et des pluies qui viennent toujours de l'ouest ou du sud.

Sur la partie avant de la maison, il y a quasi systématiquement un large auvent appelé « balet ». Il servait à faire sécher le tabac, l'oignon, l'échalote, l'ail, etc.

Ces maisons n'ont qu'un étage, totalement occupé par le grenier, généralement accessible par un escalier protégé par le balet. Dans le grenier, on entreposait du foin, des fruits, des légumes pour l'hiver et parfois, mais plus rarement, les cochonnailles.

La borde basco-landaise s'inspire évidemment de celle du pays basque, à cette différence qu'il n'y a pas de pierre, sinon pour construire la cheminée et parfois l'assise. L'habitat traditionnel basque est énigmatique en raison de ses imposantes dimensions. « Pourquoi nos maisons sont si grandes ? » interroge un poème euskadien qui n'apporte pas la réponse. Les familles basques n'étant pas plus nombreuses que les autres, cette interrogation pourrait bien se rapporter à l'habitat basco-landais. Les bordes de la lande garonnaise sont vastes et comptent en général au moins cinq chambres autour de la salle commune ; elles possèdent également une souillarde, un grand débarras et un large vestibule. Même dans les petites bordes sans étage, celles des airials, il y a au moins trois chambres : chambre des parents, des grands-parents et des enfants.

Ces maisons sont souvent pourvues d'un four placé à l'extérieur, qui sert aussi bien à cuire le pain que, lors des grandes cuisines, le cochon, les confits, etc.

Ces bordes sont soit isolées et accompagnées d'autres bâtiments – étable, poulailler et hangar –, soit construites dans un airial, sorte de grosse ferme plantée de chênes, où l'on trouve la maison du maître, parfois en pierre de taille, mais le plus souvent avec la même structure en bois que les autres, et quatre ou cinq petites bordes de style basco-landais pour les métayers.

L'échoppe bordelaise

Il est assez étonnant qu'une ferme porte le nom d'échoppe, terme qui signifie magasin dans le langage courant. Pour comprendre cette appellation, il faut se rapporter à l'étymologie du mot.

Échoppe vient de l'anglais *shop*, qui veut dire « magasin ». *Shop* a donné *shopping*. En Angleterre, les *shops* sont des petites boutiques adossées à des immeubles. En Gironde, les fermes des vignerons étaient des petites maisons. Ce furent donc les Anglais, qui occupèrent longtemps l'Aquitaine, qui baptisèrent ces maisons du nom de « shop ». Mais les Occitans ont toujours eu du mal à prononcer le « s » au début du mot. C'est ainsi que « shop » devint « échop », puis « échoppe ». Il en va de même pour le vocable *stockfisch* (poisson séché), que les Gascons ont transformé en « *estofi* ».

Au départ, donc, l'échoppe que l'on trouve sur les deux rives de la Garonne, d'Aiguillon à Marmande, mais également sur quelques kilomètres le long du Lot, n'était pas une maison rurale. Elle ne servait qu'à héberger les hommes, et non le matériel utile au travail de la vigne ou des champs. Ces demeures, de construction assez facile, se sont répandues le long de la Garonne, et leur style architectural s'est perpétué, accompagné de quelques aménagements. On le retrouve parfois jusque sur les coteaux de l'Agenais.

Le long du grand fleuve, l'échoppe a conservé sa vocation première, et elle est toujours restée une maison, conçue sur un plan rectangulaire, parfois équipée d'un petit étage. Les locaux agricoles ne sont jamais attenants, ce qui explique la modestie du corps de ferme. La toiture peut avoir deux ou quatre versants.

L'habitat est divisé en trois ou cinq parties. Un couloir central dessert, à gauche et à droite, les deux pièces principales : la chambre et la salle commune, cette dernière étant toujours pourvue d'un lit caché par un paravent ou par des portes en bois, un peu à l'image des lits bretons.

Au fond du couloir d'entrée, un escalier conduit au grenier où, selon la hauteur du toit, il peut y avoir deux autres chambres. À chaque extrémité de la maison, des remises, uniquement accessibles de l'extérieur, venaient généralement s'adosser et épauler l'ensemble. Ces remises servaient de resserre, l'une pour le bois nécessaire à la cheminée, l'autre pour les légumes du jardin. Parfois aussi pour le petit outillage. Ces maisons sont en pierre et le toit est en tuiles canal.

La métairie marmandaise

La métairie marmandaise est une grande maison grange, largement inspirée par l'architecture basco-landaise et par l'échoppe bordelaise. Il s'agit en fait d'un savant mélange de ces deux styles, qui est parvenu à générer un produit architectural bien particulier.

Ces demeures se retrouvent dans le triangle formé par trois sommets que pourraient être Casteljaloux, Marmande et Aiguillon. Ici aussi, la façade donne vers l'est pour protéger l'habitation des pluies et des vents dominants qui viennent de l'ouest ou du sud.

Construite sur un plan carré, la grange métairie marmandaise s'ouvre sur un vaste balet, dominé quelquefois par un pigeonnier. De chaque côté de ce pigeonnier ou du balet, le toit descend très bas. À gauche, il protège la maison d'habitation, qui ressemble un peu à l'échoppe bordelaise, sauf qu'ici les pièces sont situées en profondeur : la pièce principale et les deux chambres. À droite du balet, on trouve l'étable qui occupe toute la longueur du bâtiment, au même titre que la maison.

Entre ces deux éléments, un vaste espace réunit le hangar pour le matériel agricole, le chai et une grange pour conserver le vin, les légumes et les fruits.

On accède à un petit grenier et au pigeonnier par un escalier donnant soit sur le balet, soit dans la remise. Le balet est vaste. C'est sur sa surface que l'on se livre à toutes sortes d'activités : égrenage du maïs, préparation de la nourriture pour la volaille, etc. C'est aussi l'aire de jeux favorite des enfants.

L'ossature de la maison est essentiellement en bois garni de briques crues.

La limousine

Les maisons limousines se retrouvent dans tout le nord du département, dans le Duracquois, dans la vallée du Dropt et parfois en pays de Serres, dans le nord-ouest du Villeneuvois.

Elles sont composées d'une très vaste grange (qui sert d'étable et de remise) accolée à une modeste maisonnette. Comme presque partout lorsqu'il s'agit de maisons rurales, l'habitation cède beaucoup de place aux bâtiments agricoles. La grange et l'étable, qui sont dans la même pièce, ne sont séparées que par une barrière en bois, et c'est à travers celle-ci que l'on fait passer le foin pour nourrir le bétail l'hiver. En outre, la chaleur dégagée par les vaches permet de protéger du gel les fruits et les légumes stockés pour l'hiver. L'habitation comprend une très grande pièce commune, évidemment pourvue d'une imposante cheminée. Donnant sur cette pièce, la chambre compte deux ou trois lits.

La structure est construite en longueur et composée d'un seul volume rectangulaire. La toiture possède deux pentes faibles, couvertes de tuiles canal. Les ouvertures, et notamment l'impressionnante double porte qui laissait entrer les charrettes, donnent toujours sur le sud.

Toutes ces maisons sont en pierre ; les murs sont solides, épais. Seules les pierres d'angle et d'encadrement des portes sont taillées.

Contrairement à la maison basco-landaise ou à la métairie marmandaise, les maisons limousines sont l'œuvre de maçons et non de charpentiers.

La quercinoise

La maison en hauteur, dite « la quercinoise », se retrouve dans l'est du département. Elle occupe le triangle Beauville/Villeneuve-sur-Lot/Monflanquin. Mais on trouve encore ce type de demeures dans le territoire ouest compris entre le Lot et la Garonne.

Ce style de maisons rurales est fort à la mode aujourd'hui, car ces habitations, souvent dotées d'un pigeonnier, ont des allures de minicastels ou de belles demeures périgourdines qu'elles ne sont pourtant pas.

Contrairement à la grande partie des maisons du département, la quercinoise se distingue par le fait que c'est le bétail qui a décidé de son apparence. Ou plus exactement l'absence de bétail. En effet, dans ce terroir de causse, le bétail et le foin ont cédé la place au vin, au blé et aux moutons. La maison n'a donc pas besoin d'occuper autant de surface. C'est pour cette raison que la toiture est beaucoup moins imposante que dans d'autres types de fermes.

Ces demeures sont hautes, comportant deux et parfois trois étages. On trouve d'abord un sous-sol qui sert à abriter les moutons, les barriques, la volaille, le four à pain et le matériel agricole. La maison d'habitation est à l'étage. On y accède par un large escalier de pierre, venant directement de l'extérieur et donnant sur une vaste terrasse protégée par un balet. On vit dans ce balet (exposé généralement au sud) puisqu'on y trouve l'évier (l'*aïero*). Contre ce balet s'élève généralement un haut pigeonnier. La terrasse donne sur la salle commune, qui dessert elle-même une ou deux chambres ; un escalier permet d'aller au grenier où l'on entrepose, pour l'hiver, les fruits et les charcuteries sèches.

Ces maisons sont entièrement faites en pierre. Seules celles d'angles, de linteaux et de voûtes (pour le sous-sol) sont taillées.

Elles se regroupaient en petits hameaux appelés « *maynés* ». Elles étaient occupées par de petits propriétaires, chevriers et vignerons.

Les maisons à empilage[1]

Ces magnifiques maisons, que l'on trouve dans le nord du département, ont une origine énigmatique et sont un des plus beaux fleurons patrimoniaux de Lot-et-Garonne, mais également un de ses plus pétillants mystères. Il serait urgent d'en restaurer, pour ne pas dire en sauver, au moins une !

Le Nord-Agenais fut jadis – et est encore – en partie couvert de forêts. Et c'est au cœur de ces forêts que furent construites les maisons à empilage, avec des poutres de la région de Villeréal et de Castillonnès ; il s'agit de poutres en chêne qui donnent des allures de chalets canadiens à ces intrigantes habitations.

Elles mesurent entre dix et douze mètres de long sur sept ou huit de large, et l'intérieur est divisé en deux parties : la pièce principale, pièce à vivre, et une chambre. La cheminée, imposante, est équipée d'une énorme poutre qui occupe tout le travers de la pièce.

Le bois des murs repose sur des fondations en pierre qui protègent de l'humidité. Le toit à deux pentes est couvert de tuiles canal. L'étroitesse des ouvertures, vers le sud, fait songer à des

---

1. *Voir* supra.

maisons défensives. Plus tard, certaines maisons furent pourvues de fenêtres à meneaux.

Toujours est-il que l'on ne sait pas qui logeait dans ces maisons (des bûcherons, des charbonniers ?), ni quand elles furent construites (xve siècle ?).

Aujourd'hui, il reste bien peu de ces étonnantes demeures, alors qu'on en comptait une soixantaine au début du siècle dernier.

Les pigeonniers

Depuis le xviie siècle, le Lot-et-Garonne se distingue des autres départements (sauf du Tarn-et-Garonne) par une prolifération assez extraordinaire de pigeonniers. Une étude des années 1960 recensait un peu plus de six mille pigeonniers encore debout dans notre département. Chiffre incroyable qui s'explique, comme il est écrit plus haut, par la mode de consommer du pigeon entre le xviie et le xixe siècle, et par le formidable pouvoir de fumure de la fiente de pigeon.

Si, durant un temps, le pigeonnier était un élément de prestige que s'octroyaient les seigneurs et les domaines ecclésiastiques, il se démocratisa rapidement, car les pigeons se nourrissent de peu, et ce peu se trouve bien souvent chez les autres.

Les styles des pigeonniers, comme ceux des maisons, sont extrêmement nombreux ici, d'autant que certains, compte tenu du prestige attaché à la possession d'un tel édifice, le faisaient bâtir par des maîtres maçons, compagnons du tour de France, qui se faisaient un devoir d'apporter à cette réalisation autant d'attention que s'il s'était agi d'une œuvre essentielle. C'est pour cette raison que beaucoup de pigeonniers isolés sont encore intacts et possèdent de superbes piliers en pierres magnifiquement taillées.

D'autres, et ils sont également très nombreux, sont directement inclus dans le corps du bâtiment des maisons rurales, auxquelles ils donnent un faux air de tour qui améliore leur esthétique. Pratiquement aucun – il y a toujours une exception qui confirme la règle – de ces pigeonniers n'a une forme cylindrique ; ce type

architectural se trouve normalement dans le nord de la France...
On en trouve tout de même.

Les immenses pigeonniers de Lot-et-Garonne, singulièrement
ceux ressemblant à de hautes tours et rattachés à une demeure,
pouvaient contenir près de deux mille casiers. Parfois, on trouve
des pigeonniers sur pilotis dans des endroits où il n'y a aucun
risque d'inondation, et les piliers sont pourvus d'un encorbelle-
ment arrondi qui interdit simplement aux rats l'accès au pigeonnier, le pilier servant à empêcher les renards de venir manger les
pigeonneaux.

TROISIÈME PARTIE

Insolite et drolatique

Les « menteurs » de Moncrabeau.
(Photographie des auteurs.)

Chapitre I

Les mystérieuses origines
de l'Académie des menteurs

I MPORTANTE PLACE FORTE du duché d'Albret, Moncrabeau, perché
au-dessus de la vallée de la Baïse, a progressivement perdu de
sa superbe guerrière après la démolition des fortifications sous
Louis XIII. Le déclin démographique a, plus tard, accéléré le mouvement pour transformer le village en bourgade paisible et sou-
riante.

Pourtant, son nom reste bien connu au niveau régional et probablement national, voire international. En effet, chaque premier
dimanche d'août, l'Académie des menteurs de ce charmant village,
qui sert de sentinelle avec le Gers tout proche, procède à l'élection
d'un roi des menteurs. Cette festivité insolite très courue, et au
cours de laquelle sont remises des lettres patentes donnant le
droit de mentir sans vergogne, a largement contribué à la réputation du village, de ses habitants et de ceux qui reçoivent ces
fameuses lettres patentes, autrement dit le brevet de menteur.

Mais, au fait, c'est quoi, exactement, cette académie ? Quelles
sont ses origines ? Peut-on parler de mystère ? De secret, connu
seulement de quelques initiés ? Souvent, il n'est donné aux curieux
que des hypothèses superficielles, des aveux d'ignorance ou
alors... un gros mensonge. Ce qui est le minimum syndical en ce
terroir de vallons d'oxygène et de bonheur de rire de rien.

Pour stopper net toute tentative de recherche historique sérieuse
ou prétendue telle, il n'est pas inutile de préciser qu'une grande

173

partie des archives du duché d'Albret a disparu au début de la Révolution. En ces temps belliqueux, on faisait tout brûler, tout tomber, y compris des têtes. De simples papiers relatant le passé d'un insolite patelin n'avaient donc, au regard des sans-culottes, strictement aucune importance ; en ce domaine au moins, ils avaient tort.

Les Moncrabelais savent donc qu'un seul travail de recherche semble aujourd'hui s'imposer : c'est celui d'Yves Perrotin, qui œuvrait aux archives départementales de Lot-et-Garonne. Ses travaux furent publiés dans les années 1950 dans l'incontournable *Revue de l'Agenais*, mais ils n'apportent guère de grain à moudre. Ils disent simplement que des bourgeois désœuvrés, des militaires à la retraite s'amusèrent à inventer les lettres patentes et les brevets qui étaient adressés par d'hilarants oisifs à des menteurs réputés. Manière de rire.

La plupart des auteurs du XIXe siècle traitant des origines ou de l'histoire de l'académie les font remonter au début du XVIIIe siècle, lors de la Régence. Rien n'est moins sûr. Pour autant, rien n'est plus difficile à démontrer.

L'association n'a adopté une structure officielle qu'à partir de 1972, sous forme d'Académie des menteurs. Quelques militaires retraités – déjà ! –, des propriétaires et des bourgeois se seraient réunis sous la halle du village pour discuter des affaires publiques et des événements du pays, autour d'un fauteuil de pierre, baptisé depuis « fauteuil des Menteurs », surmonté d'une pierre encastrée, dite « pierre de Vérité ». L'impétrant devait y apporter avec assurance les nouvelles les plus percutantes, la faconde des gens du cru et l'oisiveté facilitant l'exercice.

Selon la tradition locale, dont il faut évidemment se méfier, un chanoine du chapitre de Condom – on parle de Bossuet, mais il ne vint jamais à Condom bien qu'il en fût l'évêque –, familier des lieux, aurait imaginé brocarder, par des lettres patentes burlesques, les participants les plus imaginatifs, faisant de Moncrabeau le chef-lieu d'une Diète générale des menteurs. L'association naquit en regroupant les titulaires des brevets ainsi créés. Les registres des Jurades de Moncrabeau ne mentionnent nulle part la création d'une quelconque Académie des menteurs ou Diète, l'institution ne semble donc pas avoir été officialisée. Le contraire eût été vérité, et on n'est pays en son pays.

L'origine probable de la réputation de Moncrabeau vient peut-être des lettres patentes, dont le premier exemplaire – connu ! – remonte à 1750. Est-ce par colportage que furent diffusées ces lettres patentes ? Par expédition à des personnages locaux plus ou moins importants ? Mystère, évidemment...

Toujours est-il que ce n'est qu'à partir du début du xixe siècle que la diffusion s'élargit, avec des lettres patentes imprimées tant à Condom que dans le nord et l'est de la France, comportant des rédactions ou des signatures plus ou moins proches du modèle moncrabelais. Après 1950, on trouvait toujours des exemplaires vierges en vente dans les boutiques du village, et particulièrement au restaurant faisant face au fauteuil des Menteurs.

Les brevets édités dans le nord furent sans aucun doute vendus en Belgique, puisque l'on retrouve une société dite « de Moncrabeau » à Namur. La Société Moncrabeau de cette aimable ville belge est née dans les dernières années de l'Ancien Régime, sous le nom étrange de « Canaris Namurois ». Les volatiles devinrent, avec la présence française, le Club des menteurs. Et c'est le 27 septembre 1843 que fut fondée la Société de Moncrabeau de Namur, en mémoire au « pays célèbre, dont la constitution est basée sur les immortels principes de la folie, du mensonge innocent et badin ». Tournure éminemment belge, une fois ! D'emblée, cette société moncrabeaucienne – fallait inventer un nom pareil puisqu'en Gascogne, on dit « moncrabelaise » –, dont les membres étaient très élégamment habillés, en tenue des mousquetaires de la guerre de Trente Ans, possédait un orchestre et œuvrait dans le caritatif. Ce qui n'est pas un bobard.

En 1946, pour son centenaire, elle invita le maire de Moncrabeau, André Corne, nouant ainsi des liens plus ou moins étroits avec l'Académie des menteurs, dont on ne sait toujours pas d'où elle vient.

Chapitre II

Un combat de titanes pour des poules

S UR LES DEUX BERGES de la Baïse, dans la Gascogne garonnaise, à la limite quasi ethnique du Gers nonchalant, il existe une communauté humaine d'épicuriens blagueurs : la communauté des coteaux de l'Albret, qui s'invente régulièrement des défis. L'un d'eux consistait à déterminer quelle est la meilleure cuisinière du pays (qui ne compte pas moins de dix villages et six mille habitants : Andiran, Calignac, Espiens, Fieux, Francescas, Le Frechou, Le Saumont, Moncaut, Moncrabeau et Montagnac-sur-Auvignon) et à lui remettre le bouclier de Galinus, de la même manière que l'on remet le Brennus aux gaillards du XV.

Dans les vallons d'oxygène de cette communauté qui pourrait bien, un jour ou l'autre, se proclamer république libre, la volaille vit en liberté. Les cuisinières un peu moins. On se rappelle, avec émotion, qu'Henri le quatrième, prince de Navarre et roi de Nérac, venait ici à cheval choisir ses poulardes. « Et ses poules », ajoutent, égrillards, les autochtones, qui n'ont pas besoin de préciser que le Vert Galant les collectionnait et les mettait plus volontiers dans son lit que dans son pot.

Mais les femmes de ce terroir, prudes bien qu'excellentes maîtresses queux, ne veulent garder en mémoire de cette époque formidable que la bonté de l'Henri et sa volonté dominicale de garnir les « toupins » de grasses gallinacées.

177

Ainsi donc, durant plusieurs jours, astiquaient-elles vieux chaudrons et jeunes faitouts, carottes tendres et vieux navets, poireaux parfumés et ronds oignons pour que leur poularde bouillie et le farci qui va obligatoirement avec soient à la hauteur de la réputation culinaire des mamées gasconnes. Mais comme le concours était individuel, que chaque cuisinière préparait sa volaille chez elle, la mijotant dans le coin le plus secret de son âtre, les séances préparatoires étaient troublées par d'horribles rumeurs et, dans chaque village, les rencontres impromptues des femmes au marché frôlaient la zizanie. On essayait de déstabiliser l'adversaire en affirmant qu'une telle «fumait des cigarettes qui font rire pour être en grande forme le samedi soir du concours», lors du badinage gastronomique, dans la salle des fêtes de la bastide de Francescas, où devait se dérouler le pugilat des pilons. Une autre prétendait que sa voisine «shootait son farci à l'armagnac pour tromper le jury». Car il y avait évidemment un jury, composé d'illustres et éminents épicuriens locaux plus compétents les uns que les autres, si l'on jugeait de leur capacité magistrale à leur tour de taille.

Ainsi, grâce à ce farouche combat de poules au pot et de femmes en verve, la Gascogne connaissait sa meilleure gascogalino-cuisinière. Un titre tellement envié que plus de deux cent cinquante convives étaient attendus dans la salle des fêtes de la bastide pour rendre hommage à l'heureuse élue, mais surtout pour se régaler des bouillons, légumes, farces, farcis et cuisses de poules qui ronronnaient déjà.

Ce combat de titanes a, hélas, disparu. Pourquoi? C'est un mystère. À moins qu'il ne faille chercher dans le chaudron des zizanies politiques. Ce qui n'est pas imaginable, puisque les politiques ne font jamais de zizanie.

Chapitre III

Les facétieux de l'Agenais

MONCRABEAU, CHARMANT VILLAGE qui joue les sentinelles entre le Gers et le Lot-et-Garonne, jouit d'une image unique de drôlerie : c'est le pays des menteurs. Or, si cette aimable bourgade détient indéniablement le titre de capitale du bien-rire, il y a deux siècles, au moment où fut fondée l'Académie des menteurs de Moncrabeau[1], naissaient un peu partout dans ce département des associations facétieuses, dont la vocation première était de faire sourire leurs membres... et les autres.

Voici donc un voyage approximatif au pays de la farce tranquille et de quelques compagnies bien mystérieuses.

« Cercle garonnais des fesse-mathieu » : il faut oser affubler d'un tel nom une association que l'on suppose *a priori* composée de joyeux drilles. Certains n'ont pourtant pas hésité à le faire. Molière, dans *L'Avare*, n'est guère tendre à propos de cette curieuse appellation :

« On ne parle que de vous sous les noms d'avare, de ladre, de vilain et de fesse-mathieu. »

Donc, un fesse-mathieu est un usurier. Un sale usurier, même ! Ce serait grande bêterie que de croire que le Cercle garonnais des fesse-mathieu était un rassemblement impie de radins du gousset, de culs serrés de la bourse, de ladres du porte-monnaie, de pingres de l'aumônière ou de grippe-sous du réticule. Bien au contraire.

---

1. Voir chapitre « *Les mystérieuses origines de l'Académie des menteurs* ».

179

Nos facétieux revendiquaient une tout autre mission que celle de prêter de l'argent et de pratiquer l'usure. Ils se moquaient de ceux qui se livraient à cette infamante besogne. Cependant, la moquerie restait digne. Ironique, sans plus. Manière élégante de se venger des banquiers, dont on pouvait tout de même avoir besoin un jour.

En revanche, au club des « peigne-culs », fondé en 1871 rue de la Grande-Horloge, à Agen, on était moins délicat, et l'on se rassemblait en son sein pour écrire des poèmes sournois mais toniques « à la gloire du grand vent sonnant ». Celui qui décoiffe et, parfois, par pure gentillesse « parfume » tout en étant musical ! En cette amicale et aussi bruyante qu'odorante compagnie, on tressait des couronnes de laurier aux pétomanes et autres bruiteurs arrière. À vue de nez, un chef-d'œuvre !

La plaisanterie peut paraître un peu lourde, mais elle n'en est pas moins authentique. Il semble, bien que l'information ne soit pas très précise, que les membres de cette amicale, puisque c'est ainsi qu'elle se qualifiait, « Amicale des peigne-culs », honoraient la flatulence comme d'autres aiment Berlioz. Ils se réunissaient dans un estaminet agenais – sans doute à l'heure excellente de l'apéritif – et se livraient incontinent à des exercices de bruitage propres à réjouir les oreilles de l'auditoire, lequel devait tout de même se pincer le nez. Pétomanie ludique, en somme !

L'inconvénient dans ce genre de jeux, c'est que les oreilles ne sont, hélas, pas les seules à profiter des festivités. Du reste, on attribue à l'un de ces auditeurs l'excellente formule :

« Tout ce qu'ils font, c'est du vent, mais il arrive parfois que le vent soit mauvais. »

Or, si ces joyeux drilles se délectaient des humeurs ventrières de leurs frères d'armes, le voisinage, autrement dit les clients du bistrot, s'en plaignait. Ainsi, les nez pincés mirent fin aux sonorités cassouletiennes des membres de l'association.

Mais comme Agen n'a jamais manqué de poètes ou prétendus tels, des habitants de cette bonne ville, plus lettrés sans doute que leurs prédécesseurs gaziers, se livrèrent au délicat exercice de versifier sur le sujet. L'affaire, si l'on peut dire, fit grand bruit !

Insolite et drolatique

Ainsi, un incertain Ducomet, Gaston pour les dames, unijambiste par la faute d'un obus de 70[1], ce qui devait grandement lui faciliter le lever de jambe, s'adonnait avec délectation à l'art subtil de taquiner la muse des gaz ! Son talent vaut le détour :

« Après moult périples,
« Par monts tu es venu.
« Au sortir de la tripe,
« Quand tu parles, tu pues ! »

Certes, la rime n'est pas riche et l'élégance pas vraiment présente. Mais on ne peut pas tout avoir, la musique et les paroles qui vont avec ! Dans notre cas, et puisque l'on perçoit une incertaine musique, n'en demandons pas trop aux rimaillages.

Plus délicate peut-être, cette bluette d'une improbable dame Fessière :

« Louise, il m'appela,
« Et Louise je vins.
« Il ne m'entendit pas,
« Mais son nez en fut plein ! »

On rigole... on s'amuse !
Par mesure prophylactique, nous arrêterons là cette séquence, hélas, non exhaustive de notre exposé, mais ces deux quatrains et les assertions qui les entourent montrent bien que l'on s'amusait d'un rien il y a deux siècles.

Du reste, au sein de l'Académie des menteurs de Moncrabeau, il y a une bonne cinquantaine d'années et probablement davantage, on vendait de fort drolatiques brevets de péteurs, que l'acheteur faisait parvenir au membre de sa famille qui possédait la tripe la plus expressive et l'art aimable de savoir s'en servir. Le récipiendaire était grandement complimenté pour ses qualités postérieures

---

1. *L'auteur est incapable de dire si 70 est relatif à la taille (le calibre) de l'obus, ou à la guerre qui le tira, ou aux deux !*

de sonneur, de canonnier invétéré, de bruiteur de théâtre, et même, suprême éloge, de «tireur de coups d'escopette sans en posséder la moindre»!

Dans le même ordre d'idées, on trouve les «Francs connards». Grossier? Bêterie encore que de l'imaginer, ne serait-ce qu'un instant. Le lettré puriste se méfiera toujours des *a priori*. Il n'oubliera surtout pas que «vulgaire» vient du latin *vulgus*, «peuple», et que nous formons tous le peuple de France.

Et avant de rejeter un mot pour son aspect grossier, il faut toujours se livrer à un minimum de recherche étymologique. Que les puristes se rassurent, «connard», en ces temps bénis du XVIIIᵉ siècle, ne revêtait pas la parure péjorative dont notre époque, prude et pétrie de syntaxe, l'accable aujourd'hui. Chaque pauvre homme, que sa volage compagne trompait à qui mieux mieux, prenait ce qualificatif aussi léger qu'approprié. Un siècle plus tôt, le mot contenait un R qui rappelait l'origine de corne. L'us s'en est perdu. Bref, l'association rassemblait les francs cocus, bien que rien ne garantisse qu'un homme trompé par son épouse soit habité de probité et de franchise.

Être corniflard n'est jamais joyeux, et les cocus contents ne courent pas les rues. Ceux qui le font, c'est généralement armés d'un fusil, ce qui n'est pas de gentillesse ni de la dernière élégance. Pourtant, s'associer pour fonder un cercle de cornus ne manque pas d'audace. Ni d'un certain courage. Cependant, si cette docte association pourrait laisser supposer que nos cocus gascons semblaient s'enorgueillir de leur infortune, il faut raison garder. C'est faux, en effet, car à Agen, s'ils manifestaient fièrement leur mécontentement en se qualifiant de «francs», ils n'étaient pas tous cocus. Ce qui facilitait les choses. D'autant que si la franchise est généralement une vertu, on évitera d'essayer de savoir si, dans le cas de l'association agenaise, le manque de vertu des unes en donnait aux autres. Peut-être, après tout, faisaient-ils de la publicité à quelques dames et les incitaient-ils, par leur manifeste, à être plus nombreuses à en faire autant. Pour le plus grand bonheur des hommes, à défaut de l'être pour l'humanité.

Nous en déduirons donc que, plus vraisemblablement, cet étrange club devait regrouper de vieux célibataires qui usaient et abusaient, avec ou sans leur consentement[1], des femmes de leurs amis et qui, pour leur rendre un digne hommage et une franche gratitude, décidaient de se ridiculiser eux-mêmes. Comme c'est gentil !

Et dans cette assemblée, on se racontait des histoires de cocus, on rimaillait sur les cornes et l'on écrivait même des petites pièces de théâtre d'un goût délicieux. Ainsi trouve-t-on le fort désopilant :

« Les bois dessus sa tête
« Signaient son infortune.
« C'est que sa femme Éliette
« Faisait trop voir sa lune. »

Les membres de ladite association étaient peut-être de fameux gaillards au plumard, mais ils n'étaient certes pas des rimailleurs de première. Leurs vers de mirliton ne feraient plus rire personne aujourd'hui, surtout pas les nombreux maris d'Éliette !

Ridicule, encore, cet habitant[2] de Mézin qui, en 1781, publia un poème tellement colossal qu'il fallut deux pages pour en écrire seulement le titre. Dans sa « Clouisiade ou le triomphe du christianisme en France, poème dédié à la France catholique, apostolique et guerrière sous les auspices de la reine des anges » (ouf !), Jean Marie Gabriel consacra pas moins de six mille pages au même texte.

« Je chante les bienfaits que l'univers atteste,
« Les combats d'un héros, son changement céleste,
« Etc. »

Six mille pages du même tabac. Ça donne le vertige.
Facétieux, le poète ? Pas si sûr !

Pas plus que celui, toujours à Mézin, qui, en 1872, alors que la commune rendait un vibrant hommage au général de Tartas – vrai

---

1. *Consentement des maris, évidemment !*
2. *Jean Marie Gabriel d'Arodes de Lillebonne.*

grand militaire –, monta à la tribune des officiels et se mit à lire un poème à la gloire du vieux soldat. Nul n'osa ni l'empêcher de parler ni l'interrompre : il était directeur des écoles de la ville. La lecture prit deux heures. Deux heures interminables.

Au début, on l'écouta avec un certain recueillement. N'avait-il pas formé, dans son établissement scolaire, toute la jeunesse de la bourgade ? Mais, bien vite, ce respectueux silence fut remplacé par de légers sourires, puis par des fous rires inexpugnables et, enfin, par des éclats de rire colossaux qui ne perturbèrent en rien l'ancien instituteur stoïque. Insensible au brouhaha, il continua de plus belle sa lecture, son *Ode au général de Tartas*[1]. À la fin, les officiels, raides comme des manches de balai, n'osaient plus bouger de peur de prendre une quinte de fou rire définitivement ridicule. Le public, lui, plié en deux, partait au bistrot, achetait un kilo de vin blanc, comme on disait à l'époque, revenait, trinquait à la santé du lecteur, riait aux éclats, etc. Et la scène dura réellement cent vingt minutes.

Il y eut ainsi, avant Moncrabeau, de sacrés facétieux en Lot-et-Garonne. Volontaires ou pas.

Il est vrai que ça continue un peu aujourd'hui. Y compris chez nos chers édiles.

Mais de qui veut-il parler ?

Chut, c'est un petit mystère !

---

1. *Lire à ce propos le désopilant* Ode au général de Tartas pour l'inauguration du monument, *Nérac, Imprimerie L. Durey, 1872.*

Chapitre IV

Du pétrole à Nérac

E N OCTOBRE 1947, Nérac a failli devenir l'eldorado pétrolier du
département. De la région, peut-être. Du pays, qui sait?
L'événement n'est donc pas passé inaperçu, et a provoqué un
engouement que l'on imagine mal aujourd'hui. Voici les faits.

Nérac possède une promenade dite de « la Garenne », d'une
beauté et d'une quiétude exceptionnelles. Elle est pourvue de
quelques fontaines aussi belles que l'eau qu'elles offrent à discrétion en est bonne. Celle de Saint-Jean jouxte la fameuse sculpture
de Fleurette.

Si le propre d'une fontaine consiste à offrir de l'eau, ce jour-là,
celle de Saint-Jean proposa un tout autre ingrédient: un cocktail
imbuvable. Le liquide qui s'écoulait du griffon était doré, ce qui est
agréable à la vue, huileux, ce qui ne l'est guère pour de l'eau, et il
dégageait une petite odeur de pétrole. Légère mais tenace, rendant
l'onde imbuvable.

Contrairement à une légende, le carburant ne s'enflamme pas: il
faut chauffer le pétrole pour qu'il prenne feu. Ce qui n'empêcha
pas un « ingénieur » venu étudier le phénomène de provoquer une
explosion qui augmenta, s'il en était besoin, la communication sur
l'événement.

L'information entraîna les parlottes et les palabres que l'on
imagine dans les bistrots de Nérac, chez les coiffeurs, dans les

185

boulangeries et sur le marché du samedi matin, où tout le monde détenait de source sûre et quasiment pur sucre l'information qui disait le vrai.

Et chacun d'évoquer sa propre histoire. Mes enfants, qui ont bu de l'eau, ont été malades, assura un amateur de pastisades. Un autre déclara que cela faisait plusieurs mois qu'il avait alerté les autorités locales pour se plaindre que l'eau de la fontaine Saint-Jean avait mauvaise odeur.

Les autorités n'avaient rien fait, évidemment. Mais, chacun ayant son mot à dire, en rajouta, et s'il le fallait, inventa une vérité absolument authentique. Dès lors que la population s'agace ou s'énerve, les élus, à l'affût du moindre mouvement d'humeur et qui ne veulent pas être accusés d'immobilisme, se mettent en branle et agissent. Ce que firent avec l'esbroufe coutumière au politicien gascon ceux de Nérac.

C'est ainsi qu'après un délai raisonnable de réflexion – un certain temps, en l'occurrence –, qui démontre bien que les élus et la haute administration n'agissent pas dans la précipitation et savent garder leur sang-froid, une sorte de conférence fut organisée à la sous-préfecture de Nérac, ce qui apporta beaucoup de solennité à la réunion. Dans une préfecture, on ne convoque pas l'assemblée des joueurs de quilles. Non ! Quand on s'y réunit, c'est du sérieux. Pas de batifolage dans les locaux de la République, une et indivisible.

À l'annonce de cette séance de travail, la rumeur enfla. Nérac allait devenir la capitale mondiale de la recherche pétrolière. De grandes entreprises allaient s'installer dans la cité sentinelle de l'Albret. Tout le monde allait être enfin riche. Crésus chez l'Henri quatrième. On faisait des plans sur la comète, on investissait en parlottes, on pariait sur l'avenir... Bref, on fantasmait.

À la conférence de la sous-préfecture, des ingénieurs ayant le savoir furent conviés. Leurs connaissances étaient grandes, leur parole docte et leur sagesse immense. Des ingénieurs, on vous dit.

Ils indiquèrent que la quantité de pétrole contenue dans l'eau de la fontaine ne pouvait pas garantir l'existence d'un gisement à proximité de Fleurette. Premier couac des briseurs de rêve. Ils ajoutèrent que le liquide qui s'écoulait du griffon était raffiné. Regain d'optimisme... Cette information relança fortement l'espérance et les conversations, et augmenta considérablement la consommation d'anisette apéritive. Pensez donc! Non seulement Nérac avait du pétrole, mais en plus, il coulait raffiné!

On est les champions! On aura des millions... Air connu que la demande d'une étude plus approfondie des échantillons prélevés ne calma pas. On chantait et l'on buvait de plus belle. Un petit malin voulut même organiser une fête à la gloire de sa majesté le pétrole raffiné. On préféra attendre, et c'est ce qu'un intelligent lui conseilla.

Ces braves gens que la plus petite chance de devenir riche mettait en transe ignoraient que l'enquête, dès le départ, avait envisagé l'hypothèse d'une fuite d'un quelconque carburant émanant de réservoirs dissimulés durant l'Occupation, soit par l'occupant lui-même, soit par des résistants, soit par des champions du marché noir.

On apprit qu'à la fontaine Saint-Jean, le gasoil coulait au rythme de cinquante litres par jour. Spontanément. «Si on se mettait à pomper, combien pourrions-nous en produire?» interrogeaient les plus optimistes. Certains envisagèrent d'acheter tous les terrains circonvoisins de la fontaine.

L'affaire, dont la presse locale s'était emparée, ne tarda guère à intéresser les grands médias, qui envoyèrent à Nérac leurs plus fins limiers ou ceux qui avaient su jouer des coudes dans la rédaction. La France entière entendit parler du gisement pétrolier du pays d'Henri IV. Ajoutons qu'à ces porteurs de plume plus ou moins talentueux était venu s'adjoindre ce que le monde compte d'utopistes ou d'escrocs: radiesthésistes, pendoulayres (utilisateurs du pendule), puisatiers, sourciers et autres alchimistes d'opérette qui s'étaient donné pour mission de découvrir l'origine du pétrole, autrement dit sa source, et de la révéler au bon peuple ébahi.

Ces mouvements de plumitifs et de pythonisses, aussi imprévisibles qu'intempestifs, finirent par agacer le sous-préfet, qui aimait la sieste, et, par ricochet, le préfet, qui l'adorait également, mais en galante compagnie. Précisons que le bon peuple, las d'attendre les résultats de l'enquête officielle qui tardaient à être rendus publics, accusa l'administration préfectorale d'incurie, traita le personnel d'incompétent, les élus d'incapables et l'ensemble des autorités civiles et militaires de grands *faignantas*, ce qui fut considéré comme outrageant. Eût-on utilisé le mot « paresseux », l'insulte aurait été moins probante. Encore que...

Enfin, le préfet parla. Le laboratoire toulousain qui avait procédé aux analyses confirma les dires des premiers ingénieurs consultés : le produit qui resurgissait à la fontaine de la Garenne était raffiné. On le savait déjà, et la colère gronda. Pour calmer les humeurs qui s'agaçaient sérieusement, d'autant que la presse attisait les brandons, le préfet ajouta qu'il avait confié une mission à un géologue de renom : l'homme de l'art devait rechercher la source du pétrole.

On rigola au café Marcadieu, temple des délateurs d'incompétences. La source ? Mais tous les gosiers savaient que les sourciers avaient déjà trouvé d'où elle venait. Du plateau qui surplombe la promenade de la Garenne, pardi ! De là et pas d'ailleurs. Tous les magiciens du pendule l'avaient confirmé. Un puisatier avait même proposé de creuser, et à ses frais, s'il vous plaît, à condition de lui donner le pétrole des cent premiers jours de production. Puisque ça ne coûtait rien, pourquoi attendre ? Quel nul, ce préfet !

Dès lors, puisque le préfet était un incompétent notoire, chez les Néracais, il y eut deux camps. Ceux qui optaient pour la nappe de pétrole, et ceux qui soutenaient l'hypothèse de l'immense réservoir planqué par la Résistance – qui se serait déjà révélée – ou, plus vraisemblablement, par le marché noir, qui n'osait pas pointer son nez au *fenestrou* du débat. Entre ces deux camps, ça bataillait ferme. Dans certains bistrots, anisette aidant, on frôla l'émeute, on s'invectiva, on leva les poings, on tint des propos définitifs. Ainsi va la vie en Gascogne, qui n'aime rien tant que ces joutes oratoires, dès lors qu'il n'y a pas de courses landaises à voir, et donc pas d'écarteurs à critiquer.

Les conversations se poursuivaient évidemment à la Garenne, devant la fontaine Saint-Jean, à côté de Fleurette, qui contemplait ces débats avec une belle indifférence. La fontaine, protégée par les édiles, était équipée de quelques barrières destinées à écarter la population de l'eau, dangereuse à la consommation. Depuis qu'un ingénieur pas trop génial y avait foutu le feu et que tout avait pété, les élus avaient pris des précautions. Inutiles, du reste, car certains malins franchissaient allégrement les barrières et venaient piquer du gasoil pour faire ronronner leurs pétrolettes ou allumer leurs briquets. Gestes ridicules, car le carburant était mélangé à l'eau dans de grandes proportions, et la séparation de l'un et de l'autre ne marchait pas.

Ceux qui marchaient, en revanche, ou plutôt qui parlaient, c'étaient les lettrés, ceux qui disposaient d'archives ou de mémoire, et qui savaient que la région, de Moncrabeau à Ligardes, de Cauderoue à Calignac, avait été plusieurs fois prospectée et que les géologues y avaient trouvé du gaz et du pétrole. Pas en assez grande quantité pour qu'il soit exploité, mais tout de même. Mais ces géologues avaient pu se tromper, et il était possible qu'il y ait ici une nappe formidable... En somme, on espérait.

Sauf que le préfet, s'il était paresseux, ce dont personne ne doutait, avait quand même fait réaliser une seconde analyse par un laboratoire parisien, qui avait confirmé que le pétrole qui coulait aux pieds de Fleurette était raffiné. Il s'agissait peut-être même d'essence.

Tollé chez les pendoulayres qui avaient retrouvé le filon : il venait des Landes, passait par Durance, probablement Cauderoue, franchissait la Baïse en un clin d'œil, montait sur le plateau de Nazareth et venait se jeter aux pieds de la maîtresse d'Henri IV, la belle Fleurette. Ah, mais !

Ce qui aurait pu confirmer cette thèse admirable, c'est que l'on trouva du pétrole ailleurs. Pas loin. Dans deux puits voisins qui eux aussi étaient pollués par le pétrole. Voilà qui confirmait la thèse des radiesthésistes : le carburant venait de la lande et, en traversant le sable, il se raffinait tout seul, se libérait de toutes ses impuretés et venait ici raffiné pour enrichir Nérac et sa région.

Nouvelle tournée d'apéros dans les bistrots pour débattre de cette information d'exception et en tirer les conclusions qui s'imposaient. Elles étaient, comme toujours, diamétralement opposées et irréconciliables : nappe et citerne cachée. Lassé, le préfet ne dit plus rien, ce qui n'arrangea pas son image auprès de la population. Courageux, les élus s'abritèrent derrière la position du préfet, en expliquant qu'ils ne pouvaient tout de même pas le contredire. Quant aux fonctionnaires, ils jurèrent croix de bois croix de fer qu'ils étaient tenus au devoir de réserve. Les patrons des estaminets, pour leur part, faisaient tout pour relancer le débat. Logique, quand on parle, on a soif, et quand on a la pépie, on se désaltère, de préférence au bistrot. CQFD.

L'affaire dura plus de deux mois puisque, ayant commencé à couler en octobre, le pétrole pollua l'eau jusqu'en décembre. Pour le plus grand bonheur des garçons de café.

Pourtant, soudain, comme il était arrivé, il disparut. Les quantités retrouvées dans l'eau de la fontaine s'amenuisant progressivement, c'est à peine si, lors des grandes pluies, on en trouvait encore quelques traces. Ainsi évoqua-t-on l'affaire aux pluies d'automne et aux giboulées de mars, en 1955 et 1956. Ce qui confirma la thèse des sorciers sourciers : les pluies amènent le pétrole de sa nappe, et celle des pro réserve clandestine : la cuve s'est vidée, mais dès qu'il pleut un peu, elle se rince et délivre ses dernières gouttes.

Le débat généra quelques ultimes tournées bavardeuses, un peu minables peut-être et somme toute ridicules, au grand dam des représentants en anisette. Les radiesthésistes disparurent du paysage assez subrepticement. La peur du ridicule ? Non, ailleurs, une nouvelle affaire qui leur faisait de la réclame

Comme les ignares se calmaient, les intellos prirent le relais. Maurice Luxembourg, grand érudit agenais, jugea que le moment était venu d'aborder le sujet dans la revue de la société savante d'Agen, la *Revue de l'Agenais*. Professeur agrégé d'histoire et géographie, né à Lectoure le 9 mars 1909, il repose aujourd'hui au cimetière de Buzet-sur-Baïse. Secrétaire perpétuel de la Société académique d'Agen, ce brillant universitaire publia de nombreux travaux sur le Lot-et-Garonne. Doctement, il récusa les analyses des laboratoires toulousains et parisiens, affirmant qu'il y avait eu de vraies études du sous-sol de la région, apportant la preuve de la présence d'une nappe pétrolifère. Ce faisant, il ridiculisa – un peu – les tenants de la citerne des résistants (ou du marché noir), car il aurait fallu qu'elle soit véritablement

190

immense pour délivrer cinquante litres de carburant par jour de 1947 à 1955.

Il ne parvint à convaincre personne car, en réalité, on n'avait jamais pu estimer réellement la quantité de liquide se mélangeant à l'eau. Un litre aurait suffi à polluer la fontaine, et il aurait donc fallu trois cent soixante-cinq litres par an, soit environ trois mille trois cents litres en neuf ans. Or, l'amiral Darlan, originaire de Nérac, aurait fort bien pu, secrètement, faire enterrer une cuve de dix mille litres dans le secteur, au-dessus de la Garenne. Comme il est mort avant la fin de la guerre, il n'a jamais pu apporter sa réponse. C'est pourtant aujourd'hui la thèse qui tient la route. Il est possible que, demain, une autre prenne le relais.

Dès lors, une question se pose : d'où venait réellement ce pétrole ? C'est un mystère. Un vrai. Un de ceux dont on ne débat, hélas, plus dans les estaminets de Nérac, qui sont, du reste, de moins en moins nombreux.

Chapitre V

Vice à Agen

À AGEN, au début du XIXe siècle, lorsque la nuit tombait, la jeunesse agenaise se livrait avec délice aux épouvantables plaisirs du vice. C'est ce qu'affirme la chronique de l'époque. La nuit, après de longues beuveries, des troupeaux de jeunes gens, ivres et chantants, parcouraient les rues de la capitale de la «Moyenne-Garonne, insultaient les bourgeois, montraient leurs fondements aux passants qu'ils croisaient et se livraient à la prostitution et à la copulation publique».

Cette «jeunesse dépravée s'enfermait jusqu'au petit matin dans des bouges infâmes», pour se livrer corps et âmes aux plaisirs infernaux de la chair.

C'est du moins ce qu'écrivit un certain Daïset, enquêteur du parlement de Bordeaux venu à Agen constater les coups de poignard à la morale donnés par des Agenais oisifs. Son rapport fut lu publiquement lors d'une assemblée du parlement bordelais, au cours d'une séance où l'avocat général demanda que les autorités d'Agen se livrent à une «répression exemplaire par amour de la religion».

On voit mal ce que la religion vient faire dans cette affaire, mais peu importe. Toujours est-il que cette admonestation s'adressait aux consuls de la bonne ville d'Agen qui, parce qu'élus du peuple, ne tenaient pas outre mesure à réprimer les enfants de ce même peuple qui votait pour eux. Selon les mauvaises langues de l'époque, si les consuls mirent peu d'empressement à réprimer la

193

débauche des galantes d'Agen, « c'est parce qu'eux-mêmes en usaient en abondance » !

Toutefois, pour épargner aux jeunes filles de tomber définitivement dans le stupre et la fornication, les consuls demandèrent à l'Église, mère de toutes les vertus, d'ouvrir dans le quartier du Temple une maison baptisée « Saint-Martial ». Là, les pauvres filles dépravées pourraient retrouver sinon leur virginité, « du moins un peu de sens moral ».

Bonne fille, l'Église accepta. Et la maison pour femmes fut donc installée rue Saint-Martial (venelle aujourd'hui baptisée « rue des Rondes-Saint-Martial »). Les pauvres filles devaient y séjourner entre un et dix ans, durée que Rome jugeait nécessaire et suffisante pour refaire un mental sain de pucelle à une donzelle qui ne l'était plus.

Las, le péché était si profondément enraciné dans l'âme de cette malheureuse jeunesse que la sainte maison se transforma vite en lupanar, fréquenté avec assiduité par tous les Agenais ayant bourse bien garnie. Ce qui provoqua une sainte – et justifiée – colère de l'intendant de Guyenne, M. de Tourny, qui demanda à la troupe de « mettre fin à la fureur d'Agen ». Car la débauche était totale, pénétrant même les maisons de Dieu.

Dans certains estaminets clandestins établis chez des particuliers, on jouait, toujours selon l'intendant de Tourny, « aux dés, au lansquenet, à la hoca, au pharaon, au biribi, au passe-dix et à la bassette ». Jeux qui devaient être fort ludiques, mais dont les règles restent pour nous un petit mystère. De Tourny ajoutait : « L'on se livre à ces jeux en présence de filles totalement dénudées et, grand blasphème, durant les offices religieux. » Hou ! là ! là !

Pour arrêter cette frénésie sexuelle et joueuse, due à on ne sait quoi, qui s'emparait de la ville, de Tourny proposa que chaque délateur qui dénoncerait des joueurs ou des lieux de jeu reçût en prime la moitié de l'argent trouvé, « l'autre moitié étant destinée à l'hôpital ».

Insolite et drolatique

Dès lors, il y eut quelques dénonciations. Ce qui permit au guet[1] d'arrêter un consul... qui fut instantanément relâché. Une autre fois, chez un particulier qui organisait des festivités à son domicile, le guet interpella de nouveau deux consuls et sept militaires gradés. Ce soir-là, il y eut tout de même une centaine de personnes, jouant dans le hangar de ce particulier, qui s'amusèrent à défenestrer les soldats du guet. Par bonheur, c'était au rez-de-chaussée. Deux jours plus tard, dans un bouge baptisé *Chez la Pautarde*, le même guet arrêta un grand seigneur de l'Agenais, Daurée de Pordes, chevalier de l'ordre de Saint-Louis. Il fut évidemment relâché le soir même.

En ville, les commentaires allaient bon train. On ironisait sur le fait que, selon la classe des interpellés, « il ne fallait plus réprimer par amour de la religion », comme l'avait exigé le procureur.

Puis arriva la guerre de 1870. Toute la jeunesse masculine fut mobilisée pour courir sus à l'ennemi. Faute de candidats, les tripots fermèrent et Agen retrouva son calme. Agen doit donc dire merci à la guerre de 1870. Sans elle, sa mauvaise réputation aurait franchi les siècles. Elle ne l'a pas fait.

Du reste, nul ne sait qui était la Pautarde ! Ni qui sont ses descendants. Et si certains le savent, ils ne le disent pas... Du mystère partout, on vous dit.

---

1. *Petite troupe qui patrouillait la nuit.*

Chapitre VI

Pourquoi un coq sur nos églises ?

C E N'EST PAS un phénomène particulier au Lot-et-Garonne, mais l'on trouve souvent un coq au sommet des églises ou sur les croix de mission, commémoratives d'une piété particulière ou d'un drame. Cette exhibition pose une question : pourquoi un gallinacé décore-t-il les cimaises de ces édifices religieux, votifs ou honorifiques ? Et surtout, quelle relation y a-t-il entre ce coq et l'ouvrage – et le Lot-et-Garonne ! –, alors que la chrétienté ne cite jamais ce volatile comme un des symboles de la religion ? Pourquoi Chanteclair et pas un canard, une oie, une dinde ou un moineau, prolifique en nos terroirs ? Autant d'interrogations qu'il n'est pas aisé d'élucider.

La première idée qui vient à l'esprit est la légende selon laquelle saint Pierre, pour empêcher les coqs de lui rappeler sa faute majeure par leurs chants matutinaux, aurait empalé l'un d'eux et, ainsi, rendu les autres sinon muets d'épouvante, du moins indicateurs des vents et définitivement girouettes. Mais saint Pierre, s'il a existé – ce dont nul chrétien ne doute –, avait d'autres soucis que celui de faire taire les coqs. Sa légende dit également qu'il pratiquait trop l'humilité pour ne pas leur être, au contraire, reconnaissant de lui remémorer sa faiblesse.

Le coq des clochers n'est pas une perpétuation du légendaire coq empalé de saint Pierre. Avançons, sans preuve, qu'il préféra le manger... au vin.

Une autre proposition s'impose : les Gascons sont des Gaulois. Or, le mot *gallo* signifie « coq », et la messe est dite. Bonne idée, sauf que chez les non-Gaulois, on met aussi un coq. C'est embêtant. Le mystère s'épaissit.

Regardons le passé. Qui n'est pas simple. Dans les civilisations anciennes, le coq symbolisait la fierté, le courage et la vigilance. En conséquence, on le retrouve sur les monnaies grecques, sur les céramiques cyrénéennes, sur des objets précieux de Babylone, d'Inde, d'Extrême-Orient, etc. Nous n'en finirions pas de citer tous les mondes anciens qui utilisèrent le gallinacé. Ce qui ne nous dirait pas pour autant pourquoi il se trouve sur l'église de Bourgougnague.

Pythagore, qui nous donna un excellent théorème, défendait à ses disciples de le tuer et de s'en nourrir. La raison en était qu'il appelle le jour. Le même coq, blanc celui-là, fut aussi « l'oiseau » d'Hélios Apollon. Ce qui ne nous avance guère. De la même manière, il n'était pas rare de voir un coq aux pieds (ou dans la main) de Dieu sur les bas-reliefs ou autres sculptures des époques anciennes. Certes, mais pourquoi l'église ?

Il y eut naturellement un rapprochement entre la divinité de la lumière et l'oiseau qui, avant tous les autres, appelle l'aurore de ses cris impérieux. Le coq est ainsi une sorte de « prophète de la lumière » que l'on place au plus haut des villages. Ambition de nos hommes politiques...

Pourtant, dans l'épatant village de Guérin, canton de Bouglon, en plein pays marmandais, faisant face à la petite église romane, des chrétiens ont édifié il y a un siècle ou deux une magnifique croix de fer forgé. Fièrement posée sur un socle de pierre, elle est ornée d'un christ sublime, beau au point qu'il suscite fréquemment l'envie de quelques collectionneurs. Passées ces premières constatations, l'observateur remarque que cette croix est revêtue d'un nombre assez important de symboles ésotériques ou compagnonniques : marteau, tenaille, carquois pour flèche, lance, arc, échelle, etc. Tous ces objets de la passion veulent rappeler la crucifixion du Christ et les outils utilisés dans cette intention noble, puisqu'elle fonda une religion qui dure depuis plus de deux mille ans.

Insolite et drolatique

Cette croix de Guérin est dupliquée, à quelques détails près, dans de nombreux villages du département. Mais, si nous avons retenu celle-ci, c'est qu'elle porte en son sommet – au-dessus du Christ, donc – un coq qui regarde vers l'est avec fierté et fixité : il n'est pas girouette, il est soudé. Le plus intéressant est qu'il domine Jésus, ce qui n'est pas fréquent pour un édifice catholique, apostolique et romain.

Deux spécialistes donnent une explication à cette position symbolique que l'on retrouve au sommet des églises.

Paul Rouncats, historien anarchiste lavardacais du XIXe siècle, note dans ses exceptionnels écrits que le coq des Gaulois païens « montre son cul aux culs-bénits ». Pour aussi irrespectueuse qu'elle soit, l'assertion historique n'en est pas moins véritable. Le Chanteclair est au-dessus du Christ, qui ne peut malheureusement pas en admirer le postérieur. Doit-on le regretter ? C'est un trop vaste débat pour qu'il soit entamé ici. Toutefois, et plus sérieusement, Rouncats ajoute : « Le chant du gallinacé, explosion matutinale de la vie qui commence, fit adopter le coq comme emblème de la vigilance. » Vrai ! Une fable grecque veut que le soldat Alectryon, qui avait manqué d'attention dans la surveillance qu'Arès et Aphrodite lui avaient confiée, fut métamorphosé en coq pour qu'il apprenne ainsi à mieux guetter.

Mais Rouncats, en verve, propose encore ceci : « Les Grecs firent du coq l'emblème du courage militaire. Thémistocle, sur le point de livrer bataille aux Perses, harangua ses hommes en leur recommandant l'exemple des coqs. En souvenir de ce fait, Athènes créa une fête annuelle, qui comportait principalement des combats de coqs. Les Gaulois eurent la même idée que les Grecs. On trouve des monnaies portant un coq sur une face. Des bijoux en forme de coq ont été trouvés dans diverses sépultures. Quelques bas-reliefs révèlent des enseignes militaires surmontées de gallinacés. Notons toutefois que le coq ne fut pas l'ordinaire enseigne des Gaulois, comme ce fut souvent dit. Le sanglier est beaucoup plus fréquemment employé. »

Ce qui ne nous explique pas la présence du coq à Guérin... et ailleurs.

Rabelais, qui vint à Moncrabeau et donna son nom au village, le mont Rabelais, avance une autre explication à ce mystère épatant. Dans *Pantagruel*, il évoque le « coq vaticinateur », autrement dit le devin. Le nom d'alectryomancie désigne cette pratique sanglante de la divination dans les tripes d'un gallinacé blanc. Deviner, voir loin, autant de possibilités qui ne nous éloignent pas de Guérin et de sa croix de mission ornée d'un coq magnifique qui pourrait prévoir le destin du village. Sauf que s'il le devine, il ne le dit à personne. C'est ennuyeux...

Cherchons donc du côté des qualités proverbiales du mâle des poules. Les anciens croyaient que les entrailles du coq renfermaient une pierre mirifique, la « pierre alectorienne », talisman dont on supposait qu'il donnait de l'audace, de la vigueur et de la décision. Ce qui ressemble assez aux Gascons et aux aimables habitants du Lot-et-Garonne. De là à le placer au sommet d'une croix pour honorer cette qualité, il n'y a qu'un pas. N'a-t-on pas raconté que Milan de Garonne, qui tua un taureau de son poing prodigieux, devait cette force formidable à la pierre alectorienne ? Un archevêque de Rennes, qui vint en séminaire – croit-on ! – à Agen et qui s'appelait Marbode (mort en 1123), rappelle cette légendaire tradition. Il ajoute que le même talisman, la pierre des entrailles du coq et un peu d'alcool de « l'al ambic » donnent l'éloquence aux orateurs et la fidélité aux époux. Ce bon ecclésiastique semblait ignorer qu'il fallait que les épouses aussi pratiquent la fidélité...

Il est vrai que l'on a longtemps cru que le gésier d'un coq castré – ce qui n'est guère aimable – contenait parfois (!) une autre pierre merveilleuse, capable de procurer à qui la portait la sagesse et le bon sens. Les auteurs de ces pages en possèdent une. Le Moyen Âge appelait ce talisman la « pierre de chapon » ou « chaponnette ». L'inventaire du duc de Berry, oncle de Charles VI, dressé en 1416, fait état d'une « *pierre de chapon tachée de blanc et de rouge, assize en un annel d'or : prisée quatre livres tournois* ». C'est celle que nous possédons. Elle est à vendre.

La seconde explication, plus scientifique sans doute, plus logique peut-être, nous dit la même chose à quelques détails près. Elle est fournie par le chercheur d'exception que fut Jacques Bergier. C'est lui qui, en compagnie de Louis Pauwels, écrivit *Le Matin des magiciens*. Il affirme que les constructeurs, qu'ils fussent d'églises ou de cathédrales, de mosquées ou de synagogues, antiques compagnons du devoir, n'étaient pas toujours chrétiens, et croyaient plus volontiers aux théosophies celtes qu'aux principes de Rome. Et c'est là que le Lot-et-Garonne intervient, enfin. Il existe deux ordres compagnonniques : celui de maître Soubise et celui de maître Jacques. Or, maître Jacques était – aurait été – gascon et lot-et-garonnais. Selon la légende, il serait né à Pompiey, non loin de Durance et de Buzet. Et c'est lui qui aurait imposé le coq au-dessus des églises. Affirmations écrites au conditionnel, car il est fort probable que ces vénérables maîtres compagnonniques soient plus légendaires que réels.

Les compagnons bâtisseurs, qu'ils soient de Soubise ou de Jacques, se transmettaient les secrets de fabrication et de construction de bouche à oreille et de génération en génération, tout en cultivant un goût affirmé pour leur antique religion : la religion celte. Or, un des symboles de celle-ci était le fameux coq gaulois, celui des Galiciens d'Espagne qui disent « *estamos Galos* », « nous sommes Gaulois ». S'ils avaient choisi le sanglier, c'eût été plus compliqué.

Et pour se venger de Rome, ces bâtisseurs posèrent et imposèrent des coqs au-dessus des temples chrétiens, comme ils firent souvent preuve d'impertinence en sculptant des statues pornographiques dans bon nombre d'églises, singulièrement sur celles du chemin de Saint-Jacques-de-Compostelle. Jésus devait ainsi toujours être dominé par le symbole de la religion des druides que la chrétienté avait voulu éradiquer.

Mais les compagnons bâtisseurs, malins, rusés ou diaboliques, donnèrent une fonction à ces coqs : ils devinrent girouettes, objets indispensables pour connaître la direction du vent et, par conséquent, la pluie qui vient. On n'arracha donc pas le coq – on n'osa sans doute pas –, et il continua de dominer l'église et son Dieu.

Le coq ne limite pas sa fonction aux seules valeurs pluviométriques. Il annonce aussi le soleil. C'est lui qui, dès potron-minet, le premier, chante la fin des ténèbres et l'arrivée de la lumière. Pline l'Ancien plaçait le coq au nombre des « maîtres du monde ». Ne fait-il pas venir le soleil par son chant ?

Jules César, dans ses écrits, constate en 54 av. J.-C. que les Gaulois « élèvent des coqs mais s'abstiennent de les manger », car ils accordent au gallinacé une valeur religieuse extraordinaire. C'est le symbole de leur divinité.

Et c'est de là, du moins de lui, ce coq divin – et non au vin – comparé à Dieu, que vient le mot « gaulois » pour nous et « galicien » pour les Espagnols. Les pèlerins qui se rendent à Saint-Jacques-de-Compostelle sont toujours frappés par l'étrange similitude existant entre la culture de la Galice et celle des Gaulois.

En vieux français, c'est-à-dire en celte, bien avant que les Romains ne transforment notre langue, le coq que nos ancêtres vénéraient était baptisé du nom de « jal ». Les Romains de Jules César en firent un « gal » par une classique déformation du « j » en « g ». En latin, le *gal* donna *gallus*, et les habitants du pays où l'on vénérait le coq prirent le nom de « Gaulois ». Le même *gal* donna « gallinacé », la race des poules et des coqs.

Voilà pourquoi, à Guérin, un coq d'enfer domine un Dieu. Fin du mystère.

Chapitre VII

La noix

L ORS DES VEILLÉES gasconnes que l'on consacre à l'écalage des noix, appelé dans la lande garonnaise le «dénoisage», on apprend aux enfants que ces boules rondes sont emplies de mystères. Allons à leur rencontre.

Il ne fait aucun doute, du moins si l'on est épicurien, qu'au moment du big-bang initial qui fit le Lot-et-Garonne, les dieux trouvèrent celui-ci si beau qu'ils tentèrent de copier ce département en édifiant la terre puis la France. Les mêmes dieux, adeptes de la gastronomie, se sont concomitamment penchés avec beaucoup de bienveillance sur les berceaux jumeaux du Quercy et du Périgord. La preuve : on y trouve des noix !

Chaque produit issu de ces terroirs de rocailles, de causses et de forêts truffières est riche de saveurs, charnues ou délicates, mais toujours inégalées. La noix du Périgord, devenue AOC au début de l'année 2003, participe à cette épatante richesse.

Contrairement à une légende trop souvent colportée, la noix n'est pas consommée «que depuis quinze siècles»! Les livres savants assurent en effet doctement qu'elle fut introduite en Europe par les Romains, qui l'auraient ramenée des bords de la mer Caspienne. Niaiserie.

Sa culture, affirment encore les mêmes, remonterait au IVe siècle. Faux !

Cette histoire est peut-être (?) vraie pour Rome, mais pas pour le Sud-Ouest, puisque dans les abris de l'homme de Cro-Magnon, notamment à Peyrat, à côté de Terrasson, mais également dans le nord du Lot-et-Garonne, du côté de Fumel, on a retrouvé des noix vieilles de dix-sept mille ans ! Ce qui donne une antiquité locale plus que vénérable au fruit si bien chanté par Charles Trenet, et un coup de pied aux fesses des prétendus historiens de la noix.

Plus tard, au Xe siècle, les paysans quercinois payaient leurs dettes au seigneur et à l'Église en setiers de noix. Le setier de Paris valait douze boisseaux de six cent quarante pouces cubes, soit cent cinquante-deux litres. Le setier de Fumel valait huit décalitres cinq cent trente-quatre. En Périgord et en Guyenne garonnaise, les baux étaient, au XIIIe siècle, réglés en huile de noix. La noix fut donc une sorte de monnaie.

Aujourd'hui, l'huile exceptionnelle, obtenue par pression à froid, possède un parfum formidable et un goût puissant, long en bouche et très rond. Cette huile fait un vrai retour en force. Son effet sur le cholestérol, grâce à une forte teneur en acides gras polyinsaturés, n'est pas pour rien dans ce regain d'affection. Mais ramener le succès actuel à cette vertu médicinale serait grandement réducteur. L'huile de noix, qui ne peut pas cuire et n'est, par conséquent, utilisable qu'en assaisonnement, donne un parfum formidable à tout ce qu'elle accompagne. Elle relève intelligemment le goût de la plus banale salade. Quelques gouttes humidifiant des pommes de terre cuites sous la cendre transforment ce plat rustique en merveille gastronomique.

Pour confirmer ce beau retour en forme, les départements de la Dordogne, du Lot, du Lot-et-Garonne, de Corrèze et de Charente lui ont dessiné des chemins, appelés «routes de la noix», qui cumulent plaisirs touristiques et, évidemment, gastronomiques.

Sur ces sentes de transhumance estivale, qu'il faut donc parcourir en période creuse et automnale, où tout se teinte de roux et d'or, on trouve autant de producteurs accueillants que de sites historiques. Les deux rivières, Dordogne et Lot, qui ont sculpté dans la roche des falaises de cinéma, remplissent généreusement cette promenade d'autant de plaisirs de bouche que de bonheur des yeux.

La noix étant la princesse de ces balades bucoliques, il convient d'abord de parler d'elle avant de faire se pâmer les palais en évoquant ses compagnons de champs, de causses, de forêts et forcément d'assiettes qui fourmillent dans la région. Cèpes et gras canards ne sont que les parties trop connues de cette immense richesse naturelle.

Jadis, les reines du Périgord étaient trois, mais aujourd'hui, elles se sont mises en quatre pour notre plus grand plaisir. La Corne (rustique et de table), la Marbot (traditionnelle au goût d'amande) et la Grandjean (baptisée « la typique » parce qu'il fallait bien la qualifier, c'est une noix de casse) sont originaires du bassin périgourdin, le Nord-Agenais compris. La Franquette, née dans la région de Grenoble, est venue parachever le quatuor. Chacune a sa route, et tous leurs chemins conduisent évidemment à notre palais.

Si l'on consomme aujourd'hui à peine dix pour cent des noix fraîches, appelées aussi « primeurs », qui ne peuvent être vendues que durant quelques semaines après la récolte de la mi-septembre, plus de cinquante pour cent de la production est vendue sèche. Ramassée dès les premiers jours d'octobre, dame noix est séparée de son enveloppe, le brou, et séchée afin de pouvoir être consommée toute l'année.

Les quarante pour cent restants sont vendus en cerneaux. À l'aide d'un maillet, on brise la coquille d'un coup sec, précis, afin d'en retirer le cerneau, si possible entier. Aujourd'hui, les machines ont partiellement remplacé la massette en bois pour casser la coquille, mais l'énoisage (extraction du cerneau) reste manuel.

Ces cerneaux portent d'étranges noms : arlequins, invalides, extra moitiés, qui font la joie des producteurs lorsqu'ils sont interrogés par des touristes. Les hivers sont longs, et il faut bien s'amuser un peu ! Les cerneaux entiers et blonds sont les extra moitiés. Extra parce qu'ils le sont, et moitiés pour la même raison. Les invalides sont écornés, cassés et destinés aux boulangers pâtissiers. Les arlequins ont la même destination, mais leurs couleurs différentes ou bariolées les disqualifient, et ils ne peuvent plus être «extra». Leur goût, pourtant, reste magnifique.

C'est avec ces cerneaux que l'on fait de l'huile de noix. Dans la noix, tout est bon. Le cerneau donne l'huile, et son tourteau essuyé (vidé de son huile) nourrit le bétail; la coquille nous chauffe dans la cuisinière «bois et charbon», mais elle peut aussi être transformée en aggloméré de bois. La minuscule feuille qui sépare les deux demi-cerneaux sert à fabriquer les tuiles qui protègent les satellites contre la chaleur des rayonnements solaires! Cette feuille serait plus solide que l'inox... qui est l'anagramme parfait de «noix». Curieux destin!

Avec les noix de la Saint-Jean – cueillies vertes, donc –, on fait un excellent apéritif, le vin de noix, que l'on trouve évidemment tout le long de la route éponyme, qui propose bien d'autres merveilles gastronomiques. Gâteaux à la noix, confitures accompagnées de cerneaux brisés, pain de noix, noix râpées dans de la purée, sur des salades et même sur des cèpes constituent quelques-unes des mille manières d'accommoder ce très vieux fruit qui, lors des énoisages, animait jadis les longues veillées d'hiver. On aimait y répéter que dans la noix, rien ne se perd, sauf le bruit qu'elle fait quand on la casse.

Mais une belle musique peut-elle se perdre? Non, les anges qui n'ont que ça à faire la récupèrent. Ils nous la rendent quand les mystères qui entourent la noix s'emparent de nous. Car la noix et le noyer sont l'objet de nombreuses superstitions populaires. Voire de maléfices.

Ainsi, il est dangereux de dormir ou de se coucher sous un noyer, les racines du noyer sécrétant un composé toxique pour les autres plantes, le juglon, qui donne mal à la tête si l'on reste trop longtemps sous l'arbre. Les sorcières, lors de leurs sabbats, sucent les racines des noyers pour s'imprégner de leurs forces. Elles n'aiment pas que l'homme ou la femme dorme sur les tentacules souterrains du noyer. Elles chassent les téméraires en leur infligeant toutes sortes de maux qui ne guérissent jamais.

Insolite et drolatique

Une autre étrangeté s'attache à la noix et surtout à son nom. « À la noix » est en effet une expression péjorative, désignant un objet de qualité médiocre ou de peu de valeur. Cela se retrouve dans de nombreuses traditions populaires anciennes et dans plusieurs langues, comme en anglais où l'interjection « *Nuts!* » possède une valeur de refus définitif. En Gascogne, lorsqu'un jeune homme demandait la main d'une jeune fille, il était invité à partager le repas familial ; si, à la fin, on lui présentait des noix, cela signifiait que sa demande était rejetée. En clair, il pouvait garder ses propres noix pour une autre, puisque, dans le langage populaire, les noix désignent communément les testicules. L'expression « il me casse les noix » l'exprime assez clairement.

D'autres expressions « noiseuses » utilisent également ce fruit automnal. « Coquille de noix » était initialement une annexe de flottille empruntée par les marins pour gagner un navire mouillé au large. Aujourd'hui, l'expression est devenue péjorative et elle est employée pour désigner un très petit bateau. Le terme « noix » désigne également une quantité de la taille approximative d'une noix, par exemple « une noix de beurre ». Enfin, en chimie, une « noix de serrage » permet de fixer et de maintenir ensemble divers supports de verrerie.

La noix n'a pas dit son dernier mot, puisqu'on parle d'elle en boucherie pour la « noix de bœuf » ou la « noix de veau ». Ailleurs, on évoque le « brou de noix » et le « casse-noix ».

Brisons là.

QUATRIÈME PARTIE

Petites curiosités

Chapitre I

Le petit mystère de la disparition
des voitures garonnaises

L A *REVUE DE L'AGENAIS* est une mine inépuisable d'informations. Dans la collection de 1968, sous la plume de Pierre Sicard, on trouve une étude fort intéressante sur les constructeurs automobiles de Lot-et-Garonne au début du siècle.

On l'imagine assez mal aujourd'hui, mais en 1899 il existait six cents constructeurs automobiles en France. Un nombre impressionnant, mais il convient de dire que bien peu ont survécu. En Lot-et-Garonne, ces constructeurs atypiques étaient quatre. Une de leurs productions s'exhiba à la Chambre de commerce durant les années 1980.

Partons à la rencontre des ingénieurs qui conçurent ces véhicules d'épopée et dont, petit mystère, bien des modèles ont disparu.

Le plus connu fut Louis Bonneville. Il naquit à Villeneuve-sur-Lot, le 10 février 1865. Son père possédait un atelier de mécanique générale. Et c'est justement la mécanique qui passionnait Louis. Il suivit de longues études dans ce domaine et devint ingénieur.

Diplôme en poche, Louis travailla chez De Dion-Bouton, puis chez le bien nommé Trépadou, ou encore aux établissements Peugeot et Panhard Levassor, où il testa la première voiture de ce groupe. Il contribua également à l'invention de la bicyclette à pétrole de Millet : cinq cylindres en étoile dans la roue arrière. Une vraie révolution. Si cinq cylindres ne vous disent rien, imaginez un instant qu'ils soient installés dans la roue arrière de votre vieille bicyclette...

Pour autant, notre cher Louis Bonneville était un garçon sérieux. D'autant plus sérieux que c'est à cette époque qu'il inventa et fit breveter un changement de vitesse qui allait devenir fameux. Il le vendit, du reste, à la marque Cadillac – ce qui fit sa fortune – en 1901. Ce changement de vitesse révolutionnaire contribua au succès considérable de la célèbre Ford T.

En 1897, dans le garage de son père, au numéro 30 de la rue de la Convention, il mit au point et lança son train-cycle, sorte de qua-dricycle à deux places qui connut une gloire formidable auprès des acheteurs. Le moteur était une mécanique qu'il connaissait bien puisqu'il s'agissait d'un De Dion, chez qui il avait travaillé, équipé, évidemment, de son changement de vitesse.

En 1904, Louis Bonneville transforma l'atelier de mécanique de son père en garage – le premier du Sud-Ouest –, mais il en installa d'autres à Toulouse, Biarritz et Narbonne. Tous portaient l'en-seigne « Grand Garage Bonneville ». Car Louis avait compris que, si l'automobile était en plein essor, sa technique était encore bal-butiante et qu'il fallait réparer ces engins pétaradants qui sil-lonnaient les routes. Il fallait, en outre, pouvoir fournir aux automobilistes le carburant et les huiles, graisses et pneus indis-pensables à leur fonctionnement. Louis fut l'inventeur du service dont on parle tant aujourd'hui. Il était surtout de Lot-et-Garonne, et on l'ignore trop souvent.

On ignore aussi que la célèbre Torpédo fut inventée par lui. Elle fut conçue dans le garage de Biarritz, et pour assurer sa promo-tion, histoire incroyable, on utilisa les corridas de Bayonne.

Dans les années 1900, lors des corridas, les chevaux des *pica-dors* n'étaient pas protégés. Ils subissaient des *cornadas* (coups de cornes) horribles qui les éventraient systématiquement. On décida donc, en 1904, de remplacer le cheval par la Torpédo. C'est donc elle, conduite par un ouvrier de Villeneuve-sur-Lot, qui entra dans l'arène portant le *picador* Errecardo sur le siège arrière. Voyant cet engin trépidant et pétaradant, le *toro* prit la fuite. La voiture le poursuivit : il fuyait toujours. Le *picador* ne put jamais placer une pique dans le *morillo* du bestiau.

Petites curiosités

Peu importe, en réalité : pour la première fois au monde, une voiture pénétra dans une arène afin de combattre un *toro*. L'histoire contribua à sa célébrité. Ce jour-là était née la publicité événementielle.

Louis Bonneville fut donc l'inventeur et le constructeur automobile le plus célèbre de son temps. Ses héritiers, trop riches, ne surent pas pérenniser son beau parcours.

Il en va de même pour Joseph Lacroix, fils d'un conservateur des hypothèques d'Agen. Joseph naquit en 1861, à deux pas de l'église Saint-Hilaire. Il n'était pas mécanicien mais inventeur. Sa bonne ville d'Agen ne lui rend pas assez hommage, car c'est probablement lui qui mit au point les différents principes de la photographie en couleur, que l'on dit être l'invention de Ducos du Hauron. Joseph était son assistant. Plus tard, il conçut et mit au point un appareil de photo génial qui permettait enfin de se passer du célèbre drap noir des photographes d'antan. Il inventa également la voiture à trois roues au prétexte que « l'on a une chance sur quatre de moins crever avec trois roues qu'avec quatre » !

Ce n'était pas un volant mais une barre qui dirigeait l'engin, dont l'unique roue avant permettait de faire un demi-tour quasiment sur place. Les voitures de Joseph Lacroix portaient le doux nom de « Nef ». Elles connurent un certain succès parce qu'elles étaient solides et simples.

Deux autres constructeurs marquèrent les Années folles. Larroumet et Lagarde, d'abord, qui s'associèrent et construisirent leur usine au pont de Rouquet, à Agen. Ils mirent au point la célébrissime « Va bon train », essentiellement vendue à l'export.

D'autres constructeurs, les frères Aché, vendirent une Sycomore dont on ne sait pas grand-chose.

Il n'empêche que le Lot-et-Garonne fut, en ces années 1900, un pays d'inventions.

En 1910, lors d'un conseil municipal à Agen, deux élus prirent la parole pour se faire les « porte-parole » de leurs concitoyens. Ceux-ci, semble-t-il, se plaignaient de la circulation intempestive des « automobiles à vapeur » (*sic*) qui traversaient sans discernement la bonne ville d'Agen. Selon les termes du conseiller municipal, grand visionnaire au demeurant, elles sentaient mauvais, soulevaient des nuages de poussière, roulaient à des allures excessives, se croyaient propriétaires de toutes les rues de la ville et (re *sic*) étaient des engins qui n'avaient aucun avenir.

Pour réduire ces nuisances, un arrêté municipal limita donc la vitesse des véhicules à douze kilomètres par heure. Il ne fut jamais abrogé et est donc encore en vigueur. Ce qui ne devrait pas déplaire au maire actuel qui, lui non plus, ne porte pas la bagnole chère à Georges Pompidou dans son cœur.

Chapitre II

Picorages

PICORAGES ET CHAPARDAGES à l'air du temps. Les historiettes qui suivent sont autant de petits mystères linguistiques, historiques, drolatiques que les Garonnais aiment grignoter lors de leurs conversations apéritives...

Té, adiou! Locution concise, typiquement sudiste, que l'on entend fréquemment à Agen pour se dire: «Tiens, bonjour!» alors que l'on se dit: «Tiens, adieu.» Pourquoi blanc veut-il dire noir? C'est un secret que nul ne trahira, puisque personne ne connut jamais la réponse. En réalité, «*Té, adiou*» veut approximativement dire: «Eh bien! Dis donc, je suis drôlement surpris de te voir là, mais ça me fait plaisir et je te donne le bonjour!»

Se prononce: *h-tai, a-di-ouuuuuuu*, le «h» qui précède le «t» est un «h» à moitié aspiré qui manifeste une forme de surprise. Le «*tai*» l'accentue. Simple, non?

***

On raconte que l'inventeur de la missive qui suit est agenais. Mais nul n'en a jamais apporté la preuve. L'origine de cette épistole reste donc mystérieuse. À ce titre, elle a sa place ici. D'autant que nous conseillons vivement de la dupliquer à l'occasion de chaque invitation à dîner ou à déjeuner.

« Cher ami,

« Avant d'accepter définitivement votre si gentille invitation à dîner, il conviendrait que nous mettions au point quelques détails pour que cette soirée se déroule sous les meilleurs auspices. Voici l'emploi du temps que je vous propose. Il me semble acceptable. Toutefois, je suis à votre disposition pour toute modification, changement, suppression ou rajout que vous jugeriez utile d'apporter à ce protocole.

« 20 h 30 : nous arrivons avec un léger retard et ne manquerons pas de faire une allusion aux difficultés que rencontrent tous les Toulousains pour se garer. Nous nous excuserons pour ce contretemps.

« 20 h 31 : vous répondrez que vous êtes, vous et votre épouse, très heureux de nous recevoir et que le retard n'a aucune importance. Toutefois, vous ajouterez : "Il ne faudrait tout de même pas que les édiles municipaux oublient que... Etc."

« 20 h 32 : ma femme donnera à la vôtre le bouquet de marguerites que nous avons acheté.

« 20 h 33 : votre femme répondra à la mienne qu'il ne fallait pas. "Vraiment il ne fallait pas ! Oh ! Comme elles sont belles ! Vous avez fait des folies ! Elles sont vraiment splendides [je suis très attaché au mot, vraiment]. Tu as vu, chéri, comme elles sont vraiment splendides ? Je vais les mettre tout de suite dans un vase." Pendant ce temps, de votre côté, vous m'aiderez à retirer mon manteau et à le mettre à la patère. Pour qu'il n'y ait pas confusion, je mettrai un manteau noir que vous reconnaîtrez sans difficulté.

« 20 h 39 : après quelques bavardages dans l'entrée, dont je vous laisse l'initiative mais qui devront porter sur le temps, qui est décidément de plus en plus détraqué, nous vous suivrons dans le salon.

« 20 h 42 : ma femme prendra un doigt – mais surtout pas davantage – de porto blanc (elle déteste le rouge). Pour moi, je vous demanderai un whisky, "pur malt si vous avez". Sans glace, évidemment.

« 20 h 44 : je picorerai quatre cacahuètes grillées. Au troisième amuse-gueule, vos enfants viendront nous saluer et nous dire bonsoir avant d'aller se coucher. Ils profiteront de leur passage pour chiper quelques biscuits apéritifs. Vous nous demanderez de bien vouloir excuser ce geste et ce manque de politesse. Mon épouse

216

s'empressera de répondre : "Ils sont formidables. Si vous voyiez les nôtres !" Pour ma part, j'ajouterai : "Vous ne connaissez pas votre bonheur, nous, nous ne savons vraiment plus quoi faire des nôtres. Ils sont véritablement in-te-na-bles !"

« 20 h 55 : votre femme nous invitera à passer à table.

« 21 h 02 : ma femme dira : "C'est vraiment délicieux." J'ajouterai : "C'est tout à fait excellent !" Ma femme demandera à la vôtre : "Mais comment faites-vous pour réussir si magnifiquement ce plat ? Avez-vous un secret ?"

« 21 h 15 : le plat principal sera servi.

« 21 h 17 : la conversation abordera un ton amical, mais évitera tout sujet qui fâche, notamment la politique. Comme vous le savez, vos idées ne sont pas progressistes et nous pourrions inutilement nous quereller.

« 21 h 45 : votre épouse dira à la mienne : "Mon mari m'avait promis de ne pas parler travail !" ce à quoi ma femme répondra : "C'est le mien : il ne sait parler que de ça !"

« 21 h 50 : bien que n'ayant plus faim, je dirai : "Je reprendrai bien du gigot, par pure gourmandise ! Il est si bon."

« De 22 heures à 22 h 20, nous parlerons politique. Vous ferez en sorte de me donner raison pour que mon épouse respecte mes analyses en cette matière, où je me plais à critiquer le pouvoir en place.

« 22 h 25 : vous noterez avec espoir un coup d'œil très discret que je lancerai à ma montre.

« 22 h 32 : je me déciderai à me lever après un regard à mon épouse et son acquiescement discret.

« 22 h 33 : nous entonnerons les cœurs à quatre voix : "Vous vous êtes donné du mal !" "Non, ce n'était vraiment rien !" "À très bientôt, mais nous devrons faire un gros effort pour être à la hauteur !" "Mais ne vous inquiétez donc pas. Votre femme est certainement une excellente cuisinière !"

« 22 h 34 : nous mettrons fin aux chœurs.

« 22 h 35 : vous refermerez la porte derrière nous avec soulagement.

« En rejoignant ma voiture, je demanderai à ma femme : "Alors, tu les trouves comment ?"

« En vous couchant, vous demanderez à votre épouse : "Alors, tu les trouves comment ?"

« PS : une variante est possible. Je ne m'y opposerai pas. À 21 h 45 vous pouvez, par exemple, remplacer le terme "travail" par celui de "boulot", plus amical. Il s'agit d'un repas convivial, que diable ! »

***

C'est à la suite d'un concours organisé à Toulouse sur Sud-Radio, en 1974, en direct des studios de la rue Caraman, qu'un certain Francis Cabrel, originaire du Lot-et-Garonne voisin, triompha. C'était un inconnu. La chanson s'appelait *Petite Marie*. Nul ne se souvient des autres compétiteurs.

***

Au théâtre Ducourneau d'Agen, à l'époque formidable où l'on donnait régulièrement des concerts, Haendel fut souvent interprété. Et applaudi. C'est pourtant un voleur. Un chapardeur de partition. Le *God Save the Queen* est, contrairement aux apparences, un hymne français. C'est en effet Lully qui écrivit cette élégante musique, et une supérieure de couvent, Mme de Brinon, qui en traça d'une plume légère les paroles si prenantes. La chanson était destinée à redonner le moral à Louis XIV (au King, donc), qui venait d'être opéré d'une fistule. On savait s'amuser en ce temps-là !

Mais Haendel, de passage à Versailles, fut séduit par cette chansonnette médicinale et la ramena à Londres, où il était célèbre. Doué d'une grande générosité, il offrit paroles et musique à George Iᵉʳ d'Angleterre, en affirmant qu'il en était l'auteur et le compositeur. Le roi, qui n'avait pas de problème de fistule, décida d'en faire son hymne personnel. Albion l'imita. Que de perfidie !

Jamais le théâtre d'Agen n'aurait dû ouvrir ses portes à un tel voleur. Pourquoi le fit-on ? Mystère ou, plus probablement, ignorance de cette anecdote.

Petites curiosités

***

« *Bietaze !* » Ce joli mot, qui pourrait littéralement se traduire par « sexe d'âne », veut dire bien autre chose ! Du reste, que ferait-on d'un tel organe dans les rues d'Agen ? D'ordinaire, l'élégant vocable manifeste l'étonnement. La grosse surprise. Il n'a pas de sens péjoratif ni grossier. Il est même fréquent que de vieilles demoiselles, au marché, demandent au jeune vendeur du banc primeurs s'il a un *bietaze*. Ce à quoi le jeune homme, sans la moindre gêne, leur répond qu'il a le plus beau du marché et il va chercher l'aubergine attendue par l'acheteuse, qui, contente du volume du légume, s'écrie : « *Bietaze !* » Heureuse, en somme.

Les femmes sont mystérieuses. Les mots aussi.

***

« *Alabetz !* » C'est un mot, une expression presque, que l'on ne trouve qu'à Agen et dans le territoire qui l'entoure. *Alabetz* se dit pour demander : « Tiens, tu es là, toi ? Bonjour, comment vas-tu ? Tu te portes bien au moins ? Y a longtemps que je n'avais pas eu de tes nouvelles. Et ta femme, ça va ? Tes enfants, ils travaillent bien à l'école au moins ? » L'avantage de ce parler mystérieux, que les vieux Agenais appellent « patois » et que les plus jeunes qualifient d'« occitan », est sa concision.

Alabetz ?

***

Beaucoup s'interrogent pour savoir qui a écrit ça. Réponse à la fin.

« Si la Garonne avait voulu,
« Lanturlu !
« Quand elle sortit de sa source,
« Diriger autrement sa course,
« Et vers le midi s'épancher,
« Qui donc eût pu l'en empêcher ?
« Tranchant vallon, plaine et montagne,

219

« Si la Garonne avait voulu, Lanturlu !
« [...]
« Si la Garonne avait voulu,
« Lanturlu !
« Humilier les autres fleuves.
« Seulement, pour faire ses preuves,
« Elle arrondit son petit lot :
« Ayant pris le Tarn et le Lot,
« Elle confisqua la Dordogne.
« La Garonne n'a pas voulu,
« Lanturlu !
« Quitter le pays de Gascogne. »

Gustave Naudaud

***

L'avocat toulousain Vincent Auriol (que l'on appelle ici Vincent Tauriol, alors qu'avec les noms propres on ne doit pas faire de liaison) vint quelques fois, alors qu'il était tout jeune, plaider à Agen, et fut élu président de la République en 1947. Un de ses confrères du barreau d'Agen, qui ne l'aimait guère, s'amusa à écrire l'anagramme de son nom qui fut, évidemment et anonymement, affiché un temps dans la salle d'attente des avocats au palais de Justice et circula sous le manteau. Cela donnait : « Voilà un crétin. » La formule fut très souvent reprise par les gazettes parisiennes, qui ne précisèrent pas que le libelle était d'Agen.

***

À Agen, le mot « con » est, on le sait, une forme de bonjour. Il n'est pas de phrase de la jeunesse qui ne soit ponctuée du diminutif issu de *conil*, qui signifie « lapin ». Pourtant, en 1967, le *Robert* et le *Littré* n'avaient toujours pas accepté ce terme, qui figurait pourtant dans le *Larousse*. L'Académie française s'y refusait elle aussi avec la dernière énergie. Le cinéaste René Clair, qui l'avait pourtant utilisé dans ses films, s'opposait, en tant qu'académicien, à l'inscription du mot dans le mètre étalon linguistique français. Il

220

expliquait : « En l'acceptant, l'Académie aurait l'air d'une vieille dame qui se met en minijupe. » Il ne se demanda pas de quoi il avait l'air en le refusant.

Pourquoi de si grands artistes peuvent-ils être aussi conservateurs ? Mystère.

***

Deux mots lot-et-garonnais troublent toujours ceux qui les entendent pour la première fois et bien souvent les confondent. Il s'agit de « cagade » et « cagagne ». Le premier signifie qu'on y va, le second qu'il est trop tard pour y aller.

***

Il arrive parfois que le Parlement ait des idées un peu surprenantes. Ainsi décida-t-il, au XVIIIe siècle, de punir les suicidés. Il le fit de façon curieuse, puisque tout suicidé serait, selon lui, condamné à mort. Agen respecta cette loi.

Le corps d'un condamné à la galère et qui s'était pendu dans sa cellule à l'aide de sa chaîne dut subir quelques outrages surnuméraires : il fut éventré, traîné dans les rues de la ville, pendu par les pieds pour que chacun puisse profiter de cet aimable spectacle et, pour finir, on offrit son cadavre aux chiens errants de la ville.

Et comme les chiens errants étaient interdits, on les tua.

***

Pour imiter les agriculteurs du Midi, et plus précisément les alliacéculteurs de Lomagne, Lautrec, Cadours et de la plaine de la Garonne, les marchands d'ail des Halles de Paris s'habillaient, à la fin du XIXe et au début du XXe siècle, avec de chaudes vestes en laine ou des tricots identiques à ceux que confectionnaient les mamées sudistes en bonne grosse laine des Pyrénées. Ce tricot des marchands d'ail donna le raccourci « chandail ». Fin du mystère.

***

Les cachous Lajaunie sont, à leur manière, identitaires de Toulouse ; leur boîte si particulière l'est également. Elle revêt cette forme parce qu'elle fut créée par un horloger habitant le Gers, mais qui était originaire de Lot-et-Garonne et ami de Lajaunie. Créateur de montres, il dessina un écrin pour cachous ayant la forme d'une montre à gousset, qui pouvait facilement se glisser dans la poche d'un gilet.

***

Quand les joueurs du SUA ne jouent pas comme ils le devraient, il se trouve toujours un spectateur pour dire qu'ils « *mascagnent* ». Autrement dit qu'un joueur de troisième série ferait au moins aussi bien qu'eux. D'un travail mal fait, on dit aussi qu'il a été réalisé par l'entreprise « Tripotte et Mascagne ». Et l'on ne sait jamais lequel des deux a *mascagné*.

***

À Paris, sur les bancs publics, les amoureux se bécotent. Ici, ils *poutounègent*. Ce qui n'est pas exactement la même chose. C'est plus joli, évidemment.

***

Henri IV est considéré, à juste titre, comme un enfant du pays, et l'on sait tout de lui. Bien que son histoire soit parfaitement connue, peu d'historiens ont remarqué l'importance du nombre 14 dans la vie de ce roi quatrième.
Il est né le 14 décembre,
Soit 14 siècles, 14 décennies et 14 ans après Jésus-Christ,
Dans son nom Henri de Bourbon, on compte 14 lettres,
Il vécut quatre fois 14 ans, quatre fois 14 jours et 14 semaines,
Il fut roi de France et de Navarre pendant trois fois 14 ans,
La bataille d'Ivry, qu'il gagna, eut lieu le 14 mars,
Son fils est né 14 jours après le 14 septembre,

Petites curiosités

Ce prince fut baptisé le 14 août,
Ravaillac le tua le 14 mai,
Il fut exécuté 14 jours après.
Cette fin tragique se déroula en 1610, qui est évidemment divisible par 14.
Heureusement que ce n'était pas 13.

***

Petite histoire. En 1929, des dames bien pensantes allèrent trouver Mgr Saliège, archevêque de Toulouse, pour lui demander d'intervenir auprès des autorités de la ville afin que la place des Trois-Cocus soit rebaptisée. Agacé, le prélat renvoya les plaignantes vers leurs alcôves respectives, autrement dit à leurs chères études, en leur disant : « C'est une chance d'habiter un quartier où il y a si peu de maris trompés. Faites en sorte que le nombre n'augmente pas ! » Les cocus en question étaient, mystère résolu, des coucous, innocentes fleurs que la langue occitane a transformées en « cocus ».

En Lot-et-Garonne, il existe un village nommé « Cocumont », où l'on n'est pas plus infidèle qu'ailleurs. Pas moins non plus. Il n'y pousse que des fleurs.

Et à Moncrabeau, village dont il est et sera beaucoup question dans cet ouvrage, il existe une rue « Cocu-Saute », qui ne veut évidemment pas dire qu'un pauvre homme affublé d'une femme volage sautait plus haut que les autres, mais que cette rue conduisait à un fossé (le village médiéval était protégé par un tel système de défense) qu'il était possible de franchir en le sautant, y compris quand il était couvert de fleurs : des coucous.

***

Esperluette : on pourrait jurer que le mot a été inventé à Agen tellement il a l'accent gascon, et on pourrait le traduire par : « C'est (es) une petite perle. »

L'esperluette est en réalité un logogramme. Jadis elle fut appelée « perluete » ou « esperluette ». Avec un « t » en moins et un accent en plus. Ce qui ne lui fait pas jambe belle pour le « t », mais le mollet aimable pour l'accent. Il n'empêche que l'esper-luette est belle, au point qu'un grand groupe se l'appropria pour en faire son logo. On, qui aura décidément tout dit, attribue son invention à Marcus Tullius Tiro, plus connu sous le nom de Tiron. Il était l'esclave puis devint l'affranchi de Cicéron, dont il fut le secrétaire. Il inventa la sténographie, mais il a de la concurrence puisque certains lexicologues patentés assurent que l'auteur de cette épatante esperluette serait Xénophon (son nom ne donna pas xénophobe, contrairement à une légende), qui s'en serait servi pour retranscrire les discours de Socrate.

L'esperluette a revêtu différentes formes au cours de l'histoire de la typographie et des styles graphiques.

&? Elle serait la liaison du « e » et du « t ». Elle fut très utilisée par les copistes médiévaux et figurait dans l'alphabet jusqu'au XIXe siècle. C'est la dernière lettre. On doit son histoire à un typo-graphe de l'imprimerie Noubel qui était, au XIXe siècle, la plus importante imprimerie du département.

**

La pire insulte consiste à dire à un Agenais qui revient d'un séjour plus ou moins long à Paris qu'il *francimandège*. Autrement dit qu'il a perdu l'accent et parle comme un *estrangey* du Nord, cousin comme cochon des descendants de Simon de Montfort. La honte ! *Mandéger*, c'est parler. Et ici, c'est mal parler. En tout cas comme un « Parigot ». Un Français, en somme. Pourquoi parlent-ils si mal ? Mystère, évidemment.

**

Félix Fénéon (1861-1944), qui avait par son père des attaches age-naises, inventa en 1906, pour *Le Matin*, ses fameuses « Nouvelles en trois lignes ». Elles le rendirent très vite célèbre. Chaque « nouvelle » est un fait divers vrai, réécrit selon ses humeurs, qu'il avait souvent badines. C'est extraordinairement drôle.

« À Clichy, un élégant jeune homme s'est jeté sous un fiacre caoutchouté, puis, indemne, sous un camion qui le broya. »

« Radieux : "J'aurais pu avoir plus !" s'est écrié l'assassin Lebret, condamné, à Rouen, aux travaux forcés à perpétuité. »

« Le Dunkerquois Scheid a tiré trois fois sur sa femme. Comme il la manquait toujours, il visa sa belle-mère : le coup porta. »

« C'est au cochonnet que l'apoplexie a terrassé M. André, soixante-quinze ans, de Levallois. Sa boule roulait encore qu'il n'était déjà plus. »

« Quittée par Delorce, Cécile Ward refusa de le reprendre sauf mariage. Il la poignarda, cette clause lui ayant paru scandaleuse. »

« Monsieur Chevreuil, de Cabourg, sauta d'un tramway en marche, se cogna contre un arbre, roula sous son tram et mourut là. »

« Jugeant sa fille (dix-neuf ans) trop peu austère, l'horloger stéphanois Jallat l'a tuée. Il est vrai qu'il lui reste onze autres enfants. »

« Un plongeur de Nancy, Vital Frérotte, revenu de Lourdes à jamais guéri de la tuberculose, est mort dimanche par erreur. »

« Prenant au mot son état civil, Mlle Bourreau a voulu exécuter Henri Bomborger. Il survivra aux trois coups de couteau de son amie. »

« Il n'y a même plus de Dieu pour les ivrognes : Kersilie, de Saint-Germain, qui avait pris la fenêtre pour la porte, est mort. »

« Comme leur instance de divorce traînassait et que son mari n'avait que soixante-dix ans, Mme Hennebert, de Saint-Martin-Chennetron, le tua. »

« "Si mon candidat échoue, je me tue", avait déclaré M. Bellavoine, de Fresquiennes (Seine-Inférieure). Il s'est tué. »

Etc. !

***

« *Boudu con* » : manière elliptique et agenaise de dire : « Je suis véritablement très étonné, chère madame Germaine, de ce que vous venez de me narrer de façon si pertinente. » Le bon Dieu (boudu) n'est vraiment pour rien dans le con final. Pourquoi cette belle langue, si poétique, maria-t-elle ces deux mots ? C'en est un !

225

***

Autan, appelé « vent du diable » ou « vent des pecs » – entendez des ravis qui ne le sont pas plus qu'ailleurs –, est un balayeur d'humeurs, un agaceur d'âme, un rémouleur des agaceries. Si l'humeur est aimable lorsqu'il se réveille, elle devient mauvaise ou, en tout cas, aigrelette quand il s'impose. *A contrario*, si elle est médiocre, elle le reste. En pire.

Il y a deux autans : le blanc, violent, chaud et sec. Il vient du sud-est et balaye tout l'Agenais et les contrées circonvoisines ; le noir, pluvieux, qui vient d'Espagne, aurait la particularité d'agacer les taureaux.

Ce vent est lié à un courant de sud-est entraîné par une dépression centrée sur l'Atlantique. Il consiste en un déplacement horizontal de l'air méditerranéen qui glisse sous une masse d'air océanique. Quand il s'arrête de souffler, il pleut très souvent. Et les scènes de ménage s'envolent. La vaisselle aussi.

Le vent du diable n'est pas aimé par les paysans. Il ravage les récoltes, bouscule les champs de maïs et de tournesol, fait tourner le vin qui devient vinaigre. Jadis, les maisons étaient bâties en fonction de l'autan. L'axe principal de la ferme était construit dans le sens du vent afin qu'il se heurte toujours à un mur aveugle. Les pièces habitables et la cuisine s'édifiaient à l'abri du vent, au midi et toujours protégées par la *capelada*, un auvent véranda. Car ici le vent est véloce : le 26 février 1948, il atteignit la vitesse de cent cinquante-huit kilomètres par heure.

Mais nul ne sait pourquoi ce vent rend fou.

***

« *Avé* plaisir » : expression agenaise d'une grande délicatesse qui manifeste exclusivement le bonheur. La réponse à cet aveu est : « Pareillement. » « Je t'aide *avé* plaisir ! » « Et moi pareillement. »

Si nous mettons ici cette expression « *avé* plaisir », nous espérons que vous la lirez pareillement.

***

Tournesols.
(Photographie des auteurs.)

Il n'y a pas si longtemps, dans tout le département, la coiffe la plus prisée des hommes était le béret, dont on ne sait pas vraiment qui l'inventa, puisque ce ne sont pas les Basques. Ici, on lui a dédié une chanson.

« Chaque pays possède sa coiffure :
« Le Marocain porte un fez rigolo,
« Le Mexicain ne manque pas d'allure,
« En arborant son vaste sombrero !
« Le bon bourgeois, ce n'est pas un reproche,
« Porte un melon, tant mieux si ça lui plaît,
« Moi, mon chapeau, je le mets dans ma poche,
« Je suis Gascon et porte le béret.

« Notre béret c'est toute la Gascogne,
« Et *per canta nouste beth ceü de Paü*,
« Nos montagnards aux jambes de cigogne,
« Avec orgueil le portent en haut *ataü*,
« Et avec ça c'est tellement pratique,
« Quand m'sieur l'curé sur la route apparaît,
« Où le paysan dépose-t-il sa chique ?
« Mais *Diü Biban* mais c'est dans son béret.

« Le Béarnais aime le mettre en pointe,
« Le Basque, lui, le met sur l'occiput,
« Et le Landais, sans reproche et sans crainte,
« Le pose ainsi quand il veut dire "zut",
« C'est tout petit mais c'est une merveille :
« Pour réfléchir c'est ainsi qu'on le met,
« Et pour crâner on l'accroche à l'oreille,
« Quel orateur ce coquin de béret !

« Quand grand-papa travaille dans la vigne,
« Et qu'à l'église on sonne tant et plus,
« Pour la prière, il l'enlève et se signe,
« Plus de béret quand sonne l'*Angélus*,
« Les Parisiens dont l'enfant n'est pas sage,
« Pour le fesser prennent un martinet,

Petites curiosités

« Un martinet ! C'est un truc de sauvage,
« Nous on lui flanque un bon coup de béret.

« Lorsque à Bayonne, on joue à la pelote,
« C'est son béret que l'on jette au vainqueur,
« Et ce béret c'est pas de la gnognote,
« Puisque dedans on a mis tout son cœur !
« Et le dimanche, il fait bon qu'on le sache,
« À la plazza ça fait beaucoup d'effet,
« Nos jeunes gens vont exciter la vache,
« Pour la sauter pieds joints dans le béret,

« Notre béret a fait le tour du monde,
« Tous les champions qui battent un record,
« L'ont adopté sur la terre et sur l'onde,
« Car un béret ça tient, coquin de sort,
« Malgré le vent et malgré le cyclone,
« Il est solide et peut-être, qui sait ?
« Alphonse XIII aurait gardé son trône,
« S'il avait eu pour couronne un béret.

« Quand le conscrit quitte sa fiancée,
« C'est le béret qui rythme les adieux,
« Quand il est loin, seul avec sa pensée,
« C'est au béret qu'il parle avec les yeux.
« Je ne veux pas vous parler de la guerre,
« Quelques grincheux me le reprocheraient,
« Mais vous savez tout ce qu'ils ont pu faire,
« Les petits gars qui portaient le béret. »

Auteur inconnu.
Mystérieux, donc.

***

« À longtemps observer, soit l'on comprend, soit l'on s'endort. »
Paul Rouncats, poète lavardacais, in *Les Coups de pied occultes qui se perdent*.

***

« Très irréfléchi. Ne fait jamais une réponse juste du premier coup. Doit s'habituer à penser davantage. »

Appréciation portée par un professeur sur le bulletin scolaire d'Armand Fallières, Lot-et-Garonnais qui devint président de la République.

***

Simple coïncidence.

Abraham Lincoln fut élu au Congrès en 1846.

Il adorait les pruneaux d'Agen.

John F. Kennedy fut élu au Congrès en 1946.

Il adorait les pruneaux d'Agen.

Abraham Lincoln fut élu président en 1860.

John F. Kennedy fut élu président en 1960.

Les noms Lincoln et Kennedy sont composés chacun de sept lettres.

Les deux présidents perdirent la vie un vendredi.

La secrétaire de Lincoln s'appelait Kennedy.

La secrétaire de Kennedy s'appelait Lincoln.

Les deux présidents furent assassinés par des « sudistes ».

Les deux présidents eurent pour successeurs des « sudistes ».

Les deux successeurs s'appelaient Johnson.

Andrew Johnson, qui succéda à Lincoln, est né en 1808.

Lyndon Johnson, qui succéda à Kennedy, est né en 1908.

Lincoln mourut dans un théâtre appelé « Ford ».

Kennedy mourut dans une voiture de marque Ford.

John Wilkes Booth s'échappa d'un théâtre et fut attrapé dans un entrepôt.

Lee Harvey Oswald s'échappa d'un entrepôt et fut attrapé dans un cinéma théâtre.

Booth et Oswald furent tous les deux assassinés avant leur procès.

Faut-il être prudent avec les pruneaux d'Agen ?

***

Petites curiosités

«Les joueurs agenais jouaient avec leurs meilleurs joueurs absents. Tandis que les joueurs présents, eux, se contentaient d'assister au match.»
Liberté Sport, 7 avril 1947.

«Quand tu doubles un cycliste, laisse-lui toujours la place de tomber.»
Un client d'un des bars d'Agen, un soir d'apéro prolongé, 7 avril 2007.

«Si César gardait vraiment tout ce qu'on lui rend, il pourrait monter une brocante.»
Même bar, même soir. Client différent.

***

Louis Auguste Commerson, écrivain, journaliste (1802-1879), contempteur d'Agen, écrivit cette belle pensée mélancolique : «À son lit de mort, l'homme songe plutôt à élever son âme vers Dieu qu'à élever des lapins.» Ce n'est pas totalement faux. D'autres que lui ont, en cet instant du départ, proféré quelques formules définitives.

Voltaire : «Je m'arrêterais de mourir s'il me venait un bon mot.»

Montaigne : «Ce n'est pas la mort que je crains, mais de mourir.»

Chopin : «Maintenant, je suis à la source du bonheur.»

Alfred de Musset : «Dormir! Je vais enfin dormir.»

Paul Rouncats, poète lot-et-garonnais : «Y a des filles là-haut?»

***

On ne sait pas trop pourquoi, en Provence, l'idiot du village est appelé «*lou ravi*». Sans doute parce qu'il l'est en permanence. À Agen, on préfère utiliser le mot «*amori*», qui est de l'occitan de cuisine. Le mot signifie «petit couillon» (grand couillon étant plus affectueux est généralement réservé à la parentèle). Son utilisation remonte à la croisade des Albigeois, durant laquelle Simon de Montfort tenta d'imposer sa loi. Il avait un fils : Amaury. La population lot-et-garonnaise le détestait tant qu'elle donna son nom aux idiots des villages.

***

Géographes et cartographes se battent depuis des lustres pour déterminer où se situe le centre de la France. Certains prétendent qu'il se trouve dans une commune du Cher, Bruère-Allichamps. Mais pour les Romains, qui se croyaient maîtres du monde, le centre de la Gaule était sis au croisement des routes de Saint-Amand-Montrond et de La Celle, où une borne milliaire romaine indique le centre.

Pourtant, les villages de Saulzais-le-Pottier et Vesdun revendiquent ce centrisme.

En revanche, le fait que le centre du monde se trouve au cœur de la Gascogne, sur le fauteuil des Menteurs de Moncrabeau[1], est avéré. Par les Moncrabelais.

***

Arsouillas : qualificatif que l'on attribue généralement à celui avec qui l'on boit. Trop. C'est toujours l'autre qui boit trop. Il s'agit également d'une sorte de câlin verbal que les épouses utilisent pour désigner leur mari quand il rentre un peu tardivement le soir, après avoir pris le « dernier pour la route », en compagnie de quelques camarades de réflexion. *Arsouillas*, va !

***

Diu biban ! La surprise est si grande que l'on finirait par croire que Dieu est non seulement vivant, mais présent en chair et en os. Cette langue est un mystère.

***

Les Américains ont le Mac'Do, à Agen, nous avons le mac'arel. Toute la question est de savoir lequel des deux est une insulte ?

---

1. *Voir troisième partie, chapitre I, « Les mystérieuses origines de l'Académie des menteurs ».*

Petites curiosités

***

« *Hilh de puto* » : expression qui peut à la fois manifester un grand contentement, quand un joueur du SUA marque un essai, ou une grande déception, quand le Sporting en encaisse un. *Hilh* veut dire « fils ». *Puto*, en vieil occitan, veut (peut-être) dire « femme ». Le mot n'est devenu péjoratif que lorsque nous avons été plusieurs à aimer la même.

***

« Castagne. » Manière agenaise de dire : « Je ne suis pas du tout d'accord. » Ici, « même les mémés » l'aiment. Et en ont plein les bras pour les offrir à ceux qui veulent chiper leur musette.

La castagne identifie également une méthode amicale de se dire des choses qui le sont moins, sous une mêlée de rugby.

***

Entendu au stade Armandie, après le passage du rugby à XV amateur au professionnalisme. Un joueur est blessé. Le soigneur se précipite. Dans les tribunes, un papé hurle sa colère : « Maintenant, y a même plus besoin de l'éponge magique ; pour qu'il reparte, il suffit de lui faire des compresses avec un billet de 50 000 ! »

Effectivement, ça aide. Mais peut-être pas pour soigner...

***

Dans toute l'Occitanie, les pêcheurs à la ligne – pas ceux qui s'abstiennent – sont appelés « *pescayres* ». À Agen, le terme *pescofi* est préféré. Petit mystère.

***

Météo : les anciens savaient prévoir le temps en regardant voler les hirondelles. Sur le coteau de l'Ermitage, qui surplombe Agen et d'où l'on voit les Pyrénées, parfois, un dicton météorologique est utilisé : « On voit les Pyrénées ! Il va pleuvoir. On ne les voit pas, c'est qu'il pleut ! »

***

« *Adissiatz !* » C'est le mot amical que nous utilisons ici, au bord de la Garonne et dans tous les pays circonvoisins, pour dire « au revoir » ou « bonjour ». Selon l'humeur. Les graphies divergent. Elles veulent toutes dire *a-di-chiatsss* ! *Adissiatz*, donc.

Le cromlech de Meylan.
(Photographie des auteurs.)

Chapitre III

Le mystère de la Ténarèze

L A TÉNARÈZE est une voie prétendument romaine qui traverse notre département et a donné son nom à une appellation d'armagnac. Mais qui créa la Ténarèze ? Les Romains, les Gaulois, les Celtes, les hommes préhistoriques ? Enquête.

Ténarèze : l'origine du mot, déjà, pose problème. On sait que *ten* veut dire « tête ». Ou « sommet ». Comme la Ténarèze est une route de crêtes, son nom vient évidemment de là, garantissent certains étymologistes. Rien n'est moins sûr, selon d'autres. Ce n'est pas un terme romain. Mais ce pourrait être un nom médiéval. Ou pas. On n'est pas loin du pugilat chez les spécialistes des origines des mots mais, pour l'instant, le sens réel de ce vocable reste un mystère. Il y en aura d'autres.

Cette voie, connue comme étant un chemin romain de grande communication (n° 9) de Barbaste au Gers, se retrouve pourtant en Espagne, en Aragon, dans la province de Tena. On peut donc légitimement se demander si le « ten » de Ténarèze ne vient pas de Tena.

Voici ce qu'en dit René Descazeaux, qui a étudié tout ce qui concerne les Pyrénées :

« Cela pourrait être aujourd'hui le nom d'une autoroute du soleil. Ce fut, à côté des voies antiques transpyrénéennes de l'Ouest et de l'Est, un axe nouveau aux âges des métaux, perçant la montagne

237

barrière en son centre, aux points de rupture les plus délicats : la Ténarèze.

« Cette pénétrante surprenante vient de la vallée de la Tena, en Aragon ; elle traverse le haut plateau d'Aragnouet qui domine la vallée de Cinca, surgit de Gistaín par le col de Bielsa vers le plan de Rioumajou. Elle chemine ensuite vers le plateau nécropole d'Avezac-Prat, recherche les hauteurs boisées bordant les vallées du Salat, de la Garonne, de l'Aure et la rive gauche de la Neste.

« La Ténarèze est un grand chemin de crête sud-nord. Voie commerciale de la pierre obsidienne du Massif central, du silex du Grand-Pressigny, des eurites d'Aspe et d'Ossau, de la jadéite de Gironde, la Ténarèze fut d'abord un axe voulu par les hommes de l'âge de pierre avant d'être réactivé aux âges des métaux. »

Il ajoute que « notre » Ténarèze reliait l'Aragon et peut-être l'Andalousie au sud de l'Espagne, avec la vallée du Lot et le Médoc, au nord, en traversant la Garonne entre le Port-Sainte-Marie et Aiguillon. Ce qui voudrait dire que les Romains n'ont fait qu'adapter – améliorer, sans nul doute – une antique voie tracée à travers la montagne par les premiers hommes. Ceux de la pierre d'abord, puis ceux des métaux ensuite. Du reste, la Ténarèze passe à proximité d'un grand nombre de dolmens, menhirs et cromlechs.

On est donc loin de cette prétendue voie romaine qui, selon ce que l'on nous enseignait jadis à l'école, partait de Lannepax (Gers) pour rejoindre Barbaste (Lot-et-Garonne) par les coteaux, et ensuite Saint-Côme. Cette thèse de voie romaine fut longtemps accréditée dans la mesure où Lannepax vient du latin et veut dire « paix de la lande », cette paix signée entre le général romain Crassus et les Sotiates.

Ajoutons que la Ténarèze traverse toute la Gascogne et ne touche aucune des anciennes cités d'Aquitaine, où les Romains n'auraient pas manqué de la faire passer si cette voie avait été construite par eux. On conçoit mal, en effet, que les hommes de Jules César, par ailleurs si organisés, si pragmatiques, aient dessiné une route qui ne traverse, ou n'aurait pu longer, aucune des agglomérations où ils avaient établi leurs administrations. C'est notamment le cas pour leur capitale, Éauze. À l'inverse, elle passe par Miélan, Meylan, etc., autant de villes, ou plus exactement de lieux, habités de toute antiquité, notamment par des hommes de l'âge de pierre.

Ce que l'on sait des Gaulois est dû, pour l'essentiel, aux écrits de Jules César, qui vint ici pour coloniser la Gaule du sud et sculpter sa gloire. Doit-on prendre pour argent comptant les propos d'un homme qui, naturellement, écrivit pour sa seule gloriole ? Croirait-on Hitler s'il avait relaté la vie dans le ghetto de Varsovie ?

Selon Jules César, les Gaulois, ancêtres des Gascons et des neuf peuples d'Aquitaine, étaient un peuple attardé, barbare. C'est sans doute pour cette raison qu'il eut tant de mal à conquérir Sos et à mettre au pas ses habitants, les Sotiates.

Avant Jules César, il est bien évident que l'on circulait dans la Gaule antique et que l'on s'y baladait même depuis très longtemps. Pour que des hommes s'installent dans la vallée de la Baïse et dans celle de la Gélise, il fallait bien qu'ils viennent de quelque part. Il fallait bien qu'ils utilisent un chemin dont le tracé est resté dans les mémoires. Un chemin que l'on emprunte toujours puisqu'il passe à travers un monde connu. Ces simples pistes du début devinrent des chemins de communication entre peuplades, qui s'élargirent au moment où l'homme abandonna sa vie de chasseur-cueilleur pour devenir cultivateur.

En passant ce cap, l'homme franchit aussi celui de la domestication. Pour labourer, il dressa les chevaux et les vaches. Pour transporter sa production, il employa ce bétail domestiqué ; et pour cela, il circula sur ces chemins, déjà connus, qui s'élargirent.

Du reste, quand les Carthaginois et les Romains entrèrent dans notre pays, ils n'éprouvèrent aucune difficulté à transporter leurs troupes, leurs cantines et leurs convois. C'est bien qu'il existait des passages et des voies déjà tracées. En revanche, le fait que, plus tard, ils les aient pavées, adaptées à leur modernité propre ne fait aucun doute.

Par ailleurs, bien des éléments semblent démontrer l'antiquité de la Ténarèze. Dans la seule zone qui va de Sainte-Maure-de-Peyriac à Barbaste, de chaque côté de ce chemin, on trouve beaucoup de « preuves », comme le soulignait déjà Charles Bastard dans un article paru dans la *Revue de l'Agenais* en 1923 :

« Depuis le plateau de Sainte-Maure jusqu'à Réaup, nous trouvons, en bordure de la Ténarèze, des ateliers préhistoriques à Sainte-Maure, de véritables villages néolithiques sous grottes à Saint-Pé-Saint-Simon, des vestiges de villages gaulois à Sos, des traces d'exploitation minière entre Sos et Meylan, un centre religieux et funéraire avec le cromlech de Meylan, un camp retranché à Réaup, un bois sacré, des clos [...]. »

De la même manière, du côté de Sainte-Maure furent également découvertes, en assez grand nombre, des pièces préhistoriques telles que des haches polies de fort belle facture. Ces haches en silex brun, que l'on ne trouve pas dans le coin, viennent évidemment des Pyrénées ; du moins la pierre qui servit à les fabriquer. Ce qui veut dire que pour transporter cette pierre, il fallait, évidemment, emprunter un chemin : la Ténarèze.

On trouve également dans le même secteur deux racloirs en obsidienne. Or, l'obsidienne vient du Massif central. Un archéologue de Condom (Gers), M. Mazaret, montra à Charles Bastard une impressionnante collection de haches, racloirs, polissoirs et amulettes recueillis par lui-même dans des ateliers préhistoriques, en bordure de la Ténarèze. Bastard possédait également une hache en bronze trouvée le long de l'antique voie.

Il est vrai aussi que, le long de cette « route romaine », on trouve beaucoup de grottes et que l'abbé Breuil, le spécialiste du Néolithique, parle des « grottes préhistoriques de la Ténarèze ».

Il convient enfin de dire que Meylan fut un centre minier bien avant que les Romains ne viennent conquérir Sos. Du reste, s'ils mirent tant d'acharnement à subjuguer les Sotiates, c'est bien parce que ceux-ci possédaient ce minerai de fer. Les Gallo-Romains l'exploitèrent et le vendirent. Il fallait bien le transporter. La Ténarèze servit notamment à cela.

Ainsi donc, il est probable, pour ne pas dire avéré – le débat reste ouvert –, que la voie que l'on attribue aux Romains et qui fut largement utilisée à l'époque médiévale soit un antique chemin de peuplement que les cousins de Cro-Magnon empruntèrent il y a plus de vingt mille ans.

En revanche, le magnifique pont – probablement le plus vieux du département, si ce n'est du grand Sud-Ouest – qui enjambe l'Osse (affluent de la Gélise, elle-même affluent de la Baïse) entre Andiran et Nérac, non loin de l'intersection des départementales 406 et 656, n'est pas, comme l'assure une légende tenace, le seul pont de la Ténarèze. La particularité de la Ténarèze, c'est justement qu'elle n'a pas de pont. Surtout, ce pont qui est, hélas, abandonné et qui risque de tomber en ruine au fil du temps, est bâti à plusieurs kilomètres de la voie antique. Est-il romain, comme les gens du voisinage le pensent, ou roman? C'est un autre mystère. Un beau mystère qui mérite d'être visité et défendu.

Chapitre IV

Comprendre les lieux-dits

L E LOT-ET-GARONNE est par définition une région rurale dans laquelle le nombre de fermes, de châteaux, de tours de guet et de tours gasconnes est plus important que le nombre de maisons citadines. Chaque ferme a son nom propre qui affirme son passé, son histoire et parfois sa légende. À l'intérieur du territoire de la ferme, il est fréquent qu'il y ait plusieurs noms de lieux-dits. Tous ont une signification ou une origine : utilitaire, guerrière, mémorielle, mystérieuse. Ainsi, un lieu-dit « Lamothe » laisse supposer que, jadis, il y avait à cet endroit un tumulus, un refuge ou une motte féodale. Dans le même ordre d'idées, à Lagleyze, il y avait une église.

Le promeneur du dimanche s'interroge souvent sur la signification de ces appellations, toujours assez mystérieuses. Nous allons briser ce mystère et donner un éclairage simple aux noms des lieux-dits les plus souvent rencontrés. Petit vagabondage rural en restant dans son fauteuil.

Fitte, Lafitte, Peyrefitte, Lapeyre, Peyresoule sont des endroits où il y avait un menhir, un dolmen, un cromlech.

Tombel, Tombal, Tres-Peyres : tombeau d'un chef ou encore dolmen, allée couverte, cromlech.

Nemets : temple païen.

Latuque, Truc, Tucol, Tuquet, Moutasse, Moutette : tumulus, petite colline.

Laclotte, Cros, Croux, Crozes, Cruzel : grotte et souterrain ou petite mare.

Fan, Fayn, Luc, Duluc, Monluc : bois sacré.

Jous, Jot, Joz, Joye : endroit où l'on adorait Jupiter.

Martiloque, Marmont, Marfau : endroit où l'on adorait Mars. La ville de Mont-de-Marsan, dans le département voisin des Landes, est un parfait exemple d'une colline dédiée à Mars.

Balouns, Belon, Belin : endroit où l'on vénérait Belenus.

Martre, Marcou, Mercus, Mercues : endroit où l'on adorait Mercure.

Fortune, Fortunier, Fortunat, etc. : endroit où quelqu'un découvrit un trésor ou bien où l'on suppose qu'il en existe un. Il suffit de le découvrir.

Cami-Herrat, Roumiou, De César, De Na Bruniquel, Estrade, Caussade, La Caussade, La Ferrande, La Charrière, etc. : importantes voies antiques.

La Tourrasse, Peyrelongue : piles romaines. Les piles romaines ou gallo-romaines sont des tombes de familles assez riches.

Milliars, Terme : bornes milliaires.

Hospitau, Hospice : ancienne station ou auberge pour pèlerins.

Croix et Cros : antique carrefour.

Villas, Bilhan : ancienne villa gallo-romaine.

Coutures, Las Coutures : premier endroit défriché.

Herm, Vieux, Murailles, Mas, Mazières, Buis, Buissières, Plasses : ruines d'anciens bâtiments.

Guérande, Ingrannes, Fins, Fieux, Fismes et Hins sont des mots qui déterminent les limites d'habitation d'un peuple (zone entre les Sotiates et les Élusates). Des frontières, en somme.

Bazeille, Bazile, Auradou, Gleysotte, Lacapelle sont d'anciens sanctuaires chrétiens.

Paradis, Paradou, Luz, Luzel, Auche sont d'anciens cimetières.

Maure, Mauron, Sarrazin sont des lieux qui furent occupés par des Arabes et les Gandalou par des Vandales. Casteljaloux est le château des Vandales et non l'habitation d'un homme surveillant de très près son épouse.

Bousigue : friche.

Artigue, Artigau : lieu défriché.

Casse, Cassagne, Cassou : le chêne.

Petites curiosités

Faget, Haget : le hêtre.
Vergne : l'aulne.
Tauzia : le chêne tauzin.
Etc.
Les terminaisons -iac, -ac, -as, -at, -an, -ey déterminent l'appartenance à la partie précédente du mot. Ainsi : Loupin*at* appartenait à un certain Loupin.

Chapitre V

Agen, l'île disparue

D ANS LES VIEUX ÉCRITS évoquant Agen, il est souvent question d'une île, d'un bel îlot qu'on appelait « l'îlet », puisque ici on place affectueusement le suffixe « et » aux endroits que l'on chérit et qui sont petits. Or, aujourd'hui, il n'y a point de havre face à Agen. C'est donc que l'île a disparu, noyée par quelque inondation dont dame Garonne est coutumière ? Non ! L'îlot a été absorbé par la ville qui, n'ayant pas assez d'espace, dévore tout ce qui se présente. C'est ainsi qu'est né le lieu de promenade préféré des Agenais, le Gravier, du nom de la gravette que charrie le fleuve les jours de colère. Il s'agit en réalité d'une magnifique esplanade, à laquelle certains auteurs n'hésitent pas à offrir un « G » majuscule tant le lieu est important, ludique, aimable et convivial.

Le Gravier d'Agen, jadis, était donc une île. Un bras de la Garonne passait autrefois le long des bâtiments qui bordent l'avenue du Général-de-Gaulle. Un petit pont permettait d'accéder à cet îlot. Une inondation l'emporta. L'île, très prisée la nuit par ceux qui pratiquaient avec assiduité et passion les amours illégales, fut le site de plusieurs duels dont celui, fort célèbre, qui opposa Turenne à Jean de Durfort, vicomte de Duras. Turenne ne blessa même pas Duras, tandis que le compagnon du roi de Navarre Henri d'Albret y reçut vingt-huit coups d'épée, dont vingt-deux « lui tirèrent les sangs », autrement dit le blessèrent. Il fut tellement touché que Catherine, prévenue de la joute et de ses

247

conséquences, n'osa pas faire transporter « l'amic » à Nérac, où l'Henri possédait un château. Un peu « *ventariol* », comme on dit ici, Turenne prétendit qu'il assena lui aussi plusieurs coups à Duras, mais que celui-ci, portant une cotte de mailles sous ses vêtements (ce que l'esprit du duel interdisait), ne fut pas blessé. Turenne accusa même Duras d'avoir fait intervenir dix hommes à lui lors du duel. On se défend comme on peut quand on perd, et l'on voit ici que la communication jouait déjà à plein !

Mais revenons à notre îlet que Henri IV, en 1605, décida de transformer en terrain de paille-mail, occupation ludique dont le souvenir et la pratique se sont perdus. Il s'agissait d'un jeu très en vogue à l'époque, où l'on s'exerçait avec un énorme maillet, sorte de marteau en bois dont les deux extrémités de la masse étaient cerclées d'acier. Ce maillet devint « mail » et servait à frapper une grosse boule de bois. Il ne serait pas exagéré de dire que le mail est l'ancêtre du golf ou du hockey sur gazon.

Tandis que les hommes jouaient au paille-mail ou au « passe-mail » – et parfois s'y chamaillaient ! –, les femmes se promenaient à l'ombre des arbres. Les belles s'y montraient et tentaient d'attirer le regard des soldats qui, la nuit, sur l'îlot...

En 1612, la ville acheta cinquante ormeaux et les fit planter sur « le Mail », car le terrain prit le nom du jeu. Ils furent cent cinquante l'année suivante, transformant l'esplanade en une des plus belles promenades du Midi, admirée de tous et réputée pour les scènes galantes et les concerts de vielle ou d'orphéon qui s'y déroulaient.

Plus tard, vers 1750, la foire dite « du Gravier », qui n'existe plus de nos jours, fut rétablie dans sa durée initiale, qui était de huit jours. Fondée en 1610 par Louis XIII dès son avènement sur le trône, compte tenu de la situation privilégiée d'Agen entre Toulouse et Bordeaux, elle fut réduite à deux jours et même à une seule journée quand l'économie chancelante ralentissait le commerce. Moins d'argent, moins d'échanges.

Une fois le Gravier devenu promenade réputée, chaque édile essaya de l'embellir ou, du moins, d'y laisser une « trace » afin que la ville garde le souvenir de celui qui avait lancé la réalisation.

Ainsi, en 1674, les consuls songèrent, pour la première fois, à opposer une forte digue en maçonnerie pour ralentir les empiétements incessants de la Garonne. De grands travaux furent entrepris. Pour bâtir ce quai protecteur, il fallut même démolir le moulin du tisserand qui profitait du courant du fleuve pour faire tourner ses fouloirs.

Au début du XVIIIe siècle, d'autres travaux furent entrepris, car l'esplanade du Gravier, célèbre dans la France entière, attirait des marchands de bétail, bovins et chevaux venant de toutes les régions. En 1759, les ormeaux du Gravier, dont les racines étaient en permanence au contact de l'eau, étaient si prodigieusement gros qu'il fallut en abattre certains menaçant de chuter. S'ensuivit alors une de ces belles polémiques dont Agen a toujours le secret. Certains étaient partisans de l'abattage, d'autres s'y opposaient avec la dernière énergie. D'autres encore, comme d'habitude, admiraient les joutes verbales et ne prirent une position définitive que lorsqu'il ne fut plus possible de revenir en arrière. Ce qui entraîna d'infinies palabres, de volumineuses engueulades, d'éblouissants pugilats et d'éternelles rancunes.

On abattit quelques vénérables et l'on replanta de jeunes tiges. Mais lors du grand *aygat* de 1770 (un *aygat*, pour les vieux Agenais, est une inondation, *aygue* signifiant « eau » en gascon), les ormeaux que l'on avait voulu préserver furent emportés, détruisant au passage un pont de bois au Port-Sainte-Marie.

Comme on le dit ici, les mouches changèrent d'âne, et ceux qui s'étaient opposés à l'abattage de manière très virulente clamèrent haut et fort qu'on aurait dû les écouter plus tôt et faire disparaître à tout jamais ce terrible et prévisible danger.

Une fois de plus, le dicton gascon revint à la mode : « Au Gravier, c'est toujours la Garonne qui a raison. » Montaigne l'assurait, ajoutant que « c'est elle qui créa ce lieu, c'est elle qui le détruira ».

Il lui arrive encore parfois, l'été, de créer un « îlet » que les eaux du printemps suivant emportent au loin. C'est la manière éternelle qu'a la Garonne de rappeler à chacun son bon vouloir et sa capacité à faire naître des mystères et des îlots qui ne le sont pas moins.

Chapitre VI

Les certificats des transporteurs canins

L E CHIEN n'est pas qu'un animal de chasse ou de compagnie comme on pourrait le penser. Jadis, à l'image des chiens de traîneau, le toutou des familles servait à transporter des objets. Chez nous, dans la région de Poudenas, Mézin et même Barbaste, il était utilisé pour traîner les ballots de liège que les bouchonniers arrachaient aux chênes-lièges de la forêt. Retour sur une pratique oubliée et sur un transporteur atypique.

Ce n'est qu'au XVIe siècle que l'homme, qui utilisait pourtant déjà le chien à la chasse et à la guerre, envisagea de s'en servir comme animal de travail. L'affirmation vaut en tout cas pour l'homme de l'Europe occidentale. On sait en effet que dans le Grand Nord les chiens de traîneau remplacent le cheval depuis belle lurette.

Mais bien vite, en France, comme un chien ne coûtait pas cher, chacun acheta ou fabriqua sa voiturette et se lança dans le transport canin. À Paris plus qu'ailleurs ce type de fret faisait rage. On pouvait en effet gagner raisonnablement sa vie si l'on possédait une dizaine de chiens qui tiraient chacun quarante kilos, soit quatre cents au total. Et comme tout le monde avait besoin de gagner sa vie... Pour un investissement modique, chacun pouvait donc devenir transporteur, d'autant qu'il suffisait de faire les poubelles, le soir, pour trouver la nourriture des toutous tracteurs.

Cette prolifération créa des embouteillages monstres dans les ruelles de la capitale ; les chiens circulaient dans tous les sens, y compris à contresens. Il fallait réglementer cette chienlit canine. Les toutous, en effet, effrayaient les autres animaux, mordaient les passants, gênaient les premières voitures automobiles, faisaient peur aux chevaux et, surtout, ils déféquaient n'importe où. La si élégante canisette qui collectait les crottes des Médor n'avait évidemment pas encore été inventée.

Les élus, qui pratiquaient déjà le clientélisme, réagirent différemment face à ce besoin de réglementation. Ici, on prononça carrément l'interdit à l'encontre des transports canins, là, on les réglementa, là, on ne fit rien. Il se trouva des villes où, au contraire, on autorisa de nouveaux attelages canins. En Gironde, ils furent interdits à partir de 1858, mais tout le monde s'en moquait, au point que le préfet fut obligé de republier un arrêté en 1870. Itou en Tarn-et-Garonne, dans le Lot, dans les Landes et en Dordogne. Rien ne parut en Lot-et-Garonne jusqu'en 1890, date à laquelle les chiens attelés furent interdits dans les villes de plus de trois mille habitants. Interdits sauf cas particuliers.

Comment devient-on un cas particulier ? Le mystère de ces cas particuliers est insondable. Le piston fonctionnait évidemment aussi bien hier qu'aujourd'hui. Il suffisait, à l'époque, d'avoir une légère blessure de guerre, de celle de 1870 par exemple, pour avoir plus de droits que les autres en matière de transport canin.

Une femme aimable, dont la cuisse aussi gracile que légère se levait avec complaisance, aidait son mari – tout aussi complaisant – à obtenir patente.

Curieusement, à Tonneins, on autorisa un « voiturier de chien » au prétexte qu'il était « un bon républicain ». Tant pis pour les autres.

À Agen, un laitier, qui livrait tous les matins du lait au jeune bébé de la femme d'un édile municipal ne pouvant allaiter elle-même son nourrisson, fut autorisé à poursuivre son activité canine et livreuse, bien que ses chiens aient mordu moult personnes. À l'inverse, son concurrent, qui devait livrer l'opposition – simple supposition malsaine – fut interdit de chiens.

Mais si les bestioles canines étaient utilisées en ville, elles l'étaient aussi en marge de la forêt landaise, là où poussaient les chênes-lièges. Le liège ne pèse pas très lourd. Il peut donc aisément être traîné par des convois canins. Un gros chien peut tirer sur une piste plate environ quarante kilos. Un convoi de chiens pouvait donc transporter une quantité relativement volumineuse de liège.

À Poudenas, un transporteur canin surnommé « lou Riou-Raou-Raou » – il faut rouler le « r » pour apprécier la saveur de ce surnom – laissa de délicieux et malicieux souvenirs dans la mémoire collective. Son surnom voulait rappeler le bruit que faisait son long fouet quand il le faisait claquer pour faire avancer les chiens : « riou » d'un côté de l'attelage, « raou-raou » de l'autre. Selon l'excellent poète gascon Paul Rouncats, « lou Riou-Raou-Raou, sur la fin de sa vie, devenait un peu paresseux et, plutôt que de faire claquer son fouet, il se contentait d'en imiter le bruit ». Le fouet déposé sur l'épaule, l'homme précédait son convoi, et c'est donc lui qui disait « riou » et « raou ». Pour une raison inconnue, il répétait deux fois « raou ». Manière sans doute de faire comprendre aux chiens que c'était lui le maître. Il va de soi que cette prononciation s'accompagnait d'un grand roulement de « r », transformant le simple « raou » en un grondement redoutable, comparable aux ronflements des torrents pyrénéens qui glissent sur les galets de leurs lits : « Rrrrrraou ! »

Ainsi le livreur de Poudenas faisait-il plusieurs fois par jour le voyage – court – allant de la forêt aux ateliers des bouchonniers. Et c'est dans ces manufactures de bouchons que l'histoire prend de l'épaisseur et un peu plus de mystère. Lou Riou ne faisait pas la différence entre une pièce de « *100 souteliers des bouchonniers qu'il livrait bi-quotidiens* », c'est-à-dire une misère, et une pièce de 1 franc, somme rondelette pour l'époque, peut-être un peu moins de 1 euro d'aujourd'hui.

Ainsi, lorsqu'il arrivait dans l'un des cinq ateliers des bouchonniers, les ouvriers prenaient-ils un malin plaisir à lui soumettre une pièce de 100 sous et une de 1 franc. Chaque fois, lou Riou prenait la petite pièce et laissait la grosse, provoquant l'hilarité générale des ouvriers. On le prenait évidemment pour un imbécile, un type incapable de faire la différence entre une grosse pièce et une petite. Fallait-il qu'il soit bête, vraiment, de prendre les

100 sous et de laisser la belle et bonne pièce de 1 franc ? Et de rire comme des bossus devant tant de stupidité.

Alors on répétait l'opération deux fois par jour dans les cinq ateliers. Parfois davantage. Chaque fois, lou Riou prenait la petite pièce. Au fil du temps, on décréta à Poudenas que le transporteur canin était un imbécile définitif et patenté.

Il advint pourtant qu'un jour, un gamin qui avait de la parentèle au village et qui aimait bien suivre lou Riou dans ses balades forestières autant que bucoliques lui posa la question de sa prétendue imbécillité.

« Mais dis-moi, Riou, quand je t'écoute raconter tes histoires de forts, de lits du chevreuil, de sangliers, de guerre, je vois bien que tu n'es pas bête. Pourtant, au village, tout le monde affirme que tu es plus ignare que le timon de tes petites carrioles. Lorsque les bouchonniers te présentent une petite et une grosse pièces, pourquoi prends-tu toujours la petite ? Tu sais bien qu'elle vaut moins que la grosse ?

– Oui, je le sais bien ! répondit lou Riou. Mais si jamais une seule fois je prenais la bonne pièce, la grosse, crois-tu que ces imbéciles de bouchonniers, qui me prennent pour un cancre, recommenceraient l'expérience et continueraient, plusieurs fois par jour, de me donner une pièce de 100 sous ? Dix par jour que j'en ramasse. Deux cent cinquante par mois, trois mille par an... »

Tel était lou Riou. Il faisait l'âne pour avoir du son. Et ceux qui croyaient le piéger en lui présentant deux pièces se piégeaient eux-mêmes plusieurs fois par jour, puisqu'ils perdaient plusieurs pièces de 100 sous.

Tous les transporteurs canins n'étaient peut-être pas aussi malins que le Riou. Ils disparurent tous. Sauf lui, qui poursuivit son activité jusqu'à sa mort. Il est vrai qu'en forêt, les chiens ne gênaient personne. Les cris du convoyeur « riou raou raou » non plus.

Chapitre VII

Le cul des chevaux !

QUEL LIEN MYSTÉRIEUX peut-il y avoir entre la navette spatiale américaine et le département de Lot-et-Garonne ? Pour répondre à cette interrogation, il faut en poser et répondre à beaucoup d'autres.

La distance standard entre deux rails de chemin de fer aux États-s-Unis est de 4 pieds et 8,5 pouces. Soit 1,4351 mètre. C'est un chiffre particulièrement bizarre. Pourquoi cet écartement a-t-il été retenu ? Parce que les chemins de fer américains ont été construits de la même façon qu'en Angleterre, par des ingénieurs anglais expatriés qui ont pensé que c'était une bonne idée, car cela permettait également d'utiliser des locomotives anglaises. Pourquoi les Anglais ont-ils construit leurs locos de cette manière ? Parce que les premières lignes de chemins de fer furent construites par les mêmes ingénieurs qui construisirent les tramways, et que cet écartement était alors utilisé. Pourquoi un tel écartement pour les tramways ? Parce que les personnes qui construisaient les tramways étaient les mêmes que celles qui construisaient les chariots, et qu'ils ont employé les mêmes méthodes et les mêmes outils. Pourquoi un tel écartement pour les chariots ? Parce que, partout en Europe et en Angleterre, les routes avaient déjà des ornières creusées par les roues, et un espacement différent aurait causé la rupture de l'essieu du chariot. Donc, une question se pose encore : pourquoi ces routes présentaient-elles des ornières ainsi espacées ? Les premières grandes routes en Europe ont été construites durant l'Empire romain pour accélérer le déploiement des légions de Jules César. Pourquoi les Romains ont-ils retenu cette dimension ? Parce que les premiers chariots étaient des chariots de guerre romains. Ces chariots étaient tirés par deux chevaux. Ces chevaux galopaient côte à côte et devaient être suffisamment espacés pour ne pas se gêner. Afin d'assurer une meilleure stabilité du chariot, les roues ne devaient pas se trouver dans la continuité des empreintes de sabots laissées par les chevaux, et ne pas être trop espacées pour ne pas provoquer d'accident lors du croisement de deux chariots.

Nous avons donc maintenant la réponse à notre question d'origine. L'espacement des rails américains (4 pieds et 8,5 pouces, soit 1,4351 mètre) s'explique parce que deux mille ans auparavant, sur un autre continent, les chariots romains étaient construits en fonction de la dimension de l'arrière-train des chevaux de guerre.

Il existe une extension intéressante de cette histoire concernant l'espacement des rails et l'arrière-train des chevaux.

Quand nous regardons la navette spatiale américaine sur son pas de tir, nous pouvons remarquer que les deux réservoirs additionnels sont attachés au réservoir principal. La société Thiokol fabrique ces réservoirs additionnels dans son usine de l'Utah. Les ingénieurs qui les ont conçus auraient bien aimé les faire un peu plus larges, mais ces réservoirs devaient être expédiés par le train jusqu'au site de lancement. La ligne de chemin de fer entre l'usine et Cap Canaveral emprunte un tunnel sous les montagnes rocheuses. Les réservoirs additionnels devaient pouvoir passer sous ce tunnel. Le tunnel est légèrement plus large que la voie de chemins de fer, et la voie de chemin de fer est exactement aussi large que les arrière-trains de deux chevaux.

Conclusion : une contrainte de conception du moyen de transport le plus avancé au monde a obligé les ingénieurs à respecter – et, au fond, à rendre hommage à – la largeur d'un cul de cheval. Un cheval très particulier, car Crassus, le général de Jules César qui fit chuter, après bien des difficultés, le village de Sos où vivait le peuple des Sotiates, considéra que les chevaux sotiates étaient les plus robustes, et il adopta définitivement cette race pour l'armée de Jules.

La navette américaine doit donc absolument tout au cheval de Sos, Lot-et-Garonne. C'est, du moins, ce que l'on raconte à Moncrabeau.

Chapitre VIII

La Baïse

L E MOT « BAÏSE », qui est le nom de la plus formidable rivière de la Gascogne, prête souvent à confusion. Surtout si on oublie le tréma. Ou si on l'efface. Ce qui est parfois le cas à Condom (Gers), aimable bourgade qui touche le Lot-et-Garonne et dont le nom prête également à sourire.

Comdom-sur-Baïse fait le bonheur des Britanniques, qui adorent se faire prendre en photo – c'est d'un goût ! – à côté du panneau indicateur de la ville, un préservatif à la main. Ils envoient ensuite la carte postale à leur parentèle, agrémentée, au dos, de propos aussi salaces que licencieux ! On rit comme on peut chez la Perfide !

Ils ne sont pas les seuls à rire de n'importe quoi puisque à Condom, qui, on l'a dit, est presque en Lot-et-Garonne, certains facétieux ont poussé le vice jusqu'à créer un musée du préservatif. Bref, ça capote ferme au bord de la Baïse !

Mais la Baïse, ondulante rivière pyrénéenne qui couleuvre du plateau de Lannemezan, où elle prend sa source, à la Garonne où elle se jette, à Saint-Léger, n'a cure de ces facéties touristico-drolatiques. Elle vit sa vie de « rivière abondante », selon l'étymologie celtibère, et accueille sur ses flancs bienveillants de joyeuses pénichettes gavées de touristes en goguette. On peut naviguer sur cette espiègle depuis Buzet-sur-Baïse, à deux pas de la Garonne, jusqu'à Valence-sur-Baïse, au cœur de l'Armagnac, qui est à la fois un épatant pays et un alcool formidable dont le Lot-et-Garonne est producteur.

Buzet, le point de départ de ce périple navigateur, est évidemment le pays du vin. Et de la vigne ! Les coteaux qui enchâssent la rivière dans leurs vallons d'oxygène sont striés par des rangs rectilignes de fiers et vieux ceps. Ils donneront l'un des meilleurs vins du Sud-Ouest ! En abandonnant la péniche, on peut, à bicyclette, rejoindre Damazan, bastide moyenâgeuse qui a conservé ses cornières, sa mairie et sa halle. Faire un détour par le village de Buzet et la cave des Vignerons n'est pas obligatoire... mais presque. On y boira tous les vins des viticulteurs du coin, qui savent magnifiquement allier tradition et modernité, protection de la nature et développement durable.

En remontant la Baïse, on croisera des villages qui, de loin, semblent emplis de mystère. Ils le sont. Ces pages le prouvent. Ils ont tant de secrets à offrir qu'il convient de les visiter en prenant son temps.

Commençons par Vianne. Derrière les somptueuses murailles de cette bastide du XIIIe siècle se sont déroulés de mystérieux événements, dont certains historiens cherchent toujours à percer l'insaisissable passé, notamment l'incendie qui ravagea la cité. L'église et le jardin qui l'entoure sont un havre de paix où il fait bon faire une sieste réparatrice. La visite de la verrerie d'art, où des artisans au talent infini tournaient des lustres sublimes, était jadis obligatoire, mais elle a fermé. Dommage. Reprendre la pénichette au bas des tours pour voguer vers Lavardac s'apparente à un bonheur délicat. On sent que les mystères et les nombreux trésors de la guerre de Cent Ans sont là, à portée de regard. Donc d'une solide pioche. Il n'est pas non plus interdit de profiter de la quiétude bucolique de l'endroit pour taquiner goujons et ablettes dont les eaux regorgent.

Le port de Lavardac fut jadis très important. Ses quais étaient encombrés de barriques d'armagnac ou de vin, mais aussi de farine et de blé. De petites maisons, sur la rive gauche, rappellent que les mariniers, pauvres gens qui tiraient le diable par la queue et les lourdes péniches sur le chemin de halage, vivaient très modestement sur leur lieu de travail. À voir : le plus vieux ginkgo biloba de France, à deux pas de la mairie, qui soulève une question : comment est-il arrivé là ?

Deux heures plus tard, Nérac et son château offrent leur splendeur au Vasco de Gama moderne. On passe sous le pont roman avant d'amarrer au port protégé par la ville haute. Une journée ne suffira pas pour visiter tout ce que la ville préférée d'Henri IV propose de richesses. Cheminer à pied sur la promenade de la Garenne, autrefois jardin du bon roi, est un petit bonheur.

On quittera la capitale du melon gascon à regret, mais ce sera pour découvrir la capitale des menteurs : Moncrabeau ! Ici, tous les ans, une singulière académie élit le roi des menteurs[1].

Puis on prendra la direction du Gers voisin pour deux étapes, et de Condom évoquée plus haut, dont il faut visiter la cathédrale, les cloîtres, le formidable musée de l'armagnac et son impressionnant pressoir à vin – le plus grand du monde ! –, on terminera la balade à *La Table des Cordeliers*, au centre-ville, qui est un des meilleurs restaurants de la région, discrètement caché dans une antique chapelle élégamment restaurée. D'un coup de pédale, en route vers Larressingle, épatante cité médiévale que l'on appelle « la petite Carcassonne du Gers ». Y finir paisiblement ses jours est un rêve accessible ! Ne pas rater l'ésotérique rosier vert unique au monde : il est contre l'église.

La dernière étape conduit à Valence-sur-Baïse et à son extraordinaire abbaye de Flaran, au pied de laquelle le bateau peut être amarré. On mange bien à *La Ferme de Flaran* toute proche, et un petit musée des bastides explique tout sur la révolution urbanistique que fut la construction de ces « villes nouvelles » au XIIIᵉ siècle. Le retour, paisible, permettra de s'imprégner de la richesse unique de la Gascogne et, peut-être, de percer l'un des nombreux mystères qui l'habitent.

---

1. *Voir troisième partie, chapitre I, « Les mystérieuses origines de l'Académie des menteurs ».*

Chapitre IX

Les vierges noires

HAUTEFAGE-LA-TOUR, entre Agen et Villeneuve-sur-Lot, possédait autrefois une vierge noire qui réalisait des miracles et
permettait aux femmes stériles d'avoir des enfants. Cette vierge
n'est plus à Hautefage, et nul ne sait pourquoi. Toutefois, le
mystère des vierges noires demeure. Certains affirment que les
vierges noires existaient bien avant l'avènement de la chrétienté.
C'est d'autant plus possible que quelques-unes de ces sculptures,
dont certaines n'étaient noires qu'à cause de la fumée des bougies
que l'on faisait brûler devant elles, sont plus âgées que le Christ
lui-même.

Ces vierges sont nombreuses en France. On en trouve beaucoup
en Provence, en Auvergne, dans le Quercy (à Rocamadour, par
exemple), et elles habitent la mémoire des peuples depuis la nuit
des temps.

Dans des temps reculés, bien avant la naissance du Christ, on
vénérait en Europe de l'Ouest, mais aussi au Proche-Orient, en
Égypte, en Grèce, etc. une « déesse mère » ou « déesse terre » très
basanée. Ce culte, qui correspond à une symbolique universelle,
était très répandu. Cette déesse à l'histoire fort complexe représentait les aléas de la nature (sécheresse, famine, orages...), mais
elle symbolisait aussi et en même temps les moissons abondantes
et les bonnes saisons. C'était enfin une déesse de la fécondité et de
la vie. Bref, une madone omnisciente représentant le bien et le mal,

la création et la destruction, la lumière et l'obscurité, la pluie et le vent.

Ainsi la retrouve-t-on en Égypte sous le nom d'Isis. Elle est noire. En Syrie, elle s'appelle Astarté et elle est à moitié blanche, à moitié noire. En Phénicie (Liban actuel), les Sémites vénéraient une « vierge » – on n'est pas totalement certain qu'elle l'était – appelée « Reine des cieux ». Les Phéniciens, qui étaient d'excellents marins et de formidables marchands, ont fait connaître cette Reine dans tout le bassin méditerranéen. Elle plut. On la retrouva donc en Espagne, en Afrique du Nord, en Gaule, etc.

Plus tard, malgré l'implantation du culte chrétien, les peuples, notamment en Gaule, continuèrent de vénérer leurs déesses d'antan, très présentes désormais dans tous les territoires.

Pour tenter d'imposer le christianisme et de le substituer aux traditions locales, l'Église essaya d'introduire le culte de Marie, concurrent de la déesse mère, lors du concile d'Éphèse en 431. Mais cette introduction d'une Marie mère de Dieu, plus classique, plus immaculée, plus chaste se fit assez lentement. Ce n'est qu'à partir du Moyen Âge que les choses évoluèrent. La vierge noire d'Hautefage était déjà probablement là. L'Église fit tout pour la récupérer, et elle y parvint.

L'arrivée des Capétiens au pouvoir conféra une certaine stabilité au modeste royaume de France. La population augmenta jusqu'au XIIᵉ siècle, les terres cultivées s'agrandirent et obtinrent de meilleurs rendements grâce à quelques avancées technologiques.

Dès lors, la foi chrétienne commença à atteindre son apogée, et l'on assista à la fondation de nombreuses abbayes : Cluny (bénédictins) en 910, Grandmont en 1080, Chartreux en 1084, Cîteaux en 1098, Templiers en 1130, etc. Plus de cent quatre-vingts abbayes bénédictines s'installèrent en France à ces époques.

Au même moment naissaient les principaux pèlerinages faiseurs de miracles : Rome, Saint-Jacques-de-Compostelle et, après la première croisade, Jérusalem.

Saint Bernard, ecclésiastique majeur du Moyen Âge, introduisit le culte marial dans l'Église et lui donna toute son importance. Des vierges apparurent un peu partout, mais elles ne supplantèrent pas le formidable pouvoir des « noires », que l'Église avait toutefois récupérées, s'appropriant totalement ce culte très ancien.

La vierge noire d'Hautefage a peut-être été volée. A-t-elle tenté un collectionneur sans scrupules, comme le magnifique plateau de quête de l'église templière de Pont-du-Casse, disparu lui aussi ? On ne le sait pas. Mais son souvenir perdure. Normal, le noir est alchimique. Puissant. Mystérieux. C'est dans le noir que tout se passe. C'est de ce mystère que les vierges ont tiré leur formidable puissance.

Chapitre X

Une facétie de l'histoire

I L N'EST JAMAIS inutile de bien connaître son département. La preuve : une recherche un peu historique peut aisément se transformer en galéjade. Voici l'histoire véridique du curé Lessence.

Le 26 mai 1792 – en pleine Révolution, donc – naquit à Nérac, capitale de l'Albret, un certain Jean Lessence qui, bien qu'élevé dans une ambiance familiale très républicaine, choisit d'entrer au séminaire d'Agen. Voici donc un garçon né dans une famille modeste, socialisante, anticléricale qui va dans une « école » dirigée par les lazaristes. Les études dureront longtemps, car il ne devient prêtre qu'à l'âge de trente et un ans. Toutefois, il n'exerce pas tout de suite son sacerdoce. Il devient professeur au Petit Séminaire.

Son *curriculum vitae* contient deux autres phrases : il est nommé prêtre de Londres en 1830, et il y meurt en 1878. Ici démarre la grande poursuite. Que diable est allé faire à Londres un petit curé né à Nérac ? Et pourquoi Londres ? Certes, les lazaristes sont des missionnaires, ils ont patrouillé et évangélisé tous les peuples du monde, mais l'Angleterre n'est pas spécialement une terre de mission. C'est cette énigme, ce mystère, devrions-nous dire, qui retient évidemment notre attention. Elle mérite quelques recherches.

D'abord, il convient de savoir dans quelle paroisse londonienne ce bon curé Lessence a été nommé. La capitale anglaise compte un nombre impressionnant d'églises, et les contacter toutes représente un travail de bénédictin, ce que nous ne sommes pas. Cependant, de longues et fastidieuses recherches nous apprennent qu'il s'agit de la paroisse Saint-Pierre ou Saint-Étienne. Cela réduit considérablement le champ d'investigations.

Un appel téléphonique aux services culturels de l'ambassade de France dans la capitale britannique stoppe net notre enquête : à Londres, il n'existe pas d'église ou de paroisse portant ces noms. Pourtant, d'autres documents consultés aux archives départementales de Lot-et-Garonne nous confirment que Jean Lessence a bien été nommé à Londres.

Les mêmes écrits nous apprennent que ce curé, originaire de Nérac et vivant à Londres, s'est présenté aux élections du 23 avril 1848, qui ont porté le « parti de la Rue » (la gauche) au pouvoir. Un curé candidat pour le peuple, voilà qui n'est pas fréquent, même si cela ne donne pas de réponse au mystère londonien. « Pas fréquent » n'est pas juste, puisqu'en Lot-et-Garonne, deux autres curés se sont présentés à ces mêmes élections : l'abbé Gillard, du Passage-d'Agen, et le curé de Vivié à Damazan. Gillard a obtenu huit mille six cent cinquante et une voix, de Vivié deux mille quatre cent dix et Lessence deux mille sept cent soixante-deux. Ce qui prouve que ce n'est pas parce qu'on s'appelle Lessence que ça carbure toujours bien.

Du reste, ça carbure très mal pour Jean Lessence, puisque quelques mois après, le parti de la Rue, qui ne peut pas tenir ses promesses, est renversé, et une nouvelle assemblée porte le « parti de l'Ordre » au pouvoir. C'est ce parti qui votera, le 15 mars 1850, les fameuses lois Falloux qui donnent à l'Église catholique la liberté de l'enseignement secondaire. Elles permettent la création de plein droit d'écoles privées, et dispensent les enseignants de ces écoles de diplômes, à partir du moment où ils appartiennent à un ordre religieux.

Le parti de l'Ordre porte bien son nom. Lors d'élections partielles, les « républicains » gagnent quelques sièges. Ça agace l'Ordre, qui décide que, pour voter, il faut avoir eu une résidence fixe durant au moins trois ans. Ce qui élimine tous les ouvriers saisonniers et ramène le nombre d'électeurs de neuf à trois millions. De l'ordre, on vous dit.

Ce même parti de l'Ordre se souvient soudain que notre curé londonien, socialisant puisque « de la rue », s'est présenté aux élections pour la gauche. Ce qui ne se fait pas dans l'Église catholique, apostolique et romaine. On se doit d'être pour l'ordre, et surtout pas pour la chienlit ouvriériste. Un des éminents collègues de Lessence, le chanoine Durengues, avec une immense charité chrétienne, écrira même que « Lessence s'était laissé piquer par la tarentule démocratique, qu'il avait l'esprit chimérique et qu'il aurait mieux valu pour lui être atteint de la lèpre » ! Aimable et charitable.

Bien que donnant parfois l'absolution à ses ouailles, l'Église ne pardonne pas facilement aux siens, aussi retire-t-elle au petit curé le droit de dire la messe. On l'accuse d'avoir tenu des propos subversifs alors qu'il voulait simplement que le pays devienne démocratique, ce qui n'est pas véritablement séditieux. Lessence doit donc quitter Londres, où il ne pourra plus pratiquer son sacerdoce. Et pour que la punition soit totale, on lui interdit tout séjour en Lot-et-Garonne. Il se réfugiera à Condom, dans le Gers, qui n'est pas très loin de Nérac et de sa famille.

Dès l'année 1852, la propagande officielle développe des arguments en faveur du rétablissement de l'Empire. Pour réussir ce pari, il faut attirer le maximum de monde. On lève donc la punition de Lessence. Il retrouve sa cure et regagne Londres.

Et c'est en poursuivant les recherches sur son voyage de Condom à Londres, en passant par Nérac et Agen, que l'on apprend que Londres est un hameau de la commune de Puymiclan, en Lot-et-Garonne, par conséquent, patelin qui comptait autrefois deux églises, Saint-Pierre et Saint-Étienne. Du temps de l'abbé Lessence, Londres comptait même trois cent cinquante âmes. Aujourd'hui, le village n'existe plus. Les églises, épatantes de rusticité, sont encore debout. Pour combien de temps ?

Chapitre XI

Le forgeron de Moncrabeau
était une sorcière

D ANS SON SUPERBE TEXTE *Françouneto*, Jasmin nous raconte
l'histoire pathétique d'une prétendue sorcière de Roquefort.
Dans notre région, il n'y eut pas que la Françouneto. Bien d'autres
jeteurs de sorts, lanceurs d'aiguillettes et porteurs de maléfices ont
défrayé la chronique et créé quelques frayeurs. En Lot-et-Garonne,
les sorciers étaient nombreux, tout comme les sorcières, que l'on
baptise ici du nom délicieux de « *pousouères* ».

Or, s'il y avait des sorcières à Roquefort, comme nous le raconte
magnifiquement Jasmin, il y en avait également à Mézin et, plus
drolatique, à Moncrabeau, où l'on sait que l'on y dit bien plus de
balivernes que l'on y fait de méchancetés. On trouvait également
beaucoup de « chevaucheuses de balais », selon la formule de
Blondin, dans tout le bassin de la lande garonnaise, entre
Casteljaloux et Gueyze. À côté de Sos, le lieu-dit « *Las Naou
Peyros* » (les neuf pierres), un cromlech en partie détruit, est
depuis fort longtemps réputé pour être un lieu de sabbat. Y rôder
la nuit de la Saint-Jean, disent les habitants de ces bouts de lande,
fait courir le risque d'y périr d'horreur ou d'épuisement. En effet,
les treize sorcières qui se rassemblent là déshabillent les hommes
et les violent à tour de rôle toute la nuit durant, jusqu'à ce que mort
s'ensuive.

Au XVIIIe siècle, un certain Petit-Jean Pérrabère, originaire de
Geaune, dans la région de Tursan, fut chargé de retrouver puis

de dénoncer les sorcières de notre département et des villes cir-convoisines. Ce garçon, âgé de treize ou quatorze ans, bâtard – beaucoup de sorciers ou sorcières étaient des bâtards ! –, avait, dès son plus jeune âge, été initié aux mystères de la sorcellerie. Il avait été porté au sabbat par sa nourrice, elle-même sorcière, alors qu'il n'avait qu'un an. Pourtant, le curé de son village parvint à le convaincre de se convertir. Ce qu'il fit.

Aussitôt après avoir reconnu la suprématie du Christ, voici notre Petit-Jean qui se lança à la poursuite de ses anciens congénères puisque, c'est bien connu, il n'y a pas plus doué qu'un sorcier pour en découvrir un autre. Il fut chargé de prospecter le sud-ouest du département afin de débusquer l'adepte de la poudre de perlim-pinpin.

À Mézin, notre ex-sorcier rencontra deux cents personnes. Il en accusa soixante de porter le signe des sorciers, qui ressemblait à une patte de crapaud.

Quelques jours plus tard, il se rendit à Moncrabeau. Là, après avoir croisé une centaine de Moncrabelais, il accusa sept ou huit personnes, dont une sage-femme et le maréchal-ferrant, d'être des suppôts de Satan.

On ne sait pas si ces pauvres bougres désignés comme sorciers connurent les affres du bûcher ; ce que l'on sait, en revanche, c'est qu'ils connurent l'opprobre et, pour certains, l'exil.

Pour autant, bien qu'elle fût réprimée, la sorcellerie se déve-loppa. Autrement dit, comme pour la prohibition, c'est l'interdic-tion qui créa le besoin. Il faut préciser que les sorciers étaient les seuls à connaître les simples et à soigner divers maux. Le petit peuple faisait donc souvent appel à leur savoir aussi vieux que le temps. C'était eux, sourciers sorciers, qui trouvaient l'eau, savaient où il fallait creuser le puits ; ils levaient aussi le feu, autre-ment dit chassaient la douleur, faisaient disparaître les verrues, remettaient les genoux en place, stoppaient la douleur d'un tour de rein, etc.

Aujourd'hui, les sorciers ne se retrouvent que dans le sport – notamment dans le cyclisme, où des coureurs grimpent le Tourmalet comme si c'était une route des Landes – et dans la finance. Ils ne sont plus à Moncrabeau. Dommage.

Nostradamus.
(Collection particulière.)

Chapitre XII

Nostradamus et ses terribles quatrains

A VEC L'APPROCHE de l'an 2000, le temps des pythonisses, des diseurs de bonne aventure et des prophètes refit surface. Nostradamus, célèbre devin qui vécut en Lot-et-Garonne, fut remis au goût du jour des millénaristes. Dans certains de ses quatrains, il est vrai, il nous promettait bien du malheur. Visite guidée.

Michel de Nostre-Dame est né à Saint-Rémy-de-Provence en 1503. Son père était juif, mais en ces temps d'intolérance, ce n'était guère prisé. La famille, par nécessité, se convertit au catholicisme et, pour bien prouver cette filiation, prit le nom de « Nostre-Dame ».

Enfant très doué, Michel suivit des études chez les Pères d'abord, puis à la faculté de médecine de Montpellier, alors fort réputée. En 1522, il y rencontra Jules-César Scaliger, jeune étudiant comme lui, qui deviendra le savant agenais que l'on sait. L'amitié était si vive entre Michel et Jules-César que le jeune Provençal suivit son aîné à Agen lorsque ses études médicales furent achevées. Il s'installa dans la capitale du pruneau en 1523, où il s'éprit d'une jeune femme qu'il épousa. Elle lui donna deux enfants après qu'ils se furent installés dans une belle demeure du vallon de Vérone, à deux pas d'Agen.

Son épouse et ses enfants moururent à Agen, où ils furent enterrés en un lieu que nul n'a pu identifier à ce jour.

Fâché avec Scaliger, celui qui ne se faisait pas encore appeler Nostradamus quitta alors l'Agenais pour la Provence. Savant, médecin, astrologue, il acquit très vite une grande réputation de prophète, publia des *Centuries* fameuses et devint le conseiller de la reine Catherine de Médicis, ainsi que le médecin du roi Charles IX. Mais les *Centuries* de Michel de Nostre-Dame étaient si alambiquées – l'Église interdisant les devins, il mettait des rébus dans chacune de ses rimes – qu'il était bien difficile de les interpréter, de les traduire, sans risque d'erreur. Ce n'est qu'après coup, lorsque l'événement s'est produit, que l'on peut dire, en faisant coller les quatrains à l'actualité, que le mage l'avait prédit. Il en va ainsi pour ce célèbre quatrain :

« Le lyon jeune, le vieux surmontera/En champ bellique par singulier duelle/Dans cage d'or les yeux lui crèvera/Deux classes une puis mourir mort cruelle. »

Lorsqu'on lisait ces lignes à l'époque où elles furent publiées, nul ne savait à qui elles s'adressaient. Pourtant, lorsque dans un tournoi Montgomery affronta (duel en champ bellique) Henri II, qui portait un casque en or (cage d'or), la lance vint percuter le casque et creva les yeux du roi, qui agonisa deux journées avant de mourir. On en déduisit que Nostradamus avait « vu » le duel et ses conséquences. On le sut après... pas avant !

Mais Nostradamus pouvait parfois être beaucoup plus clair :

« Un empereur naistra près d'Italie/Qui à l'empire sera vendu bien cher/Dont avec quels gens il se rallie/Qu'on trouvera moins prince que boucher. »

D'évidence, il s'agit de Napoléon, né près de l'Italie, en Corse, devenu empereur et qui fit tant de guerres qu'il fut davantage boucher que prince. Encore une fois, il fut possible, après coup, de dire que cette centurie était destinée à Napoléon. Mais avant, qui aurait pu mettre un nom sur ces quatre lignes et dire qu'un empereur dirigerait la France et lui ferait livrer les plus terribles guerres qui soient ? Tel est l'inconvénient des prophéties de Nostradamus : elles sont fort difficiles à interpréter. Certains s'y livrent avec délectation, à leurs risques et périls.... encore que les périls soient plutôt pour les lecteurs qui dépensent leur bel argent en achetant de tels ouvrages.

Petites curiosités

Il n'empêche que certaines centuries fort troublantes concernent notre époque, voire notre région. Il est intéressant de se pencher sur elles, même si elles ne sont pas très optimistes. Emplies de mystères, nous les livrons à votre sagacité. En voici une qui augure bien des suivantes :

« *Tout près d'Aux, de Lestore et Mirande/Grand feu du ciel en trois nuits tombera/Cause adviendra bien stupende et Marmande/ Bien peu après la terre tremblera.* »

S'agit-il d'une chute de météorites autour d'Auch, Lectoure, Mirande ou Marmande qui précéderait un tremblement de terre ? Allez savoir. D'autant qu'aucune date n'est précisée.

Un autre quatrain, qui concerne directement le Lot-et-Garonne, est pour sa part beaucoup plus obscur :

« *Les artomiques par Agen et Lestore/À Saint Félix feront leur parlement/Ceus de Bazas viendront à mal'heure/Saisir Condom et Marsan promptement.* »

Les artomiques peuvent être ceux qui possèdent la bombe atomique. Après s'être saisis d'Agen et de Lectoure, ils siégeront à Saint-Félix (il y en a une dizaine dans le Sud-Ouest, sans compter les lieux-dits), rejoints par une troupe venant de Bazas qui s'emparera de Condom et de Mont-de-Marsan ? Avec Nostradamus, toutes les interprétations sont possibles.

Un autre quatrain, plus redoutable encore, nous annonce un cataclysme céleste qui s'attaque au Sud-Ouest :

« *Condom et Aux et autour de Mirande/Je voy du ciel feu qui les environne/Sol Mars conjoint au Lyon puis Marmande/Foudre, grand gresle, mur tombe dans Garonne.* »

Marmande, Condom, Auch et la Garonne subiraient de grands tourments à une époque où le soleil (Sol) et Mars seront astrologiquement placés au Lion. Mais comme le lion est un signe astrologique peu connu, ce quatrain, une fois encore, ne nous délivre pas de date.

Toulouse, ville voisine d'Agen, n'est pas davantage épargnée par les prophéties de Nostradamus :

« *Pont et moulins en décembre versez/En si haut lieu montera la Garonne/Murs, édifices, Tholose renversez/Qu'on n'en scaura son lieu autant matrone.* »

La Garonne devrait donc déborder en un certain mois de décembre – l'année n'est pas citée –, au point que Toulouse sera renversée. Agen a donc bien fait de construire une digue...

Cet autre quatrain, qui concerne également Agen, est d'une obscurité totale :

« *Bazaz, Lectore, Condon, Ausch, Agine/Esmeus par loix, querelle et monopole/Car bourd, Tholoze bay mettra en ruine/Renouveler voulant leur tauropole.* »

Incompréhensible à moins qu'il ne se rapporte aux combats terribles qui opposèrent les catholiques et les protestants dans le Sud-Ouest, mais rien n'est moins sûr. Quant au mot *tauropole*, il peut signifier « taurobole », et l'on trouve des autels tauroboliques à Lectoure. Mais ça n'éclaircit pas pour autant le mystère.

Dans le même ordre d'idées, il est permis de se demander – mais surtout pas d'affirmer – si c'est grâce à un Gascon que sera désigné le futur pape (grand prélat) :

« *Le grand Prelat un iour après son songe/Interprété au rebours de son sens/De la gascogne luy surviendra un monge/Qui fera élire le grand Prelat de Sens.* »

Nostradamus est beaucoup plus clair quand il annonce un ouragan en Lot-et-Garonne :

« *Dedans l'entrée de Garonne et Bayse/Et la forêt non loin de Damazan/Du marsaves gelées, puis gresle et bise/Dordonnois gelle par erreur de Mezan.* »

Il est vrai qu'il y a quelques années, à Buzet-sur-Baïse (pas très loin de l'endroit où la Baïse se jette en Garonne), à Mézin et à Damazan, et enfin en Dordogne, un formidable orage de grêle a tout ravagé.

Pour terminer sur une note optimiste (?), voici enfin l'annonce d'une grande catastrophe provoquée par un dard du ciel qui ressemble à un rayon laser :

« *Le dard du ciel fera son estendue/Mort en parlant, grande exécution/La pierre en l'arbre la fier gent rendue/Bruit humain monstre purge expiation.* »

Il convient donc soit d'oublier Nostradamus, soit de surveiller le ciel...

Chapitre XIII

Les milieux du monde

U N PETIT VILLAGE de Lot-et-Garonne fut-il considéré par les Celtes comme le centre du monde ? Ce n'est pas impossible. Il est même probable qu'il y en ait eu deux. Deux milieux du monde, omphalos ou nombril de la terre, comme on disait en ces temps reculés. Nous allons tenter d'élucider ce mystère.

Les Celtes appelaient ces lieux des « médiolanons », et les Romains nous chipèrent le mot pour en faire, en latin, leur fameux *mediolanum*. Petite histoire du (des) milieu(x) du monde lot-et-garonnais.

La curieuse fréquence de villages français (ou plus grosses bourgades) portant les noms de Meillant, Meylan, Meilhan, Montmeillant a incité, il y a quelque temps, des chercheurs curieux et amateurs d'insolite à vérifier quels liens pouvaient bien exister entre ces différents lieux qui prolifèrent sur les cartes de l'Antiquité occidentale.

Ils s'attachèrent d'abord à retrouver l'origine étymologique de ces toponymes. Tous ces noms – il en existe plus de cinquante en France, mais également à l'étranger, Milan, par exemple – ont la même racine celte : Médiolanon.

Médiolanon veut dire « milieu du lieu ». Or, les Celtes considéraient que la vie sur terre (et sous terre) formait un tout, et que ce tout – hommes, animaux, végétaux, ondes telluriques souterraines, rivières, etc. – était animé par un centre, sorte de cœur mythologique. Ce cœur constituait l'endroit idéal pour édifier un village, pour dresser un menhir, pour enterrer un être cher. C'est là, en ce lieu bénéfique, favorisé par les ondes telluriques, que la vie des hommes serait le plus à même de s'épanouir.

Partant de ce postulat, Yves Vadé, professeur à l'université de Nantes, a procédé à une étude de ces différents médiolanons. Elle s'est révélée d'une importance considérable pour la compréhension des antiques peuplades celtes. Elle confirme surtout que nos ancêtres les Gaulois – les Celtes, donc – n'étaient d'évidence pas aussi sauvages que d'aucuns le prétendent ou les décrivent.

« Par leur situation précise sur le terrain, les différents médiolanons de la Gaule sont reliés entre eux par des rapports d'équidistance extraordinairement rigoureux. Ils forment un système d'une cohérence absolue », écrit Yves Vadé dans un article publié par *Archéo-civilisation*, édité par l'École pratique des hautes études de la Sorbonne.

Or, il existe deux médiolanons en Lot-et-Garonne. Le premier est à côté de Sos, à la limite des Landes. Il porte le joli nom de « Meylan ». C'est sur le territoire de cette commune que se trouve l'étonnant cromlech (le plus grand d'Aquitaine) de « *Las Naou Peyros* » (les neuf pierres), lieu réputé maléfique car les sorcières s'y livreraient, chaque nuit de pleine lune, à des sabbats orgiaques au cours desquels, après avoir sexuellement épuisé leurs victimes mâles, elles consommeraient leurs parties génitales.

Mais ce cromlech de méchante réputation prouve la présence des Celtes dans la région. Le nom de Meylan le confirme. Ils considéraient même que l'endroit était l'un des centres du monde, c'est-à-dire un endroit idéal, voire édénique, riche en ondes bénéfiques.

Mais il existerait un second médiolanon dans notre bonne terre garonnaise : Meilhan-sur-Garonne, entre Marmande et La Réole. Pour les Celtes, le monde se limitait à une zone circulaire dont le centre était le médiolanon. Nos deux Meylan ou Meilhan étaient, selon eux, les centres, les cœurs telluriques de deux zones où les druides, par leur savoir, avaient décidé ou deviné qu'il faisait bon vivre.

Pourtant, le plus insolite n'est ni dans l'appellation du lieu, ni peut-être dans son choix, mais dans ce qu'a découvert Yves Vadé en établissant une carte des différents médiolanons français et en les reliant par des traits. Il a ainsi abouti à une découverte tout à fait stupéfiante. Chaque fois, trois médiolanons sont équidistants.

Ainsi, il existe exactement la même distance entre Meilhan-sur-Garonne et Meylan (près de Sos) qu'entre ces deux villages et un troisième : Meillan dans les Landes, à l'ouest de Mont-de-Marsan. Et à quelques kilomètres de Lot-et-Garonne.

Plus incroyable encore, ces trois villages composent les pointes (les angles) d'un triangle isocèle parfait.

Les surprises ne sont pas terminées. Il existe en Gironde un autre Meillan. Il est à quatre-vingts kilomètres de Meilhan-sur-Garonne. Or, ce Meillan girondin est lui aussi à quatre-vingts kilomètres de Saintes (en Saintonge) qui s'appelait... « Médiolanon », avant que les chrétiens et Rome ne décident de le sacrifier et de le sanctifier en « Saintes ».

Cela conduit à penser que ceux qui ont patiemment réalisé ces triangles véritablement exceptionnels possédaient tout à la fois des techniques de repérage inimaginables, une volonté de l'organisation de l'espace stupéfiante et des qualités de géomètres que les historiens du celtisme sont loin de soupçonner. Comment pouvaient-ils mesurer avec une telle précision ? Mystère, évidemment.

Ces équidistances entre tous les médiolanons sont telles qu'il est totalement impossible que leurs emplacements soient le fait du hasard. Les vérifications ont été faites avec toute la rigueur que l'on imagine par l'Institut géographique national. L'approximation est de l'ordre du kilomètre.

Cette distance, vraiment minime, est véritablement stupéfiante quand on songe que ces médiolanons ont été choisis puis édifiés sept cents ans avant Jésus-Christ, à l'époque de la Tène. D'autre part, les différents médiolanons forment des triangles dont, chaque fois, deux angles sont exactement de 35 degrés.

Il est donc normal de se demander comment, à une époque aussi reculée, un peuple que l'on disait un rien barbare a pu réaliser un tel exploit technique et le répéter aussi fréquemment sur le territoire qu'il occupait.

Cette énigme est, à notre avis, aussi importante que celle des menhirs et des dolmens : comment ont-ils pu, certains pesant plusieurs dizaines de tonnes, être à la fois taillés, transportés et dressés ? Comment, sur des dizaines de kilomètres, obtenir une telle triangulation au degré près et une telle justesse de distance au kilomètre près (il y a moins d'un pour cent d'erreurs non seulement dans les distances, mais dans les angles) ? Le mystère demeure.

Mais cela nous rend très fiers ; le Lot-et-Garonne possède deux milieux du monde. Deux nombrils, en quelque sorte. Les politiques ne devraient pas tarder à en revendiquer la paternité !

Chapitre XIV

Le ciel peut-il nous tomber sur la tête ?

I L ARRIVE que des pierres tombent du ciel. Ce sont les météorites. Qu'en fait-on quand cela se produit ? Normalement, on les garde pour les étudier. Sauf en Lot-et-Garonne, où il en est trop tombé et où l'on n'en a gardé aucune. Aucune explication n'est donnée à cette étrangeté, pas plus qu'à la présence d'une soucoupe volante dans le ciel du département.

Comme son nom l'indique, Lachapelle qui, jadis, s'écrivait en deux mots (La Chapelle), tient son origine d'un antique lieu de culte édifié ici par les Templiers, sur une propriété qui leur fut donnée par un petit féodal local. L'église paroissiale actuelle n'est du reste plus une chapelle. Elle fut reconstruite en 1873 sur l'emplacement de l'ancien lieu de culte détruit par un incendie en 1867. Une légende tenace assure – elle est naturellement invérifiable ! – qu'une sorcière arriva une nuit dans le village, assise à califourchon sur son balai, et qu'elle mit le feu à l'édifice.

Il ne faut pas systématiquement rejeter les légendes, d'autant que, même si elles sont brodées de fils d'or un peu trop beaux pour être vrais, elles sont souvent tissées dans une trame d'authenticité. Ainsi, dans l'Ancien Testament, Ézéchiel nous relate une scène très étonnante. Il parle d'un homme aux longs cheveux et à la robe d'airain (alliage de cuivre et d'étain) « qui chevauche un bâton de feu ». Lequel bâton peut très bien être une météorite.

Il ne faut en outre pas faire un gros effort pour dessiner un bâton et des flammes à l'une de ses extrémités. Un balai, un vulgaire balai de brande ressemble étrangement à un «bâton de feu». C'est en effet la brande qui reproduit – un peu! – la sortie enflammée et fumante d'un réacteur et les fait ressembler à des projections lumineuses. Ces balais des sorcières seraient-ils des sortes de mobylettes du ciel? En rejeter l'idée serait courir un grand risque.

Ne refusons donc pas *a priori* cette possibilité – tout aussi réaliste que celle de Pauwels et Bergier, qui assuraient que les mosquées, avec leurs longs minarets pointus, s'apparentent à des fusées –, et partons du postulat qu'elle n'est pas absurde.

On pourrait donc imaginer qu'en l'an 1867, un engin extraterrestre ressemblant à un balai ait mis le feu à l'antique chapelle de Lachapelle. Ce qui confirmerait la légende de la sorcière et du balai! On pourrait tout autant imaginer que cent quatre ans plus tard, le 19 novembre 1971, vers 21 heures, toujours sur le territoire de la commune de Lachapelle, une soucoupe volante est apparue dans le ciel nuitamment. Du reste, cette apparition est considérée, par les spécialistes et par l'armée, comme une des apparitions les plus sérieuses de l'histoire de l'ufologie. En outre, l'étrange aventure de cette soucoupe volante a fait l'objet d'une enquête très minutieuse de la part de la gendarmerie et du CNES.

À l'époque, un journaliste célèbre s'intéressait beaucoup aux histoires d'ovni. Il s'agit de Jean-Claude Bourret. Il fit lui aussi une enquête approfondie sur cette apparition lot-et-garonnaise et la raconta dans un ouvrage intitulé *Témoignages OVNI*.

Ce 19 novembre 1971, Jean Cellot, agriculteur sur la commune de Lachapelle, décide de poursuivre le labourage de ses champs car, selon son expression, «il était en retard et il fallait terminer une pièce de quatre hectares». Après le souper, qui en ce terroir désigne le repas du soir, il quitte son épouse, saute sur son tracteur et va vers son champ passer sa charrue. La pièce à labourer est en pente. Elle est limitée dans sa partie haute par une petite route goudronnée, en bas par un buisson – une sorte de haie – qui borde un petit ruisseau et, de chaque côté, par deux haies entretenues, taillées, comme cela se pratiquait à l'époque.

Petites curiosités

Vers 1 heure du matin, Jean Cellot a pratiquement achevé son travail. Il lui reste un ou deux sillons à retourner. Ça ne va pas durer longtemps : la terre fraîche et franche se laisse entailler par le soc avec une facilité charnue. Du haut de son champ, il entreprend le labourage de l'avant-dernier sillon et, comme aurait aimé le dire M. de La Palice, qui adorait les pléonasmes, il descend donc vers le bas.

Soudain, au fond de sa pièce, derrière les buissons qui bordent le ruisseau, il voit une lumière. Il songe que son voisin profite comme lui de la complaisance de la météorologie pour finir ses labours. Ça l'étonne un peu car, au cours de cette nuit de travail, c'est la première fois qu'il le remarque, mais, à la réflexion, ça le rassure : le voisin peut très bien avoir entamé une autre parcelle et venir finir sa nuit sur celle-ci. C'est vrai que ça fait du bien d'imaginer que l'on n'est pas le seul à trimer une bonne partie de la nuit.

Arrivé au bas du champ, l'agriculteur fait demi-tour pour tracer dans la terre fraîche l'ultime sillon qui le ramènera vers la route et, enfin, vers sa maison. C'est à cet instant précis que ce qu'il prenait pour les phares du tracteur de son voisin, cette lumière qu'il croyait être complice de la sienne, s'élève soudain dans le ciel à une vitesse prodigieuse et se stabilise dans l'air froid de cette nuit de novembre.

« Bah, songe Jean Cellot, c'est encore une expérience des militaires qui essaient un ballon-sonde comme on en voit à la télévision, ou bien un hélicoptère qui fait quelque manœuvre. » Et il remonte son sillon, tranquillement. Mais la quiétude ne durera pas longtemps. La lumière, qui s'est stabilisée en hauteur et assez loin derrière lui, fonce sur l'agriculteur et se fixe à la verticale de son tracteur. « On se serait cru en plein jour, expliqua Jean Cellot. En plein jour et sous un soleil incroyable ! »

Une dizaine de hublots ronds arrosent d'une lueur d'or le tracteur de l'agriculteur, comme si l'engin suspendu dans les airs voulait l'observer, voire l'enlever. La peur le saisit. Il saute de son engin, perd sa casquette dans sa précipitation et fonce se réfugier vers la maison la plus proche : celle de son frère. Il n'a pas le temps d'y arriver. Le rayon formidable qui éclaire son tracteur, comme le ferait un projecteur pour un artiste sur une scène, reste constant un bref instant, puis s'élève et s'en va. Le plus curieux, c'est que cet étrange objet part extrêmement lentement. Sans bruit, sans dégager aucune odeur ni le moindre gaz d'échappement, mais en éclairant toujours le tracteur.

L'engin céleste, dira Jean, avait la forme de deux sous-tasses superposées. La partie qui regardait le sol était percée de plusieurs trous d'où sortait la lumière.

À demi rassuré – qui n'aurait pas eu carrément la trouille ? –, Jean Cellot revient vers son tracteur, coupe le contact, qu'il n'avait pas eu le temps d'interrompre dans sa fuite, éteint les phares et, soudain, s'aperçoit que l'engin, à une vitesse incroyable, s'est enfoncé dans les profondeurs du ciel. En moins d'une seconde, il n'y a plus rien.

Ce soir-là, Jean Cellot n'était pas le seul à voir la soucoupe. Deux autres agriculteurs de la région ont aperçu l'engin se diriger vers le champ de Jean et survoler son tracteur. La gendarmerie a enquêté, interrogé le voisinage, fait parler beaucoup de témoins. Le CNES aussi. Sans résultat, évidemment. On a vu ce qu'on a vu, mais à part ça, que peut-on en dire ? Nous croit-on, même ? Donc rien ne sort de cette affaire dans les médias de l'époque. Étrange mutisme demandé par la gendarmerie, qui a reçu l'ordre de faire taire.

Il n'y eut donc aucun résultat connu à cette affaire.

S'agissait-il d'une vraie soucoupe volante ? De ce qu'il est convenu d'appeler un ovni ? Mystère.

S'agissait-il d'un engin identique à celui qui, en 1867, avait mis le feu à la chapelle de Lachapelle ? Quasiment au même endroit. En tout cas à quelques encablures. Affirmer le contraire serait prendre un risque. Nous ne le prendrons pas. D'autant que l'on apprendra par les gazettes que le 8 janvier 1981, à peu de chose près dix ans plus tard, à Trans-en-Provence, une sphère aplatie de deux mètres cinquante de rayon s'est posée silencieusement sur le gazon du jardin d'un retraité d'origine italienne. L'appareil n'a pas bougé et est reparti après avoir stationné moins d'une minute. Il a émis un très léger sifflement. Le témoin a averti les gendarmes, qui ont prévenu le SNES et le GEPAN (Groupe d'études et d'informations sur les phénomènes aérospatiaux non identifiés), organisme officiel qui étudie le phénomène des ovnis en France. Sur le sol, on constatera une empreinte circulaire striée. Comme si l'engin avait brouté l'herbe. Le laboratoire de l'INRA qui analysera l'herbe brûlée décrira « un inexplicable vieillissement biochimique interne de ces plantes ». Vieillissement que nul matériel connu de l'homme ne peut réaliser. Mais l'affaire a été oubliée très rapidement.

Quand les choses nous échappent, feignons de les organiser ou... oublions-les.

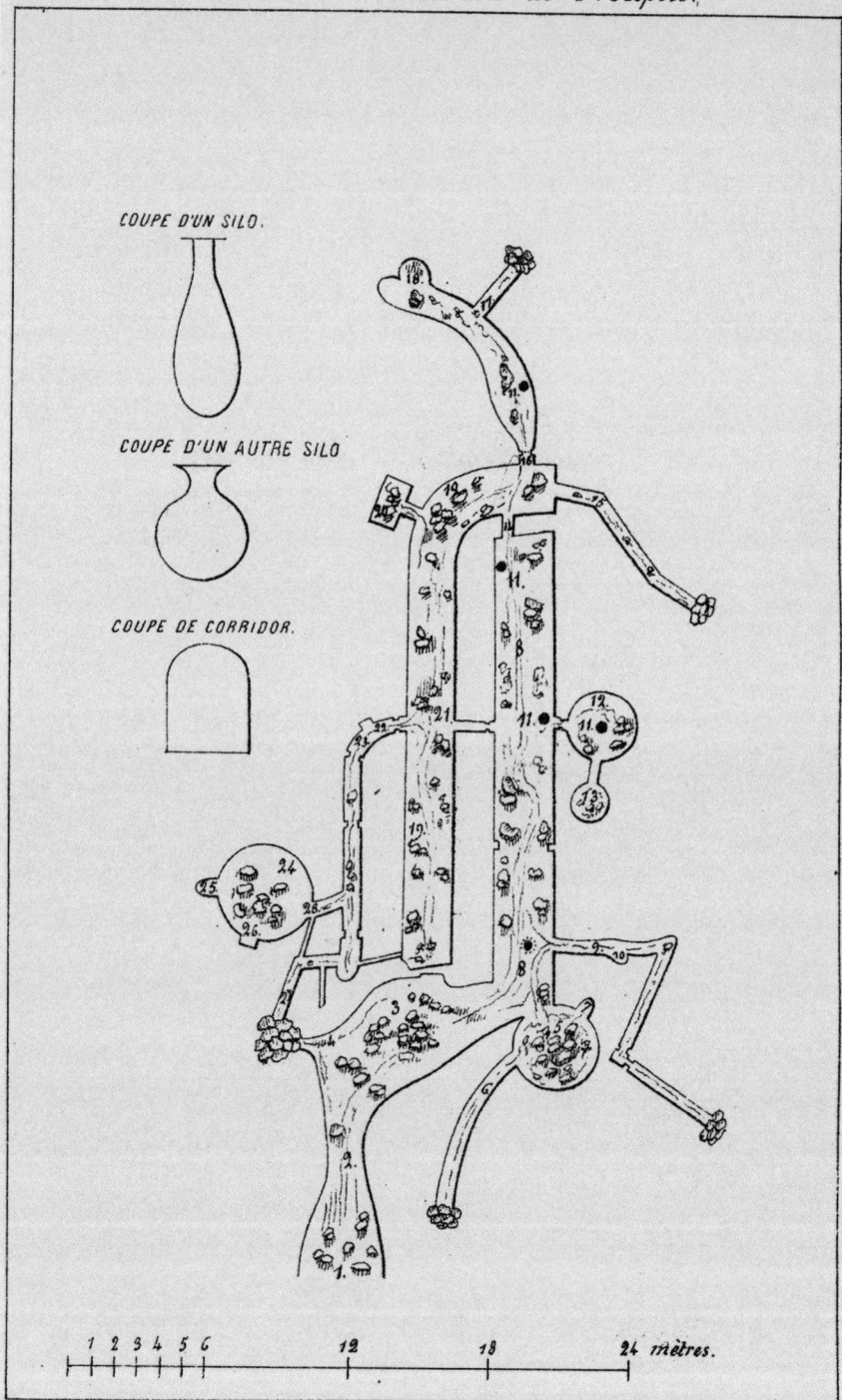

COUPE D'UN SILO.

COUPE D'UN AUTRE SILO

COUPE DE CORRIDOR.

1 2 3 4 5 6   12   18   24 mètres.

Où se trouve le mystérieux souterrain ?
(Collection particulière.)

Chapitre XV

Les mystères de Pont-du-Casse

L A COMMUNE de Pont-du-Casse, qui signifie «pont du chêne», héberge plusieurs mystères. Son nom, d'abord, puisqu'elle n'héberge pas de pont; son passé, ensuite, et son patrimoine, enfin. C'est donc à une petite balade bucolique que nous vous convions dans cette cité florissante des portes d'Agen.

Cro-Magnon et son cousin sont-ils venus à Pont-du-Casse? La réponse est oui. Tout le long de la vallée de la Masse, aimable ru qui se jette dans la Garonne à Agen et qui, parfois, devient furie lors des inondations, il existait cinq moulins encore visibles, dont certains datent du Moyen Âge: Montanou, d'Estrade, Malère (ou Moulin-Neuf), Béoulaygues et Labat (ou Préceptis). Ils ont fonctionné jusque dans les années 1960. Ils permirent à un grand nombre de Cassipontins et d'habitants des environs de ne pas souffrir des restrictions durant la guerre 1939-1945: on y trouvait de la farine!

Mais bien avant les moulins, il y avait les hommes préhistoriques cousins de Cro-Magnon, et l'on peut découvrir, dans les falaises boisées bordant la Masse, un grand nombre de grottes qui furent habitées aux temps les plus reculés. Des fouilles archéologiques ont même permis de trouver des haches polies, des pointes de flèches et d'autres outils en pierre qu'utilisaient les habitants de ces refuges à l'âge de la pierre. On découvrit ces objets à Cruzel, Mérals, Borie, etc. Ces outils magnifiques sont aujourd'hui au musée de Nérac. Les grottes – une douzaine entre Bajamont et Pont-du-Casse – sur les coteaux des deux rives nécessitent quelque talent d'alpiniste pour les découvrir ; la plus belle, retravaillée à l'époque des guerres de Religion, permit aux catholiques de pratiquer leur culte en toute discrétion et sans être dérangés par les protestants, très présents dans la région. Elle se trouve juste en face de l'église templière Sainte-Foy. Quand on tourne le dos à l'église du Temple, elle est là, invisible, creusée dans la falaise. Elle n'est pas aisée d'accès, mais ensuite, quel bonheur ! Elle fut transformée en chapelle avec un autel, et c'est un vrai bijou. Un véritable lieu patrimonial. Exceptionnel car inconnu.

Il est probable qu'une cavité naturelle ait facilité le creusement de cette élégante chapelle troglodyte. Contre une paroi interne de cette cavité, un autel a même été sculpté. Il devait être décoré de divers signes (croix discoïdale ou chrisme) dont il ne reste aujourd'hui pas grand-chose. La curiosité de cette église de roc, outre qu'il y en a peu dans le département, réside dans son appellation, « chapelle cathare ». Il faut se méfier des appellations locales. À Nérac, par exemple, sur la route de Mézin, un pont est appelé « Pont romain », et parfois « pont Jules-César ». Il n'est que « roman », ce qui n'est déjà pas si mal ; Jules César ne le vit donc jamais.

Pourtant, parfois, les traditions orales ont du vrai. S'il est difficile d'admettre que les cathares ont eu une chapelle pour y dire « la messe », comme on l'entend dans la chrétienté, il n'est pour autant pas du tout impossible qu'ils aient utilisé cette grotte. Les « bons chrétiens », comme ils se nommaient eux-mêmes, ne respectaient ni la Croix ni le Christ, et n'avaient pas de lieu particulier pour prier et honorer Dieu. C'est, du reste, parce qu'ils pratiquaient un rite rejeté par l'Église de Rome qu'ils durent fuir et parfois se cacher. Il est admis par tous les spécialistes, de René Nelli à Anne Brenon, que si les cathares se cachaient, ce n'était jamais pour pratiquer clandestinement un rite quelconque dans des grottes ou des souterrains, mais pour fuir les inquisiteurs.

Avant de savoir si des cathares utilisèrent cette grotte, il faut répondre à une première question : y a-t-il eu des hérétiques en Agenais ? La réponse est oui, même si le catharisme ne fut jamais, à tort ou à raison, utilisé ici touristiquement, comme on le fait ailleurs ! Il y eut donc des cathares entre Garonne et Lot. En 1018, l'Église catholique apostolique et romaine dénonçait déjà la présence de manichéens en « Agenois ». Ils y étaient même depuis un certain temps, une vingtaine d'années probablement. Ensuite, les minutes de l'Inquisition disent que lors du « concile » de Saint-Félix-de-Caraman, le « pape » cathare Niquinta consacra l'Agenais en évêché en 1167. Du reste, la région agenaise fut la seule en Aquitaine à être un « évêché cathare ». C'est donc que la présence cathare y était conséquente et s'était, en tout cas, développée depuis 1015.

Pourtant, dans les années 1150, on ne parle pas de cathare – mot plus tardif, dû à un Allemand – mais d'« hérétiques agenais ». On les présente même comme étant les premiers à avoir adopté le manichéisme schismatique. Et il y eut, plus tard, un évêque cathare originaire de l'Agenais : Vigoureux de Bacone.

Si cette présence cathare ne fait plus question, l'utilisation par ces hérétiques d'une grotte dans la vallée de la Masse en soulève quelques-unes. On sait que la répression fut terrible, singulièrement en Agenais, où de nombreux bûchers – Penne, Gavaudun, Pujols, Agen, Marmande, Tonneins, etc. – furent allumés. Or, dès que l'homme est pourchassé, il cherche à se cacher. Ce fut le cas pour l'homme préhistorique qui occupa des abris sous roche – et peut-être même celui qui fait l'objet de ce sujet – pour se protéger tout autant des agressions du ciel que de celles des animaux, voire des tribus ennemies ; ce fut encore le cas plus de quinze mille ans plus tard, pour les résistants à l'occupant allemand. Il est donc assez logique que les pauvres bougres qui voulaient échapper à la soldatesque de Simon de Montfort aient utilisé les mêmes caches, souvent inaccessibles et seulement connues de quelques personnes du coin. Les croisés le savaient. Ils payaient même, affirme René Nelli, des spécialistes pour poursuivre « les fugitifs dans les bois et les cavernes à l'aide de chiens dressés à ce genre de chasse ».

Plus tard, durant l'Inquisition, on tenta de détruire ces grottes au prétexte qu'elles auraient « abrité le diable ». Il en est de même pour toute maison ou château ayant reçu des cathares : ils furent démolis et incendiés. Il fallait nettoyer le mal par le feu !

La grotte du Pont-du-Casse est-elle cathare ?
(Droits réservés.)

Ainsi donc, compte tenu du grand nombre d'hérétiques en Agenais, compte tenu également de l'intransigeance de la répression, il est fort probable que des cathares se soient cachés dans la grotte dite « des cathares ». Le contraire serait même surprenant. Dans celle-là et dans les sept autres qui, sur les deux rives, bordent la vallée de la Masse. Pourtant, curieusement, l'archéologie ne peut rien nous apprendre à propos des cathares dans ces grottes : leurs maisons brûlées et détruites servaient, sur ordre de l'Église, de dépôt à ordures ; les grottes, quand elles étaient découvertes, subissaient également les ravages des croisés vengeurs. Toute trace fut donc effacée. Et comme ils n'ont laissé, puisqu'ils les rejetaient, aucun outil de rite fait de la main de l'homme, il ne reste pas grand-chose de leur mode de vie religieux.

Quoi qu'il en soit, le mystère de la grotte – chapelle cathare – demeure. On peut légitimement supposer qu'ils s'y sont cachés, comme d'autres fugitifs à la même époque ou ultérieurement ; il est même possible qu'ils y aient évoqué leur rituel et baptisé

292

(*consolamentum*), mais ils n'y ont pas célébré de culte dans l'acception qu'accorde à ce mot l'Église de Rome. L'autel qui orne donc cette chapelle peut avoir une origine plus tardive. Il aurait pu être sculpté lors des guerres de Religion, qui firent bien des ravages en Agenais, et où l'on devait parfois se cacher pour prier. Mais rien non plus ne le prouve. Le mystère reste donc entier.

Les autres grottes sont situées sur des propriétés privées, face à la grotte chapelle, et il faut, quand on se promène pour les trouver, toujours demander l'autorisation aux propriétaires avant de pénétrer dans leurs domaines.

Donc, il y eut des hommes préhistoriques sur le territoire de Pont-du-Casse. Plus tard, il y eut évidemment des peuplades locales, les Nitiobriges, dont on retrouve peu de traces. En revanche, les Romains puis les Gallo-Romains ont laissé des empreintes impressionnantes. On trouva, il y a une centaine d'années, des mosaïques superbes à proximité du moulin de Montanou. Malheureusement, un chef cantonnier mal inspiré les fit détruire et s'en servit comme ballast pour réparer la route voisine. Entre l'époque gallo-romaine et l'an mil, il y a peu de vestiges, mais bien vite les Templiers s'emparèrent de la région – en même temps que les Cathares, très présents dans le secteur –, et firent construire un château à Mérens, puis une chapelle, et une autre église à Sainte-Foy, qui porte le nom de Sainte-Foy-de-Jérusalem, mais jadis on parlait simplement de l'église du Temple. Petite curiosité : son abside est plus large que sa nef. Cette adorable église romane, qui mérite largement le détour et autour de laquelle sont ensevelis les résidents sans famille de l'hôpital psychiatrique voisin, a abrité la prière des Templiers. Ils se sont recueillis ici avant de partir vers la Terre sainte ou à leur retour. Elle est unique dans la région. Elle possédait autrefois un plateau de quête d'une très grande valeur : il était incrusté de médaillons de plusieurs commanderies templières ; il fut volé en 1922 et jamais retrouvé. Où est-il ? Mystère. Autre curiosité : des modillons à sculptures grossières supportent la corniche. L'un d'eux affiche sur chacun de ses côtés deux papillotes superposées ;

les spécialistes pensent que c'est un message – mais lequel? – laissé par les Templiers. Nouveau mystère.

Au Moyen Âge, la France et l'Angleterre se faisaient la guerre – elle dura, dit-on, cent ans –, et les soldats se livraient à des razzias sans pitié dans les fermes. Il existe donc beaucoup de châteaux, remaniés ou détruits plus tard, qui datent de cette époque. Mais ils sont privés. C'est pour cause de razzia et de guerre incessante qu'au lieu-dit « Préceptis » de riches agriculteurs du Moyen Âge firent creuser un immense refuge souterrain de sept grandes pièces, dans lequel on pouvait faire entrer bétail, famille et réserves alimentaires permettant de tenir plusieurs jours. Boudon de Saint-Amans, qui fut le premier président du conseil général de Lot-et-Garonne, a visité ce souterrain refuge de Préceptis en 1822. Il le présente comme unique dans la région. Mais sa trace s'est perdue, et nul ne sait où il se trouve. C'est un excellent projet de promenade dominicale : retrouver ce souterrain refuge et le visiter ; il renferme probablement quelques pièces archéologiques de grande valeur.

Il y a enfin Darel, qui fut un haut lieu historique, longtemps tenu par les jésuites et qui est aujourd'hui un centre d'équitation et la réserve merveilleuse de la tulipe agenaise, unique au monde. Pourquoi est-elle ici et nulle part ailleurs? Nouveau mystère. Une promenade à Darel, où Napoléon Ier vint se reposer une journée et où Bertrand de Got (qui deviendra Clément V) fit une partie de ses humanités, est un pur moment de plaisir.

L'église de Mérens, elle aussi possession templière, abrite quelques mystères. Ce qui prouve donc que Pont-du-Casse, installé entre la Masse et la Laurendanne, fut édifié à côté d'un chêne probablement initiatique, adoré par les Celtes d'ici. Bref, c'était déjà un refuge pour les druides et un lieu de culte.

Chapitre XVI

L'armagnac

Eₙ LOT-ET-GARONNE, l'armagnac n'est produit qu'en Albret. Sa zone est la Ténarèze, du nom d'une voie antique que certains attribuent aux Romains, mais qui existait bien avant eux. Il fallut se mettre à trois pour inventer ce nectar : les Celtes apportèrent aux peuples du Sud le tonneau dans lequel vieillit l'armagnac, les Romains implantèrent la vigne chez les peuples occitans, et les Arabes, enfin, fournirent l'« al-ambic », qui transforme la moindre piquette en alcool divin.

Autre curiosité : l'armagnac est le seul alcool qui ne soit pas né dans un port comme le rhum, le cognac, etc. Ce sont les pèlerins de Saint-Jacques, traversant la Gascogne, qui firent la réclame du nectar sudiste et non les marins. En descendant vers Saint-Jacques, le fruit du feu soignait l'âme défaillante et les plaies sanguinolentes et, en remontant, il garnissait les besaces. De retour chez eux, les *peregrinos* vantaient le nectar. Il fit ainsi le tour de l'Europe.

S'il est le seul à ne pas être portuaire, l'armagnac est également le seul à posséder un millésime depuis des siècles. On peut donc acheter un armagnac ayant notre date de naissance. Ce qui est moins vrai pour d'autres alcools de plus grande réputation.

CINQUIÈME PARTIE

Contes et légendes

Chapitre I

Le bécut

L ES SOIRS de grande froidure, à la veillée, quand tout le monde est rassemblé au coin de la cheminée et qu'au-dehors le vent glacial et violent déchire les âmes des morts qui hurlent à n'en plus finir, il faut, pour paraître fort et faire peur aux petites filles et aux femmes, raconter l'histoire terrible du bécut qui hante la lande. Nuit d'effrayeur assurée.

Le bécut est un géant mythique, cyclope et anthropophage de la Gascogne et des Pyrénées. Il circule nuitamment dans les vallons heureux de Lot-et-Garonne et dans la sombre et noire et parfois maléfique forêt de la Lande.

L'origine du mot «bécut» est controversée. Ce qui en fait son charme. Le vocable pourrait désigner, en gascon de cuisine, «ceux qui ont vécu», signifiant par là qu'il s'agit d'une population qui a disparu avec les temps nouveaux du christianisme. Des survivants de par-delà la mort qui voudraient peut-être se venger d'avoir été oubliés. L'hypothèse la plus courante est que le mot signifierait simplement «pourvu d'un bec». Une autre version propose l'expression gasconne «*cese bequin ou cese becut*», qui désigne le pois chiche que l'on récoltait jadis à Béquin, en Lot-et-Garonne. D'autres, dictionnaire des «patois» en main, trouvent au mot bécut-bécude (car il y a un féminin) le sens de lippu (ou lippue), qui a la bouche déformée par le gonflement d'une des lèvres. Nous ne sommes pas loin du bec, qui pourrait être de lièvre. Et comme il a la bouche contournée, il vit seul, fuyant toute société. Il en est donc très aigri, et cette aigreur devient méchanceté.

Ainsi, tel un ogre, un personnage imaginaire des fables, laid et difforme, le bécut court la lande, tire les jupes des femmes, glisse sa main velue et évidemment crochue entre leurs cuisses et se livre à toutes sortes de supplices que nul n'a pu décrire, puisque les pauvres malheureuses qui ont eu à subir les attouchements du bécut sont mortes de frayeur. Bref, le bécut est un démon, un diable des taillis de la plus terrible espèce.

On raconte ainsi que la fille d'un sabotier de Casteljaloux, qui était allée livrer des galoches à un bucheron de lande, s'était attardée sur le chemin du retour pour cueillir des jonquilles. La nuit la surprit alors qu'elle était encore à une lieue de l'atelier de son père. Elle hâta donc le pas pour ne pas se laisser prendre par les brumes qui se glissent entre les troncs noirs des pins et peuvent s'emparer des humains pour les manger. Soudain, au lieu-dit du « chêne *courcougnut* » (bossu), le bécut jaillit d'un fourré, se jeta sur elle, la déshabilla promptement de deux coups de griffes et de trois coups de dents, la violenta puis la mangea. De fait, elle ne revint jamais chez elle, et ce n'est que le lendemain, après de vaines recherches, que les habitants de Casteljaloux découvrirent des os et des vêtements en lambeaux qui lui appartenaient.

Depuis, le chêne *courcougnut* est devenu maudit et plus personne ne s'en approche. C'est d'autant plus dommage qu'au bas de son tronc, sous ses larges branches, poussent les plus beaux cèpes de la région. Il y a donc fort à parier que ceux qui racontent cette terrible histoire cherchent simplement à éloigner les champignonneurs de ce bel endroit prolifique.

Becudis ou *becumi*, le nom et l'adjectif, désignent l'état du bécut, sa sauvagerie et le manque de savoir-vivre qui le caractérisent. En catalan, le bécut est le courlis, un oiseau à long bec qui se nourrit de vers de terre, d'escargots ou de limaces. C'est donc un limicole.

Bladé, qui fut le plus grand conteur gascon, disait que jadis – puisqu'il n'y en a plus aujourd'hui –, les bécuts « étaient des hommes de haute stature, de race forte, rudes, se présentant la tête couverte d'un heaume de fer qui ne laissait respirer que par une ouverture grillée figurant un grand œil au milieu du visage ; cet œil flamboyant, joint aux instincts grossiers de ces hommes du Nord, terrifia nos douces populations, qui en firent un objet de crainte ».

Pourtant, aucun conte ne mentionne la présence de ce bec mortifère. Et surtout, un bisou sur le bout des lèvres se nomme « bécot ». Le mieux est donc d'en rester là.

Chapitre II

Le sabbat de la Lagüe

L A LANDE GARONNAISE est riche en sabbats. *Las Naou Peyros*, du côté de Sos, mais aussi les berges du lac de la Lagüe, entre Barbaste et Casteljaloux, clos maudit réputé sans fond qui avalait les jeunes bergères promenant leurs troupeaux dans le secteur et ne rendait jamais leur corps.

En 1594, la femme Capère, sorcière de la Ténarèze, fut condamnée par le parlement de Bordeaux et brûlée vive. La malheureuse avait prétendument fait confession, ce qui permit à un curé inquisiteur de tout apprendre. C'est du moins ce qu'il raconta. «La nuit de la Saint-Jean d'été, les sorcières arrivaient à la Lagüe de partout», confia la Capère. De la lande, évidemment, mais aussi de l'Auvergne, du Limousin, des Pyrénées, du Gévaudan, du Gers noir, voire du Languedoc, où les bûchers des cathares ronronnaient encore.

Car il leur suffisait d'enfourcher leur balai de bouleau pour être rendues en un clin d'œil dans les vents de la nuit qui les portaient jusqu'à la Lagüe.

Le maître de ces sorciers et sorcières, qui forniquaient honteusement cette nuit-là, c'était évidemment Satan. Il avait la figure d'un bouc, les sabots d'une chèvre et un sexe énorme. Il recevait les « sabbateurs » au cœur fumant d'un rond tracé sur le sable au bord du lagon. Chacun venait allumer sa chandelle à la chandelle noire qu'il portait sur les cornes et, dévotement, lui baiser les fesses. Ce qui n'est pas d'un goût exquis.

303

Pour commencer le sabbat, le diable disait la messe à sa façon, avec une tranche de rave en guise d'hostie. Puis il distribuait les métiers de sorcellerie pour la nouvelle année qui, chez les sorcières, commence le jour de la Saint-Jean, comme chacun le sait. Ou devrait le savoir. Faisant largesse de charmes contre le feu, les loups, les bêtes sauvages, les serpents siffleurs et les dracs soufflaient sur ses suppôts pour leur donner le pouvoir de prédire l'avenir et de jeter des maléfices.

Pour punir la dame Capère de s'être livrée à toutes ces ignominies, l'Église la condamna à être brûlée vive. On dressa donc un immense bûcher à Lausseignan, village proche de la Lagüe, on la ficela dans un fagot et on la jeta sur le feu. Par un prodige incroyable, elle s'en arracha, s'empara du curé, le déshabilla et le prit par la main pour l'attirer dans les flammes. L'homme d'Église hurla, en appela à Dieu mais fut consumé comme s'il était en paille, tandis que la femme Capère s'envolait en riant et en maudissant tout le pays.

Les nuits de pleine lune et de grand brouillard, elle erre sur les berges de la Lagüe en riant comme une folle et en tenant en laisse un curé qui lui demande pardon.

Selon la tradition populaire, pendant cette procession honteuse, à cet endroit de la lande qu'on appelle le « lac sans fond », apparaîtrait tous les ans, au moment de Noël, une énorme poule noire à trois queues. Elle pond trois œufs noirs puis disparaît dans les flammes. Les sorciers sortent d'on ne sait où, se précipitent, brisent les œufs, en font une omelette qu'ils mangent et qui est, en fait, le résumé des ordres de Satan pour l'année à venir.

Le soir de la Saint-Jean, au moment où le crépuscule du soir rejoint presque celui du matin, la foule noire des sorciers grouille longtemps dans le gris blafard des brumes de la Lagüe. Assis sur l'herbe rase, ces maudits font un repas de pain, d'omelette, de vin et de fromage. Leurs provisions sont mises en commun pour signifier qu'ils sont tous frères et sœurs. Jusqu'à l'heure où l'air s'emplit de lumière, leurs cérémonies se poursuivent par des débordements, des horreurs, des lubricités qu'il ne faut en aucune manière raconter car elles sont horribles.

Contes et légendes

Ces choses sont vieilles, croit-on, mais en réalité, elles se répètent encore.

N'y allez jamais la nuit de la Saint-Jean d'été. Vous risqueriez de croiser la femme Capère, et elle est maudite...

Le mystérieux lac sans fond.
(Photographie des auteurs.)

Chapitre III

Le lac sans fond

ON A LONGTEMPS voulu croire que George Sand avait écrit *La Mare au diable* en souvenir du lac de la Lagüe, situé entre Lavardac et Casteljaloux, à deux pas de Guillery, où elle résida longtemps. C'est évidemment le Berry qui inspira ce beau roman et malheureusement pas la Gascogne. Il n'empêche que cette mare, certes un peu grande, est localement réputée « aspireuse d'hommes et diabolique ». Quand les enfants s'y baignaient, il y a une cinquantaine d'années, les recommandations étaient toujours les mêmes : « Ne t'approche pas du milieu, sinon le diable va t'aspirer et on ne te reverra plus jamais. » Une légende prétendait en effet que la Lagüe était alimentée par un trou mystérieux qui faisait bouillonner et palpiter son centre. Ce trou subaquatique était, bien entendu, lui-même commandé par le diable, qui inversait l'alimentation dès lors qu'un nageur arrivait au milieu du lac. Aujourd'hui encore, certains assurent que ces « clos de la lande » sont alimentés par des puissances mystérieuses.

Les légendes ont de la vitalité, surtout si elles s'appuient sur quelque vérité. Ici, c'est un jeune berger faisant boire son troupeau qui se noya dans la lagune au XVIIIe siècle. Il ne savait pas nager, mais comme il fallait trouver une raison plus valable, plus logique, on accusa le diable et le lac maudit. Ailleurs, du côté de Sos, c'est un bûcheron en nage qui voulut se rafraîchir et qui mourut d'hydrocution. Vers Houeillès, c'est une brebis qui disparut dans l'eau, noyée, aspirée disent les *mamées* à la veillée. Depuis les temps les plus reculés, il y eut des noyades dans ces «étangs à brume», comme les appelait le conteur Paul Rouncats.

Il est vrai que ces lacs couverts de brume sombre durant les hivers de grande froidure donnent un peu le frisson. Un drame et un bon conteur, le soir au coin de l'âtre, peuvent transformer une légende en certitude. Car là où les joncs dessinent des ombres effrayantes, là où l'écho reprend le moindre murmure pour en faire un cri d'effrayeur, selon le mot de Nostradamus, il faut forcément ajouter du mystère. D'où la funeste réputation de ces *lagüotes* de la lande et, par conséquent, du lac de la Lagüe, où il fait pourtant si bon se baigner.

Il en est un qui remporte le pompon de la mauvaise renommée. Le regarder porterait malheur, le toucher peut tuer, boire de son eau ferait mourir dans les pires souffrances... Il s'agit du «lac sans fond», tel est son nom, que les ouvrages spécialisés situent à Gueyze mais qui, en réalité, se trouve sur la commune de Meylan, à deux pas de *Las Naou Peyros*, cromlech totalement détruit. Ce lac sans fond aurait tué tant d'hommes, tant de femmes et tant d'enfants que l'on ne les compte plus. À chaque veillée, leur nombre augmente. Et comme il ne les rend jamais... il est forcément sans fond.

Mais, pour aussi curieux que cela puisse paraître, l'affirmation est vraie. Ce lac, comme beaucoup d'autres de la lande, est alimenté par divers cours d'eau souterrains qui rejoignent plusieurs lacs et qui font parfois siphon. D'un lac à l'autre. Et quand ça siphonne, pour une raison mal expliquée aujourd'hui par les scientifiques, soit le lac aspire ce qui est en surface et cela crée un tourbillon, soit il reçoit de l'eau et il bouillonne. Ce qui provoque un autre tourbillon que celui de l'aspiration. C'est rare mais véritablement spectaculaire! Et dangereux! Cependant, le phénomène se produit si rarement que ceux qui peuvent le décrire ne le font pas car ils sont bien peu nombreux et ont peur.

Le fait que ces petits lacs communiquent entre eux a une explication. Au Quaternaire, le climat se modifia très vite. Le temps des grandes glaciations s'achevait pour laisser place à une température plus clémente qui allait aboutir à notre climat. Ici et là, dans ce qui allait être notre lande, d'énormes blocs de glace mirent plus de temps que les autres à fondre. Pourquoi? C'est un des nombreux mystères de la lande.

Quoi qu'il en soit, en se délitant, ces blocs créèrent ce que l'on appelle ici des *lagües*, des clos et des *lagüotes*, selon leur taille et, plus vraisemblablement, l'endroit où ils se trouvaient. L'eau, toujours partout, s'infiltra. Ici elle pénétra dans la terre pour rejoindre, quelques centaines de mètres plus loin, l'eau d'un autre bloc qui fondait et formait lui aussi une *lagüe*, dont l'eau s'enfonçait dans le sable et rejoignait l'eau du clos voisin. Ce maillage de petits cours d'eau souterrains fut rejoint par d'autres nappes – souterraines ou pas – qui sont toujours là aujourd'hui.

Sous terre comme sur terre, l'eau circule. Elle court encore, transformant de paisibles lacs en mystérieuses *lagües* diaboliques.

Le phénomène est connu des scientifiques. Ce n'est donc pas un mystère. Enfin, pas tout à fait, car nul ne peut expliquer pourquoi un petit lac aspire tel jour et rejette de l'eau tel autre. Avec la même vigueur.

Chapitre IV

Le Pauvre Misère

S I, LORS de vos pérégrinations en Lot-et-Garonne, vous croisez un jour un vieux clochard appuyé sur sa lourde canne de noisetier, portant une longue barbe blanche et une chevelure en broussaille de même couleur, en partie cachée par un grand chapeau noir, ce n'est pas un clochard mais le Pauvre Misère, qui n'a toujours pas appelé la mort.

Avant d'errer sur les routes et les sentes comme un miséreux vêtu de haillons et habillé de désespoir, Misère était un paysan heureux qui vivait une retraite paisible dans sa petite ferme, minuscule puisqu'elle ne comptait qu'une chambre, une cuisine avec cheminée, un jardin et son pommier. Rien d'autre. Il y vivait simplement mais dignement, mangeant les pommes de son arbre merveilleux qui lui donnait assez de fruits pour s'en repaître toute l'année.

Les gens l'ignorent, mais les pommes d'antan pouvaient passer l'hiver sur des clayettes et durer jusqu'à la récolte suivante, prenant simplement, comme les vieilles femmes, quelques rides sur les joues, mais conservant une chair juteuse et ferme. Les pommes de Misère étaient, en outre, merveilleusement sucrées.

Ainsi, dès potron-minet en mangeait-il une, crue, l'essuyant simplement du revers de la manche pour lui donner un beau brillant. Il ne croquait pas dans ce fruit à pleines dents, car il ne lui en restait que deux ou trois, mais il découpait, à l'aide de son vieux couteau, aussi affûté qu'une faux, de fines tranches qui fondaient dans sa bouche comme les hosties du curé du village.

À midi, Misère jetait un fruit entier dans les braises de sa cheminée, le retournait deux ou trois fois à l'aide de son tisonnier, et la pomme se caramélisait comme un bonbon de miel. Elle lui faisait son repas.

Le soir, dans une casserole d'eau de son puits, il mettait à bouillir une autre pomme qui devenait moelleuse, à l'instar de la compote, mais en conservant sa peau. Il la suçait comme on suce un bonbon, pratiquant simplement un petit trou dans le milieu du ventre du fruit. C'est au travers de ce minuscule orifice qu'il aspirait sa crème de pomme. Un pur délice que seuls les fins gourmets connaissent.

Et chaque jour que Dieu faisait, Misère consommait ses trois pommes, qui lui composaient son ordinaire et son bonheur. Pour rien au monde il n'aurait mangé autre chose puisqu'il détestait la viande – il n'aimait pas tuer les animaux et préférait les voir vivants dans son arbre que morts dans son assiette.

Pour Misère, la vie allait paisiblement, en regardant les vols élégants des papillons, celui plus coulant des libellules attirées par l'eau de son puits. Il se régalait, à l'automne, après avoir cueilli ses pommes, en comptant les palombes, les alouettes et les ortolans qui passaient au-dessus de sa masure et filaient vers le sud pour y chauffer leur plumage.

Il consacrait l'hiver à faire des réussites avec ses vieilles cartes, au coin de sa cheminée qui le réchauffait timidement. Au printemps, il attendait la fin du mois de mars pour aller dans un *placiot*, endroit où poussent les champignons. Le seul qu'il aimât jamais était le mousseron, qu'il qualifiait de «timide du printemps». Il le consommait cru, légèrement frotté de sel. L'été, pour varier simplement son menu, la pomme du midi était toujours découpée en fines lamelles qu'il laissait macérer dans un grand bol de vin rouge sucré de miel. Au fond de son jardin, Misère possédait trois rangs de vigne qui lui donnaient son vin, et trois ruches lui offraient du miel pour sucrer ses tisanes.

Ainsi s'écoulait, en douceur et en autarcie, la vie paisible de Misère. Jusqu'au jour où un voleur, qu'il ne réussit jamais à voir et donc à identifier, vint chaque soir lui voler ses pommes, au point de ne lui laisser qu'une pomme par jour. Même pas de quoi vivre.

Une nuit, Misère décida qu'il resterait caché dans son jardin pour surprendre le voleur et le chasser à l'aide de son gros bâton de noisetier, qui lui servait de canne pour dénicher les mousserons. Mais au petit matin, fourbu de fatigue, il s'endormit. C'est le moment que choisit le voleur pour venir prendre les pommes.

Misère se désespérait. Mais nul ne pouvait l'aider. Pourtant, un soir, un pauvre hère, vêtu de haillons, vint frapper à sa porte pour lui demander l'aumône d'un morceau de pain et d'un verre d'eau. Misère lui expliqua qu'il lui donnerait volontiers un verre d'eau, qu'il se priverait de sa pomme quotidienne pour la lui offrir, car il voyait bien que le vagabond était mort de faim, mais qu'il ne pourrait pas lui proposer du pain car il n'en mangeait jamais. Le vagabond demanda à Misère pourquoi il lui donnait son unique pomme. Le solitaire répondit qu'il en aurait volontiers donné plusieurs, mais que, depuis quelque temps, un voleur grimpait dans son arbre, lui prenait tous ses fruits, lui laissant à peine de quoi survivre.

«Il y a un an, expliqua Misère, je t'aurais donné autant de pommes que de besoin, mais aujourd'hui, je ne peux t'en donner qu'une. La mienne. Je mangerai l'autre demain. Tu as plus faim que moi.»

Touché par ce beau geste, le vagabond embrassa Misère et lui dit :

«Tu es brave homme et je vais te dire la vérité. Je suis le bon Dieu, et je suis venu sur terre pour voir comment se comportent les hommes. Ils ne sont, hélas, pas tous aussi bons que toi, et bien peu se seraient privés de leur pauvre pitance pour l'offrir à un vagabond. Par conséquent, je vais faire un miracle et tripler le nombre de pommes qu'il te reste. Tu pourras ainsi normalement manger le matin, le midi et le soir, jusqu'à la récolte prochaine. Mais pour que le chenapan qui vient voler tes fruits ne puisse plus jamais recommencer, je vais rendre ton arbre magique. Quiconque y grimpera sera fait prisonnier par les branches, et il ne pourra redescendre de l'arbre que si toi, tu donnes l'ordre aux branches de le libérer. Tu verras qu'ainsi ridiculisé, ton voleur ne reviendra plus. Il aura trop peur de rester prisonnier.»

Puis le vagabond, qui ne l'était plus tout à fait, demanda à Misère de lui montrer les trois façons qu'il avait de manger ses fruits, car lui-même, au Ciel, possédait un pommier aimable, et il mettrait les recettes en pratique.

Les deux hommes mangèrent de bon cœur, surtout Misère, qui serrait la ceinture depuis plusieurs jours et qui, pour une fois, se régala de consommer trois pommes d'un seul coup. Puis le bon Dieu partit en remerciant Misère de lui avoir redonné confiance dans les hommes, même si certains se comportaient parfois très mal.

Misère passa donc le restant de l'hiver heureux. Au printemps, il alla cueillir ses mousserons tout en surveillant la floraison puis, au début de l'été, la fructification de son pommier. Au mitan de l'été, il regarda mûrir les fruits avec beaucoup de satisfaction et une certaine impatience de voir revenir le voleur qui, l'espérait-il, serait prisonnier de son arbre.

Et en effet, un matin de septembre, il fut réveillé par des cris, des clameurs formidables, des appels au secours, des « à l'aide ! » et des « libérez-moi ! » qui auraient fait de la peine à un gardien de prison. Misère, qui venait de comprendre, sortit tranquillement de sa chambre, prit le temps de ramasser une pomme, la frotta sur sa manche et la découpa en fines lamelles pour aller s'en régaler devant sa porte. Dans l'arbre, retenu par les branches, il vit un homme qui hurlait. Il reconnut le meunier du village, réputé grand voleur, mais que personne, jamais, n'avait pu surprendre en flagrant délit.

« Alors comme ça, c'est toi le voleur de pommes, lui lança Misère. Maintenant, tu es prisonnier de mon arbre. Il est devenu magique, et tu ne pourras en redescendre que quand je lui en donnerai l'ordre. »

Le meunier supplia Misère de le libérer. Le jour allait se lever, tout le village irait aux champs et le verrait ainsi dans l'arbre et découvrirait qu'il est un voleur.

« Je te donnerai ce que tu voudras, proposa le meunier voleur, mais libère-moi. Je t'en supplie.

– As-tu songé, demanda Misère, que quand tu volais mes pommes, tu me sortais le pain de la bouche, tu me privais de ma pitance quotidienne, tu m'affamais? Ton comportement mérite punition, et je vais te garder dans l'arbre jusqu'au soir. Ainsi, dans le village, chacun saura que le meunier, qui triche sur le poids des sacs de blé qu'il reçoit, qui triche sur le poids des sacs de farine qu'il rend, est aussi un fieffé voleur, un malhonnête capable de priver son voisin de sa pitance quotidienne alors que lui-même n'en a pas besoin. »

L'autre eut beau supplier, hurler, se plaindre, promettre qu'il ne recommencerait jamais, Misère ne céda pas et le laissa ainsi prisonnier de l'arbre où chacun put le voir, pathétique et ridicule, demander pardon au propriétaire du pommier.

La femme du meunier vint même rencontrer Misère en apportant trois sacs de farine pour qu'il délivre son homme.

« Avec trois sacs, tu pourras avoir du pain pour une année. Libère-le. »

Misère refusa.

Ce n'est que le soir, quand chacun au village était venu voir le voleur et l'avait copieusement insulté, que Misère donna l'ordre aux branches de s'écarter et de délier le meunier. Lequel, une fois libre, partit en courant comme un voleur et fut obligé de quitter le village, accablé par la honte et les insultes des villageois.

Cette année-là, les pommes furent magnifiques, et nul ne s'avisa de venir en voler. Cette année-là et les années d'après. Une douzaine au moins.

Jusqu'au jour où la mort, dont c'est le métier, vint dire à Misère qu'elle était venue le chercher. Que son temps était passé et qu'il fallait qu'il rejoigne les autres morts.

Misère ne fut pas chagriné, et il consentit à partir quand soudain, une idée lui vint.

« Dis-moi, la mort, avant de me prendre avec ta faux, accepterais-tu de me rendre un service? Je ne voudrais pas quitter cette terre avant d'avoir, une dernière fois, mangé une pomme de mon pommier. Veux-tu aller m'en cueillir une? Comme tu viens de le dire, je suis trop vieux pour ça.

– S'il n'y a que ça pour te faire plaisir, dit la mort, bonne fille, j'y consens volontiers. Et, du reste, j'en prendrai une pour moi. »

Elle monta dans l'arbre et découvrit bien vite, mais un peu tard, qu'elle ne pouvait pas en redescendre. Elle pleura, supplia Misère, lui demanda de la libérer car elle devait faire son métier, mais ce dernier faisait la sourde oreille.

Au bout d'un long moment, après le centième appel de la mort, la millième supplique, Misère lui dit :

« Je vais te libérer, mais à la condition que tu ne viennes me chercher que le jour où je t'appellerai. »

La mort ne prit pas le temps de réfléchir ; elle était, à cause de cet arbre maudit, beaucoup trop en retard sur son travail, et il fallait qu'elle y retourne vite. Elle accepta donc la proposition de Misère et descendit de l'arbre en respectant sa promesse : elle s'en fut sans prendre Misère.

Mais à peine était-elle descendue du pommier que celui-ci se dessécha et mourut. En moins d'une heure. Normal : la mort l'avait touché.

Sans fruit pour se nourrir, le pauvre Misère quitta sa masure et partit sur les routes quémander sa pitance aux braves gens qui lui donnaient de temps en temps une piécette.

Si, lors de vos pérégrinations en Lot-et-Garonne, vous croisez un jour un vieux clochard appuyé sur sa lourde canne de noisetier, portant une longue barbe blanche et une chevelure en broussaille de même couleur, en partie cachée par un grand chapeau noir, ce n'est pas un clochard, mais le Pauvre Misère, qui n'a toujours pas appelé la mort.

Car elle a tenu sa promesse : elle n'est jamais venue le chercher.

Chapitre V

Petit Papa Noël

Le Père Noël est américain

L E PÈRE NOËL est américain. Enfin... presque. Sous sa forme
moderne, Petit Papa Noël nous vient d'outre-Atlantique.
Mais au départ, les États-Unis n'étaient absolument pas concernés.
D'ailleurs, ils n'existaient même pas.

Au commencement, il n'y avait rien. Puis il y eut Jésus-Christ,
apparu on ne sait quel jour, car les Évangiles ne disent rien sur le
sujet. Dans les premiers instants du christianisme, d'ailleurs, on
fêtait la naissance du Christ selon le bon vouloir des édiles, entre
les premières dents du petit et les semailles des graines d'artichaut
du voisin. Au pif.

Mais au IVe siècle, il devint urgent de se mettre d'accord : dans
l'Empire romain, le christianisme se trouvait en concurrence avec
des dizaines de religions plus ou moins sectaires, dont certaines
très influentes. Parmi celles-ci figurait le mithriacisme, culte du
dieu Mithra, venu de Perse plusieurs siècles avant J.-C. et dont la
fête officielle était fixée au 25 décembre. En 274, l'empereur
Aurélien s'inspira de Mithra pour créer de toutes pièces le culte
de Sol Invictus, « Soleil invaincu », dieu auquel il attribua ses victoires militaires en Orient. Il décida, lui aussi, que sa célébration
officielle tomberait le 25 décembre.

Afin d'asseoir leur domination en Orient et pour clouer le bec à
ces petits cultes qui se tortillaient dans tous les sens, le pape Libère

317

décréta finalement en 354 que la célébration de la naissance du Christ tomberait également le 25 décembre ! Na !

Depuis plus de mille six cents ans, nous fêtons donc la naissance du Petit Jésus à cette date jamais remise en cause. Et comme il s'agissait d'arroser la venue au monde de l'enfant de Dieu, la fête de Jésus est rapidement devenue la fête de tous les petits enfants, à qui l'on racontait des histoires merveilleuses au coin du feu. Le 25 décembre s'est ainsi, au fil des siècles, transformé en l'une des fêtes religieuses les plus populaires et les plus gaies : la fête de la famille et des enfants.

Voyageons un peu. Toujours au IVᵉ siècle, rejoignons la côte sud de la Turquie – c'est loin du Lot-et-Garonne, mais nous allons y venir –, dans l'ancienne ville de Myre. Là-bas, comme dans toutes les villes chrétiennes, un bon petit évêque faisait régner la paix perpétuelle de Dieu. Il se nommait Nicolas et devint malgré lui un martyr, puis une légende et finalement un saint. L'évêque Nicolas est mort vers l'an 345, très certainement un 6 décembre. Il fut probablement tué par les Romains. On le considéra donc comme un martyr, à qui l'on attribua des dizaines de légendes et de miracles, ce qui permit à l'Église de le canoniser.

Le jour de sa mort donna lieu à un véritable culte : le 6 décembre, on fête en effet ce bon saint. Curieusement, les principales légendes qui sont associées à son nom concernent des enfants, qu'il aurait sauvés de morts affreuses ou de prostitutions infamantes. La Saint-Nicolas est donc une fête des enfants, et c'est l'évêque qui s'y colle et qui rend visite aux bambins dans la nuit du 6 décembre pour leur offrir des cadeaux. S'ils ont été sages.

Les reliques de Nicolas furent conservées à Myre pendant des siècles. Mais, vers 1087, une bande d'Italiens attirés par la légende n'hésita pas à voler les restes de saint Nicolas pour les ramener chez elle, à Bari, sous prétexte que celui-ci y était passé au cours de sa vie. Puis, vers 1090, le Lorrain Charles Aubert, chevalier de Varangéville, qui passait par Bari, récupéra à son tour un morceau du saint et le ramena chez lui, dans ce qui allait devenir la basilique de Saint-Nicolas-de-Port, près de Nancy.

L'ancien évêque turc, après plus de sept cents ans de voyages, atterrit donc en Lorraine. De là, son culte se répandit dans tout le nord et l'est de la France, puis dans les actuels Pays-Bas, en Belgique et en Allemagne. Et voilà comment les chrétiens du nord de l'Europe ont appris à faire la fête avec leurs enfants le 6 décembre.

Tout se passa merveilleusement pour Nicolas jusqu'à la Réforme. Luther, dont l'influence devint immense en Europe du Nord, trouvait en effet cette célébration par trop catholique. Certains continuèrent malgré tout à la célébrer discrètement et, aux Pays-Bas, un groupe de supporters acharnés parvint à la maintenir quasi officiellement sous le nom de « Sinter Klaas » (nom flamand de saint Nicolas).

C'est un siècle plus tard que l'Histoire rejoint l'Amérique. Nous sommes alors en pleine période d'explorations du nouveau continent, sur lequel les Hollandais fondent, à partir de 1614, la colonie de la Nouvelle-Amsterdam, qui deviendra, en 1667, après plusieurs années de guerres anglo-hollandaises... New York. Anglais et Hollandais entament alors une période de cohabitation durant laquelle des échanges en tout genre s'opèrent. Les Hollandais donnent notamment à leurs vainqueurs l'idée d'une bonne grosse fête le 6 décembre en l'honneur de Sinter Klaas. Les Anglais, incapables de prononcer un nom pareil, le renomment pour lui donner une sonorité plus familière : Santa Claus.

L'histoire moderne du Père Noël peut commencer. Pendant longtemps, les Anglais continuent de fêter Santa Claus le 6 décembre, puis la naissance de Jésus le 25. Mais après tout, ce sont deux fêtes consacrées aux enfants, à trois semaines d'intervalle. Autant n'en faire qu'une... Peu à peu, les Anglais décalent donc Santa Claus au 25 décembre et le laissent libre de venir offrir des cadeaux aux bambins. Ils conservent aussi la vieille tradition religieuse qui voit en Nicolas un ancien évêque des débuts de la chrétienté, vieux et famélique, transporté par une pauvre mule décharnée. Rien de très joyeux *a priori*.

Mais aux États-Unis d'Amérique, on comprend vite que, pour plaire aux enfants, il faut les faire rêver. C'est pourquoi, le 23 décembre 1823, le journal *Sentinel* de la ville de Troy (État de New York) publie un joli conte de Noël tout mignon, d'abord anonyme puis attribué à Clement Clarke Moore. Dans ce poème, intitulé « *A Visit from Saint Nicholas* », Moore présente ledit saint comme un bonhomme joufflu, à l'allure avenante et gentille et surtout bien nourri, habillé en fourrure, portant barbe soyeuse et véhiculé par un traîneau tiré par huit rennes. Une image un peu plus enthousiasmante que celle du pauvre vieux traîné par sa mule agonisante...

Le poème devient rapidement célèbre, il se propage à travers les États-Unis puis, après de multiples traductions, se disperse dans le monde entier. La légende internationale du Père Noël prend forme. Un des premiers pays touchés sera l'Angleterre, qui associera le Santa Claus américain à ses anciennes traditions pour créer un Father Christmas dans les années 1850.

L'apparence physique décrite par Moore est ensuite concrétisée par une série de dessins signés Thomas Nast, caricaturiste pour le *Harper's Illustrated Weekly* de New York. Dès le premier croquis, réalisé le 3 janvier 1863, Santa Claus ressemble bien plus à un lutin qu'à un évêque. Au cours des quarante ans qui suivent, Nast produit des centaines de dessins similaires qui s'exportent à tour de crayon. L'image du bonhomme joufflu pénètre les esprits et, progressivement, on invente tous les détails de sa vie : toujours dans un dessin de 1885, Nast décide que Santa Claus habite le pôle Nord. On ne l'arrêtera plus.

Dans les années 1920, la société Coca-Cola se lance dans une campagne de pub afin d'encourager les consommateurs à se désaltérer en toutes saisons. Pour les arguments d'hiver, on choisit le personnage le plus représentatif de la saison : Santa Claus. À l'origine, il est représenté dans sa tenue traditionnelle de lutin, conforme aux dessins de Nast. Puis, à partir de 1931, la société fait appel à l'illustrateur Haddon Sundblom, à qui l'on demande de remodeler l'image du Santa Claus publicitaire. Et ce bon Haddon nous dessine un bonhomme gras et joufflu, rougeaud, barbu, sympathique et forcément assoiffé. Il est habillé de rouge et de blanc, les couleurs de... Coca-Cola. Ainsi est né le Père Noël moderne. L'officiel.

En France, il faudra attendre la fin de la Seconde Guerre mondiale pour que les soldats américains introduisent, avec le chewing-gum, les histoires d'amour sur grand écran, le Coca et leur Père Noël. Qui mettra d'ailleurs du temps à s'installer. Le 23 décembre 1951, un prêtre bourguignon un peu à cheval sur les principes, ou peut-être un peu trop imbibé du vin de sa Bourgogne, brûla une effigie géante du Père Noël sur les grilles de la cathédrale de Dijon. Car l'Église catholique continuait de voir d'un mauvais œil ces représentations grossières d'un saint qu'elle voulait très respectable.

Mais elle avait tort. Une tradition se doit d'évoluer sous peine de s'éteindre, surtout quand elle n'est pas très affriolante. S'il s'agissait de glorifier un vieil ecclésiastique mort depuis presque mille sept cents ans et qui n'eut même pas l'élégance de décéder un 25 décembre, personne n'accepterait de suer sang et eau pendant des heures de courses effrénées pour acheter des jouets à des enfants de plus en plus exigeants. Rien, donc, pour un saint maigrichon, mais tout pour un vrai Père Noël. C'est quand même plus amusant !

Même s'il est Américain et dû au talent d'un certain Haddon Sundblom.

Mais cela est faux. Haddon Sundblom ne fut qu'un pâle imitateur d'un dessinateur de l'Albret, Sigismond Ducomet, qui illustrait les contes gascons de son ami Paul Rouncats avec des personnages joufflus, barbus, dodus et habillés de blanc et de rouge... les couleurs de la Gascogne éternelle. Le vrai Père Noël est donc né en Lot-et-Garonne ! C'est du moins ce qu'on assure à Moncrabeau.

La mort du Père Noël

Entre 1600 et 1652, dans le cœur du redoutable chaudron noir des landes profondes, à la pointe extrême du département, là où les grands pins prennent des allures de soldats du diable un peu fantomatiques, là où la brume froide et cotonneuse ne s'en va jamais, un village a complètement disparu une nuit d'effrayeur. Aspiré par le temps. Envolé. Volatilisé.

Cette bourgade morte, qui se nommait Ayguanegra (« eau noire ») à cause d'une source naissant dans les entrailles du lignite et de l'alios, est morte le même jour que le Père Noël. Car lui aussi a disparu. La preuve, c'est que avant, on le voyait tous les ans, et depuis ce drame, on ne le voit plus !

Les mamies, qui ont la mémoire du temps parce qu'elles vivaient à l'époque où les hivers étaient rudes et où les frimas fixaient les idées, s'en souviennent encore. La grand-mère de leur grand-mère l'avait appris de sa propre arrière-grand-mère, et aujourd'hui, les mémés, assises au coin de l'âtre, racontent à leur petite-fille, qui le dira plus tard à la sienne, l'effrayante aventure de la disparition du vieux Papé Noël et du village.

Car il faut savoir que l'histoire épouvantable d'Ayguanegra se transmet de grand-mère à petite-fille et exclusivement comme ça, de femelle vieille à femelle jeune. Aucun mâle ne la connaît. C'est un secret de femme. Il faut que celle qui reçoit cette confidence soit vierge et que celle qui la délivre ne le soit plus. Ce qui démontre que les hommes ont tout de même un rôle dans cette histoire.

Ainsi vont les secrets des *mamées* de la lande ! Faut pas chercher à savoir pourquoi. Ça peut faire mourir de vouloir comprendre ou de tenter d'élucider une tradition presque millénaire.

Ainsi donc, seules les femmes connaissent le drame d'Ayguanegra. Mais elle leur fait peur, surtout si elles la racontent quand le vent d'hiver fait siffler les aiguilles noires des pins gigantesques qui tremblent dans la brume. Elle leur fait tellement peur qu'elles la disent à demi-mot, en se signant à chaque phrase et en confiant ce drame comme on se confesse, avec contrition. Une sorte de murmures honteux. En même temps, par grosses poignées, les *mamées* jettent du sel dans les braises, manière de faire fuir le Maudit qui rôde toujours là où il ne faut pas, cette saleté qui, forcément, a fait mourir le Père Noël et disparaître Ayguanegra.

Les loups

C'était aux temps anciens où les loups connaissaient les secrets de la terre et du ciel, et où le Père Noël, pas encore lassé par la cupidité des hommes, descendait tous les ans livrer aux enfants de bonne moralité des cadeaux inventés par les anges.

C'était aux temps anciens où les loups, comme les couleuvres, parlaient à Dieu au même titre que vous et moi. Ils avaient même l'usage de la religion un jour par an. Ils se parlaient entre eux, aussi. Et donc, forcément, une fois l'an, après l'Avent, ils se réunissaient pour la messe de Noël au pied du dolmen qui tremble, près de Sos qui, comme chacun sait, est à deux pas de Mézin et à deux fois plus de Nérac. Bref, c'est dans le chaudron noir et profond de la lande des *pousouères*, dont la reine vit à Poudenas, dans la « hount du diable ». Ou à côté. Ou pas loin. Dans le coin, quoi.

C'est en ces temps anciens de bonheur autarcique qu'arriva une grande malédiction, causée par les loups dont on vient de parler et qui sont plus langue de vipère qu'ils n'ont les dents acérées. Plus mauvais cœur que bon ventre. Des loups, quoi ! Noirs, de surcroît. Comme si être loup ne suffisait pas.

Et ces loups, braves gens, pour tenir messe une fois l'an, s'assemblaient le jour de Noël. Puisqu'ils pouvaient parler à Dieu, ils connaissaient forcément la date de naissance du fils de Dieu, celui que l'on appelle Jésus. Mais pour dire une messe, il faut disposer d'un curé. Les loups en avaient un. Un curé loup qui vous récitait le « *Pater* » et le « Je vous salue Marie » bien mieux qu'un comédien du théâtre Ducourneau déclame du Corneille.

Et c'est ainsi, cette année-là, selon les *mamées* qui m'ont conté cette histoire terrible, que les loups tinrent leur messe de minuit entre Sos et Ayguanegra. Au pied du dolmen qui tremble, dans la lande maudite de la sorcière vieille, presque au bout du monde. Et leur curé loup disait la messe, certes un peu à l'envers, puisque ces canidés lisent ainsi, mais il la disait quand même, entamant les cantiques comme un Caruso d'opérette. Et les loups l'écoutaient. Ou alors ils faisaient semblant... Mais c'était bien imité, en tout cas.

Car, en vérité, un loup, ça se moque de la messe de minuit comme du premier poussin de pintade qu'il a avalé le lendemain de sa naissance. Un loup, ça ne frémit pas à la récitation des Évangiles alors que c'est si beau, l'Évangile de Jean. Un loup, peut-être même que ça n'a pas de cœur ni d'âme, même si à l'époque ça parlait avec Dieu. Peut-être même qu'un loup, c'est fils bâtard du diable et compagnie ? Allez savoir ! En tout cas, ce serait grande follerie que de faire confiance aux loups. Oui ! Grande bêterie.

C'est pourquoi nous allons les abandonner un moment à leur mauvaise messe et à leur curé loup qui chantait la prière de la quête à tue-gueule – pour un loup, on ne peut pas dire à tue-tête !

Nous les quittons pour rejoindre le Père Noël qui venait de Nérac, où l'on mange fort bien, pour aller à Poudenas où l'on boit encore mieux. Il faisait sa ronde annuelle pour livrer les cadeaux aux enfants sages de la lande. Les chevreuils qui traînaient son chariot d'or et de dentelle de lumière avalaient le chemin à grandes foulées de plaisir, comme quand ils jouent à saute-ruisseau, le divertissement favori des chevreuils. On aurait même juré qu'ils dansaient un rondo de bonheur à chaque coup de sabot. Ça claquait sur le sol gelé au point qu'on aurait cru entendre un *tambourinayre* municipal annonçant la venue prochaine du rétameur.

Clochevive la bien nommée, minuscule bourgade à l'ouest de Nérac, fut rejointe par le Papé Noël en moins de temps qu'il n'en faut à un loup pour faire le mal.

Le vieux Noël distribua ses oranges d'Afrique et ses marrons d'Inde, quelques belles galoches en bois d'Auvergne, quatre ou cinq chevaux à bascule en pin des Landes, des poupées en porcelaine de Limoges, dont les épatants sourires faisaient oublier qu'elles n'étaient pas vivantes, et une bonne douzaine de toupies siffleuses de Sauveterre-la-Lémance avec le cordonnet pour les lancer. Content de lui, sachant qu'au matin les petits garçons et les petites filles du village allaient pleurer de bonheur devant la crèche et le genévrier qui servait de sapin, il mit le cap sur Ayguanegra, qui serait pour cette année sa dernière étape gasconne.

Il aimait bien Ayguanegra, le vieux Noël, parce que dans chaque maison de ce village, selon une très vieille tradition, les enfants déposaient un bol de lait chaud au coin de la cheminée. Parfumé au miel et à la verveine, ce breuvage de gentillesse lui faisait autant câlin au cœur que du bien à l'intérieur du ventre, qu'il avait un peu rond. Heureux comme un goret de sanglier qui découvre des glands, le vieux Noël décida de prendre un raccourci pour arriver plus vite à Ayguanegra, afin de distribuer les derniers cadeaux et, surtout, de boire la miellade au lait.

Il n'aurait jamais dû prendre ce maudit chemin. Les loups, même lors d'une messe de Noël, même si ça parle à Dieu, même en présence d'un curé loup qui chante à faire se pâmer l'auditoire, les loups, donc, ça reste des loups. Et une meute de loups, il n'y a rien de plus terrible, de plus méchant, de plus sanguinaire au monde. Dieu, Noël, curé, miellade, cantique ou pas !

Quand ces sales bestioles entendirent les sonnettes du chariot du Papé Noël, quand elles sentirent que du bon chevreuil bien gras se rapprochait, quand elles devinèrent que la carriole était emplie de friandises, quand... passons ! Ces loups du diable quittèrent les prières, les chants et les Évangiles pour se précipiter à la rencontre de l'appétissant attelage. Après avoir effrayé les chevreuils entravés qui ne pouvaient s'enfuir, ils égorgèrent le premier mâle et mangèrent tout cru et aussi vite les autres tireurs de chariot que le vieil homme à barbe blanche qui conduisait l'équipage. Pensez donc : cinquante loups pour six chevreuils et un pauvre homme, certes dodu, mais seul ! Avec une cruauté incroyable, ils le dépecèrent, ne faisant aucun cas de ses supplices ni des cantiques joyeux du curé loup, qui continuait de dire sa messe de minuit chrétienne. Il faut dire que s'il possédait un beau brin de voix, il n'avait ni odorat ni vue.

Tout fut dévoré en un instant. Nul ne retrouva trace du chariot, ni des chevreuils, ni, bien sûr, du vieux Noël.

Cette année-là et les suivantes, et les autres d'après, celle d'aujourd'hui y compris, Ayguanegra ne reçut plus jamais la visite du Père Noël. Or, un village qui ne reçoit plus le vieil homme du ciel est un village maudit où les enfants sont toujours malheureux, même quand ils deviennent grandets.

En deux ans, toutes les maisons se vidèrent. Plus personne ne resta à Ayguanegra. Bien vite, les ronces, qui sont plus fortes que tout, dévorèrent les pierres, et désormais il ne reste plus rien dans la lande noire, entre Sos et Meylan, si ce n'est quelques méchants tas de pierres et un bruit permanent de sanglot.

La nuit, les soirs de grande froidure, on y entend des hurlements et de grands cris. Les hurlements sont ceux des loups et des chevreuils, et les cris ceux du Père Noël qui agonise encore sous les crocs des sales bestioles.

Si vous ne me croyez pas, allez-y le soir de Noël. À minuit pile. Vous entendrez. Et peut-être même verrez-vous les loups. L'endroit est facile à trouver. C'est entre Sos et Meylan, à côté du dolmen qui tremble, à deux pas de Mézin, à deux fois plus de Nérac, dans le fin fond du chaudron. Là où la lande est noire. Allez-y, mais soyez prudents, les loups ont toujours de l'appétit.

Depuis ce jour maudit, depuis qu'il n'est plus là, on croit au Père Noël. Avant, on n'avait pas besoin d'y croire puisqu'on le voyait tous les ans.

Chapitre VI

Jasmin et la sorcière

J ACQUES BOÉ (1798-1864), poète agenais qui se faisait appeler Jasmin, connut une gloire considérable dans la première moitié du XIXe siècle.

Jasmin, écrivain boutiquier, exerçait la fort noble profession de coiffeur (perruquier). Les nombreux clients dont il rafraîchissait les cheveux lui racontaient moult histoires. Dans ce terreau naturel, il puisa abondamment et restitua l'âme populaire sous forme de poèmes et de contes rimés.

Bien que Gascon, il écrivait en languedocien. Ses œuvres sont de longs poèmes, puisés aux meilleures sources des traditions locales. Il s'agit tout autant d'histoires vraies que de superstitions. Il connut un succès considérable. Dans le sud de la France, naturellement, mais également à Paris, même si on n'y parlait pas la langue qu'il utilisait. La sonorité plaisait.

Jasmin était doté d'un fort caractère et rien ne le gênait. Une piquante anecdote montre son fort tempérament. Célèbre, il fut invité à la cour de Louis-Philippe. Le roi le reçut. Pour ce faire, il quitta son trône et alla vers lui. Jasmin, aussitôt, s'assit sur le siège royal à la place du roi. Le geste, d'un sans-gêne incroyable, amusa le souverain, qui accorda aussitôt une pension au poète.

Si, excepté à Agen, Jasmin est un peu oublié aujourd'hui, ce ne fut pas le cas en son temps. George Sand, qui vécut en Albret, lui chipa même une de ses histoires. Elle ne fut pas la seule. Michelet, l'historien, lui vola aussi Françouneto. La sorcière de Michelet, c'est du Jasmin pur sucre.

Mais qui est cette Françouneto qui intéressa tant d'écrivains ?

Françouneto est une jeune fille, fort belle et fort bien faite, qui vit dans un minuscule hameau proche de Roquefort, L'Estanquet, qui, dans l'étymologie gasconne, signifie « lieu où l'on se repose ». Le lieu-dit est situé sur la route qui va de Roquefort à Brax, et il existe encore. Ses parents sont agriculteurs. « Métayers », disait-on au milieu du siècle dernier pour parler de ces agriculteurs qui partageaient « à moitié » (origine du mot) les revenus de la ferme avec le propriétaire du terrain. Ces pauvres gens que Victor Hugo qualifiait d'« esclaves des champs ».

Elle est belle, la gamine. Pulpeuse, presque. Mais elle le sait, et tous les jeunes mâles du voisinage ne regardent qu'elle lors des soirées festives, le seul loisir de l'époque. Des châtaignes, du vin blanc, un violoneux ou un accordéoniste et la campagne dansait. Ces veillées, parfois travailleuses pour égrener le maïs ou écaler les noix, étaient fort nombreuses à l'époque. Françouneto, qui en fréquente beaucoup, a sa cour. Nous dirions aujourd'hui que tous les garçons la « badaient » ! Et Françouneto danse à ravir. Pis : aucun garçon ne résiste à plus de deux tours de piste dans ses bras. Est-ce la frénésie de la danse ? L'émotion d'être contre les seins de ce beau brin de fille ? Toujours est-il que tous ont la tête qui tourne, les sens qui s'agacent, et ils s'écroulent, comme soûlés, dès qu'ils sont dans ses bras.

Mais si Françouneto perturbe les corps, elle trouble aussi grandement les esprits. Tous les jeunes gens de la contrée sont amoureux d'elle. Amoureux au point qu'ils se languissent et ne vont plus aux champs.

Du côté de Roquefort, ça commence à jaser. Pensez donc ! Voilà une délurée qui rend frapadingues tous les gaillards du coin. Les autres filles, jalouses de la formidable gloire de leur concurrente, assurent que la Françouneto connaît les maléfices qui séduisent les hommes, la poudre de perlimpinpin qui rend dingue. Il n'y a pas de doute, la Françouneto est une sorcière qui a fait alliance avec quelque diablerie pour semer le trouble dans la tête des hommes. Et les jalouses colportent les pires ragots sur la petite paysanne. La rumeur s'épaissit de jour en jour, rebondit de vallon en tuquet, de clos en veillée.

Le jour de la Saint-Jacques, c'est la fête à Roquefort, et tous les jeunes gens, tels de grands dadais niais et un peu crapoussins, badent la Françouneto comme s'ils admiraient la plus belle merveille du monde. Deux d'entre eux se battent et se fichent même une méchante raclée pour elle. Ils se castagnent devant tout le monde, tels deux coqs en furie. Les marrons fusent, comme on le dit sous les mêlées de rugby, pour éliminer l'autre et conquérir le cœur et, évidemment, le corps de la gamine.

Françouneto, pourtant, n'en aime qu'un. Il s'appelle Pascal. C'est le forgeron du pays. Un beau garçon, très solide. Dans le combat qui l'oppose à son concurrent, Pascal, fort de cette préférence qu'il lit dans les yeux de la jeune fille, semble l'emporter. Las, au dernier moment, il se fait une importante entaille au bras. Déjà que la Françouneto faisait tourner les têtes, voilà maintenant qu'elle coupe les bras. Indirectement, certes, mais ça fait jaser encore plus, et la rumeur, s'il en était besoin, enfle. Car un forgeron sans bras, ça fait désordre. Surtout dans ce village où il n'y en a qu'un. Qui va taper sur l'enclume, maintenant, pour affûter les charrues et redresser les socs? Personne. Et les ragots de raconter qu'à cause de la sorcière, le marteleur à perdu le membre qui tenait le marteau.

La mère de Pascal, voyant son fils ainsi diminué, commence à son tour à colporter la future réputation de la Françouneto. «C'est une sorcière qui a perturbé mon fils.» Une *pousouère*, comme on dit du côté de Garonne. «Elle veut me le voler, en plus! À cause d'elle il ne peut plus travailler.»

Après l'automne des palombes vient Noël, avec, dans la semaine qui précède, la ronde incessante et quotidienne des veillées. On va chez l'un, chez l'autre, et on fait «bombance». Pourtant, ces festivités s'accompagnent d'une crainte: les loups-garous et les sorciers rôdent la nuit. Tout le monde le sait. On connaît par cœur leurs terribles histoires. Un loup-garou, quand ça vous attrape par le fondement, ça peut vous transformer en n'importe quoi. En statue de sel comme en brindille de paille. Car les noires nuits de décembre favorisent l'imaginaire, et l'on raconte encore que parfois, les sorciers se cachent sous des formes les plus diverses, les plus aimables, les plus séduisantes. Celle d'une jeune fille, par exemple.

Lors d'une de ces soirées, le fils d'un riche laboureur de Brax veut, comme les autres, s'attirer les faveurs de Françouneto. Il joue avec elle à cache-couteau. C'est Françouneto qui le cache. Où? Mais dans son corsage, pardi! Le garçon la poursuit donc pour récupérer l'outil; il court derrière elle. Trop vite. Las! Il tombe et se casse le bras.

Et de deux. Après Pascal, c'est le tour du laboureur. Deux bras perdus pour une seule fille, ça fait vraiment beaucoup! Trop.

Alors la pauvre Françouneto se met à douter. Ne porterait-elle pas le mauvais œil? Ne serait-elle pas ensorcelée? Le diable l'habite-t-elle? Pour ajouter au trouble, un sorcier qui vit dans une sinistre forêt voisine et que l'on nomme « Bois-Noir » assure que la Françouneto est parpaillote. Quasiment païenne. Son père a disparu. Sa grand-mère était hérétique, affirme-t-il. Cathare, peut-être... Ce qui implique que la petite est forcément maléfique. Son père ne l'a-t-il pas offerte au diable le jour de sa naissance?

L'homme, évidement, n'en sait rien. Mais c'est grâce à ce type de propos que l'on se fait une bonne réputation. Et Bois-Noir, le paquet verbal déposé au coin de l'âtre, s'en va. Il quitte la salle. Le vent s'engouffre dans la pièce et il souffle toutes les chandelles. C'était le signe qui manquait. Françouneto est vraiment une sorcière.

Alors la grande curée commence. On se souvient que, l'année précédente, il y a eu orage et grêle et que toutes les récoltes du village ont été détruites. Toutes sauf celles de Françouneto et de sa grand-mère. Sorcière, on vous dit. Et Bois-Noir, qui a trouvé là matière à se faire écouter – à faire sa pub, dirait-on aujourd'hui –, invité à chaque veillée, en rajoute. Il précise même que celui qui épousera la sorcière périra dans la nuit.

Dès lors, on la boycotte. On n'ose pourtant pas s'attaquer à elle directement. Courageux, les superstitieux, mais pas téméraires!

La fillette, troublée jusqu'au fond de l'âme, habitée par le doute et la crainte, va prier tous les jours car, comme les autres, elle commence à se persuader qu'elle porte le maléfice. Tous la rejettent. Tous sauf Pascal. Le forgeron qui s'est coupé le bras en se battant pour elle l'aime toujours. Il n'empêche, certains veulent la brûler vive. Pascal s'y oppose et l'épouse. À l'issue de la cérémonie, Françouneto offre des morceaux rituelliques de galette aux invités. Personne n'en veut. Chacun attend la nuit de noces. On sait, on en est sûr, Pascal va y passer. On ne fornique pas avec le diable. Et c'est vrai qu'il y passe... mais seulement dans les bras de la jeune fille.

Le matin, il est gaillard comme un pinson. Il n'est pas mort. Il est même très heureux. Alors on mange les morceaux de galette. La Françouneto n'est pas une sorcière. On vient d'en avoir la preuve.

Jasmin, le bon poète agenais, était un vrai sentimental ! On ne sait pas si les habitants du coin, qui ont dit tant de mal de la Françou, ont demandé pardon. Mais on raconte que, quelque temps plus tard, ils furent victimes d'un mauvais sort. Tous. Lié à leur mauvais geste à l'égard de la jeune fille ? Mystère.

Annexes

Annexe 1

Lexique de l'histoire du catharisme en Agenais[1]

Abjuration : acte qui consiste à renoncer à l'hérésie et qui, en général, pouvait éviter le bûcher. Bien peu de cathares garonnais abjurèrent.

Abstinence : principe différent du jeûne, puisqu'il s'agit de ne pas manger de viande ni de produits carnés. Les cathares pratiquaient l'abstinence tous les jours et jeûnaient un jour sur deux.

Adémar de Chabannes : ce chroniqueur donne une date intéressante. C'est lui qui écrit que, dès le début du XIe siècle (autour de l'an mil), on trouve trace de l'hérésie manichéenne en Agenais. Selon lui : « En 1018 apparurent les manichéens [...] corrompant le peuple. » L'année 1018 correspond au tout début de l'implantation de l'hérésie dans le Midi. Il est donc fort possible, mais non démontrable, que le catharisme ait débuté ou, du moins, pris son essor en Agenais.

Adombrar : mot typiquement cathare et gascon (occitan) qui signifie « être dans l'ombre ». Vivre discrètement, par exemple. Ce que faisaient les cathares. C'est l'Église qui parla d'eux, pour mieux les réprimer.

Agen : il est plusieurs fois question d'Agen dans *La Chanson de la croisade* et dans les textes dont on dispose pour écrire l'histoire du catharisme. Deux citations extraites des écrits de Guillaume de Tulède, auteur d'une partie de *La Chanson de la croisade*, résument assez bien, d'une part, la position des Agenais, qui n'étaient pas spécialement hérétiques, et d'autre part la situation où se trouvait la ville durant cette guerre des « Albigeois ». Les bourgeois d'Agen, selon Tulède, appliquaient ce précepte : « De deux maux, il faut toujours choisir le moindre. » Ainsi, quand Simon de

---

1. *Les termes ou expressions suivis d'astérisques sont expliqués dans le même glossaire.*

Montfort prit l'Agenais, ils furent «montfortiens», et quand le comte de Toulouse revint, ils furent toulousains. Donc cathares. La seconde citation est : « *On ne décrira jamais l'estat pitoyable où Agen était réduit. Les franchimans [les hommes de Montfort] avaient fait sentir à ce pays les rigueurs que les hérétiques avaient subies, mais dont les Agenais avaient porté la peine sans l'avoir méritée.* »

Agenais : vaste zone qui comprend le Lot-et-Garonne, mais aussi une large partie du Tarn-et-Garonne, une zone du Gers (Condom, Lectoure, etc.) et du Quercy, qui constituèrent un évêché cathare. S'il y eut une autorité cathare au-dessus des évêques – ce qui ne fut jamais démontré –, on peut alors considérer qu'il y eut un évêché cathare dès 1167, au moment de la charte de Niquinta*.

Albigeois : nom donné aux cathares. L'Église cathare albigeoise ne fut attestée – avec certaines lacunes – qu'à partir de 1165, soit cent cinquante ans après l'apparition, plusieurs fois dénoncée, d'hérétiques en Agenais. Le dernier dignitaire albigeois, Bernard de la Garrigue, collabora avec l'Inquisition en 1280. Un traître, donc. Il n'est pas impossible que la croisade contre les Albigeois ait pris ce nom après la conquête de Penne-d'Agenais par Simon de Montfort. Ce Penne fut confondu avec Penne-d'Albigeois, aujourd'hui Penne-du-Tarn. Une autre version indique que Constance de France, épouse répudiée par Raymond V de Toulouse, qui aurait assisté au concile de Lombers, en Albigeois, en 1165, aurait évoqué, de retour à la cour de son frère Louis VIII, l'existence d'«hérétiques albigeois». Cela est un peu tiré par les cheveux. En effet, outre les nombreux conditionnels, on peut se demander à quel titre cette femme catholique aurait participé au concile cathare, ne l'étant pas elle-même !

Amaury de Montfort : fils de Simon, il succéda à son père à la mort de celui-ci sous les remparts de Toulouse. Il eut à batailler contre le comte de Toulouse, le fils de Raymond VI, qui, après la mort de Simon, tenta de récupérer les terres de son père devenues siennes. Ce qu'il fit. C'est pour cette raison qu'en 1218 Amaury tenta de reprendre une partie de l'Agenais aux comtes de Toulouse. En octobre, il prit sans difficulté Gontaud-de-Nogaret et se retira. Au printemps 1219, avec le futur Louis VIII, fils de Philippe Auguste, il s'attaqua à Marmande, qui avait été prise

Annexe 1

par son père et reprise par les Anglais, avec une véritable armée dans laquelle se trouvait le duc de Bretagne, le sénéchal d'Anjou, le comte de Saint-Pol, vingt évêques, trente comtes, six cents chevaliers et dix mille archers. Il n'y avait que cinq mille habitants à Marmande, commandés par le comte d'Astarac et les seigneurs locaux : Amadieu de Bouglon, Guillaume de Tantalon, Guiraut de Samazan et Arnaut de Blanquefort. Comprenant qu'il n'avait aucune chance en résistant, Astarac décida de négocier et de se rendre. Les évêques exigèrent que le comte leur soit remis pour être soumis à la question et brûlé. Ils demandèrent également « que la ville soit livrée au glaive parce que infestée d'hérétiques » ! Le comte de Saint-Pol, plus magnanime, plus humain, sans doute, plaida la cause d'Astarac qui, selon lui, avait fait preuve de dignité, et il proposa qu'il soit amené avec ses soldats à Puylaurens, où des chevaliers français avaient été faits prisonniers. Il voulait un échange. Un grand débat s'instaura entre les évêques partisans de l'extermination des Marmandais et l'entourage du prince Louis, futur roi, qui assurait que « ce serait une faute pour la Couronne que de massacrer ce petit peuple ». L'évêque de Béziers, réputé pour son intégrisme anti-cathare, proposa, afin que la Couronne ne subisse pas les affres d'un massacre, de laisser faire l'Église. « Pour éviter tout reproche, le prince pourrait dire que la Sainte Église a réclamé ses prisonniers. » On imagine ce que ressentirent les Marmandais, évidemment informés de la teneur des débats. Et le jeune prince, dont la volonté n'était guère bien affirmée, opta pour la pire des solutions qui l'amnistiait de tout, pensait-il : « L'Église fera ce qu'elle voudra de ceux qui tomberont en son pouvoir. » Et il passa à table, tandis que les croisés d'Amaury de Montfort massacrèrent la ville et ses habitants. Voici ce qu'en dit *La Chanson de la croisade* : « Aussitôt, les cris et le tumulte s'élevèrent. On court dans la ville avec des armes tranchantes, et alors commencent les massacres et l'effroyable boucherie. Les bourgeois, les dames, les petits enfants, les hommes et les femmes, dépouillés, nus, furent passés au fil de l'épée. Les chairs, le sang, les cervelles, les troncs, les membres, les corps ouverts et pourfendus, les foies, les cœurs, les poumons mis en morceaux, brisés, gisaient par les places comme s'il en avait plu. La terre, le sol, les rues étaient rouges du sang répandu. Il ne resta ni femme ni homme, jeune ou vieux. Aucune créature n'échappa à moins de s'être tenue cachée. La ville fut détruite et le feu l'embrasa.» On estime entre quatre et cinq mille le nombre de morts à Marmande ce jour-là, au nom de la foi. Guillaume le Breton, qui assista au massacre, affirma, de son côté, que l'on tua à Marmande, ce jour de Dieu, «tous les bourgeois avec les femmes et les petits enfants, tous les habitants jusqu'au nombre de cinq mille». Mais le comte d'Astarac et quelques chevaliers furent sauvés.

Ancien : comme son nom l'indique, il s'agit du supérieur et souvent du plus respecté d'une communauté religieuse cathare.

Anges : les cathares croyaient aux anges. Il s'agissait pour eux de créatures de Dieu, évidemment bonnes, dont les hommes abritaient une parcelle d'étoile en leur sein. À charge pour ces derniers, par leur comportement, de sauver ces parcelles d'étoile.

Animal : les cathares s'interdisaient de tuer les animaux puisqu'une parcelle d'étoile (un ange tombé du ciel) pouvait être réincarnée en eux. Ainsi, les inquisiteurs, pour savoir si un homme ou une femme était cathare, demandaient à leurs prisonniers de tuer un animal. Une poule, par exemple. S'ils refusaient, c'étaient forcément des cathares, qui devaient aussitôt subir la torture puis le bûcher !

An mil : au début de ce millésime chargé de craintes, des communautés hérétiques apparurent à travers l'Europe. Certaines furent dénoncées. Celle d'Agen fut considérée en 1018, c'est-à-dire très tôt, comme une importante «communauté qui corrompt le peuple». À cette époque, on ne parlait pas encore de manichéens à Albi. Agen était, dans le Midi aquitain, au tout début de l'histoire cathare. Les premiers brûlés le furent à Orléans en 1022. C'étaient des chanoines qui demandaient davantage de pureté à l'Église. On les mit au bûcher. Ils étaient au nombre de douze. D'autres bûchers eurent lieu en 1025 à Turin, à Toulouse et en Aquitaine (en Agenais). C'est durant la seconde moitié de ce XIe siècle que la réforme grégorienne fut mise en place.

Aparelhament : mot gascon signifiant approximativement «préparation». Il évoque une cérémonie collective de pénitence que devaient obligatoirement suivre les parfaits qui se nommaient eux-mêmes «bonshommes» ou «bonnes femmes» ou, plus souvent, «bons chrétiens»* ou «bonnes chrétiennes».

Apocryphes : textes de la Bible non acceptés par l'Église. Contrairement à une légende, les cathares ont peu utilisé les écrits apocryphes. Ce sont les textes de saint Jean qui fondèrent l'essentiel de leur croyance. Toutefois, un apocryphe très connu au Moyen Âge, « la vision d'Isaïe », et un texte bogomile, l'*Interrogatio Johannis*, épaulèrent leur credo.

Apôtre : les cathares, qui voulaient prêcher dans la pauvreté, se donnaient parfois eux-mêmes le nom d'apôtres, « pauvres apôtres de Dieu ».

Aragon : Pierre d'Aragon, le roi, dénonça à Rome les exactions de Simon de Montfort et de ses barons du Nord, qui non seulement commettaient les massacres que l'on sait, élevaient les bûchers, mais surtout violaient femmes, enfants et vieillardes « pour la gloire de Dieu ». Le pape fit de sévères reproches à ses légats et singulièrement à Montfort « pour ses violences et son avidité », dit Caubet. Il les suspendit même de la mission de croisade. Ce qui n'impressionna guère Montfort, qui continua de plus belle ses exactions. Et l'Église ferma les yeux.

Arbrissel (Robert d') : en 1114, le prédicateur Robert d'Arbrissel se rendit à Agen pour ramener plusieurs hérétiques à la foi. L'histoire ne dit pas s'il y parvint, mais, un siècle plus tard, il y eut beaucoup d'hérétiques en Agenais, ils eurent un évêque – plusieurs, en vérité –, et il fallut l'Inquisition et la croisade pour éradiquer les « sectateurs ».

Ardent (Raoul) : à la fin du XIe siècle, le prédicateur Raoul Ardent évoqua les « hérétiques manichéens qui souillent la patrie agenaise ».

Arianisme : hérésie d'Arius (256-336 ans après J.-C.) qui niait la divinité de Jésus-Christ, ce qui provoqua de grands troubles au sein du christianisme naissant. L'arianisme faillit même supplanter l'orthodoxie et devenir *la* religion. Rome gardait en mémoire ce « drame » lorsque apparut l'hérésie du XIe siècle. Arius, qui était prêtre, fut condamné au concile de Nicée. Il soutenait que seul le Père est éternel et que le Fils est, si l'on peut dire, une supercherie. On peut concevoir que cela ne plaisait guère aux tenants de l'orthodoxie romaine. L'arianisme était pratiqué par les Wisigoths qui occupèrent le Midi, où trois ou quatre siècles plus tard s'implanta le catharisme. Mais le catharisme ne s'inspirait pas de l'arianisme.

Arnaud Amaury : abbé de Cîteaux et légat du pape Innocent III, il dirigea la mission de re-évangélisation dans le Midi en 1204. Il vint en Lot-et-Garonne. En 1208, il prêcha la croisade contre les cathares. En 1209, il prit la tête des croisés. Sa responsabilité dans les bûchers était totale. C'est lui qui, à Béziers, dit : « Tuez-les tous, Dieu reconnaîtra les siens. »

Arnaud de Ravinha (ou de Ravignan) : évêque catholique d'Agen. Un des responsables des bûchers et des massacres en Agenais. Il mourut en 1228 et fut enterré à Layrac.

Bacone (Vigoureux de) : l'un des évêques cathares d'Agen, peut-être le plus important. Il était originaire de Castelmoron, où sa famille était considérée comme appartenant à la bourgeoisie. La vallée du Lot fut très propice au catharisme et, curieusement, c'est dans cette vallée – mais pas seulement – que se développa le protestantisme ; on avait gardé dans le cœur la haine de l'Église de Rome. Bacone, appelé parfois Baconia, prêchait non seulement en Agenais, mais aussi en Quercy, en Toulousain ; il se rendit plusieurs fois à Montségur et était accompagné dans ses prêches par plusieurs cavaliers pour le protéger. Le légat du pape en 1219 le considérait comme un « hérétique de haut rang ». Un cathare de Moissac, torturé par l'Inquisition, dit que Vigoureux était un « ministre cathare important ». Il fut capturé à Montségur.

Baiser : il s'agit du baiser de paix que décrivent les rares rituels cathares qui subsistent. C'est une manière affectueuse de clore les liturgies cathares. En fait, c'est un simple baiser « en travers du visage » qui permit à l'Inquisition de dire que les cathares, comme il fut dit pour les Templiers, qui s'embrassaient, étaient sodomites.

Baptême : les cathares ne renient pas le baptême. Ils ne demandent jamais à celui qui reçoit le *consolament** de rejeter ses croyances chrétiennes. Logique : ils se disent bons chrétiens. En revanche, ils contestent la possibilité à un bon chrétien de donner le baptême à un enfant. Pour un cathare, on ne peut recevoir Dieu que si on l'accepte en conscience. Or, un enfant n'a pas de conscience : il ne peut donc accepter Dieu de son plein gré.

Basiliques : selon saint Bernard, aux XIe et XIIe siècles, les « basiliques sont sans fidèles, les fidèles sans prêtres, les prêtres sans honneur, et il n'y a plus que des chrétiens sans Dieu ».

Bastides : certaines bastides furent bâties pour lutter contre les dangers de l'hérésie. C'est pour cette raison qu'elles furent souvent financées en paréage (avec des parrains) entre l'Église et le roi, ou un seigneur local représentant le roi (de France ou d'Angleterre). C'est le cas pour la bastide de Villeneuve-sur-Lot, qui fut construite dans le but de répondre à la destruction de Pujols par Simon de Montfort. Certains habitants de Pujols erraient dans le secteur, rançonnaient les voyageurs. La bastide eut pour mission première de les fixer. La bastide de Puymirol fut fondée par Raymond VII en 1245, selon le même principe. C'est curieusement le péage de Marmande qui fournit les 500 livres de rente à verser à l'évêque d'Agen pour qu'il cède la colline où serait édifiée la bastide.

Bénédiction du pain : pour les cathares, à table, le pain était béni et partagé entre tous les participants au repas. Il ne s'agissait aucunement de transformer ce pain en corps du Christ : il était béni pour qu'il apporte le bonheur, tout simplement. Mais ce geste faisait dire aux inquisiteurs : « Ils tiennent messe pour rien et enseignent qu'on ne doit pas recevoir communion mais seulement partager le pain béni. » Cette coutume de bénir le pain à table a longtemps perduré dans les familles gasconnes, au point que l'Église a fini par l'accepter puis par la revendiquer. Cette bénédiction du pain était largement pratiquée par les premiers hérétiques agenais.

Biron : ce château fut la deuxième cible (suivie de Marmande et de Casseneuil) de Simon de Montfort après la prise de Penne-d'Agenais. C'est un certain Martin Algaï, ancien sénéchal de Gascogne, homme du comte de Toulouse et époux de Raymonde de Gontaud, qui tenait le château. Il fut supplicié par Guy de Montfort. Son corps, recouvert d'un drap noir, fut exposé au pilori puis attaché à un cheval qui le traîna dans les rocailles. Et comme si tout cela ne suffisait pas, on le pendit ! Il faut dire que, pour que la souffrance soit plus légère, un des prêtres de Montfort l'avait entendu en confession. Les habitants du château eurent la vie sauve. Puis Montfort partit vers Moissac. Il y tua plus de trois cents personnes le 8 septembre 1212.

Blanche de Castille : après l'échec d'Amaury de Montfort, après celui du roi Louis VIII et sa mort en galante compagnie (voir « Saint-Ange »), suivie du retour en force de Raymond VII qui avait repris les terres de son père, dont l'Agenais, le pape s'agaça. Les hérétiques étaient toujours là. Grégoire IX voulait « extirper cette hérésie ». Pour ce faire, il écrivit à la très catholique Blanche de Castille et lui demanda de reprendre la croisade. Elle envoya un de ses lieutenants, Hugues de Beaujeu, qui commanda les troupes du Languedoc et ravagea une nouvelle fois le pays, arrachant vignes et fruitiers, brûlant maisons et *castrum*, tuant le bétail. Raymond VII, qui avait dispersé ses troupes dans toutes les villes de l'Agenais qu'il s'était engagé à protéger, ne pouvait, faute d'armée regroupée, faire face. Devant les massacres incroyables perpétrés par les hommes de Blanche de Castille, l'évêque Foulques exprima son bonheur au pape : « Nous triomphons de nos ennemis de merveilleuse manière ! » Mais ces massacres troublèrent l'Espagnole, qui pourtant en avait vu d'autres. Elle proposa un concile à Meaux et incita Raymond VII à y venir. C'était un piège. Raymond VII y fut humilié. Il dut accepter toutes les conditions qu'on lui imposa. Il fut conduit nu sous une médiocre chemise pour jurer qu'il revenait dans le giron de l'Église. « C'était un spectacle digne de compassion, écrit de Puylaurens. On vit un si grand homme, qui avait tant résisté, être conduit à l'autel en chemise ! » Conduit comme on mène un bœuf à l'abattoir. Il dut promettre de combattre les hérétiques. Ce qu'il fit, du reste, à Agen, où il organisa le plus grand bûcher de l'Agenais. Ce fut le triomphe de Blanche de Castille qui, au fond, n'avait fait qu'appliquer le plan de Saint-Ange*, et Grégoire IX confia aux dominicains le redoutable labeur de lancer l'Inquisition.

Bon(ne) chrétien(ne) : terme utilisé par le peuple cathare pour désigner ceux que, par ironie, l'Église de Rome appelait « les parfaits », qui n'ont jamais revendiqué un titre aussi présomptueux. Les vocables « bonhomme » ou « bonne femme » ont le même sens. Il s'agit donc des religieux cathares.

Bonne fin : un cathare ne pouvait connaître une bonne fin (bonne mort) que s'il avait reçu le *consolament**. Cette bonne fin était

Annexe 1

l'espoir absolu de tout cathare. Pour ce faire, à défaut de recevoir le *consolament*, il récitait le *melhorer*, prière qui peut signifier « améliore-moi » et qui disait : « Je prie Dieu pour qu'il fasse de moi un bon chrétien et me conduise à une bonne fin. » Donc à Dieu. À l'inverse, évidemment, une « mauvaise fin » conduisait au diable, au mal.

Bougres : terme péjoratif utilisé pour désigner les cathares. « Bougre » vient de « Bulgarie », d'où l'on pensait que l'hérésie était originaire. Le mot prit rapidement le sens de « débauché » et de « sodomite » – pour abattre son chien, on dit qu'il a la rage. La sodomie fut invoquée de la même manière dans le but de détruire la réputation des Templiers.

Bourg-Dieu : ce nom désigne une abbaye implantée à Déols, dans l'Indre, qui, au début du XIIe siècle, délégua en Agenais un de ses abbés, Hervé, afin qu'il prêchât contre l'hérésie. Hervé dit que l'on appelait tous les hérétiques du nom d'« Agenais ».

Bras séculier : dès lors qu'un cathare passait sur le bûcher ou allait en prison, ses biens revenaient au « bras séculier » ; à celui, en somme, qui l'avait conduit à l'Inquisition ou au bûcher. On comprend pourquoi certains chevaliers du Nord et quelques traîtres gascons offraient volontiers leurs services à l'Église. Celle-ci prononçait la sentence et le bras séculier l'exécutait. Il le faisait d'autant plus rapidement que le condamné était riche, et il accaparait ses biens.

Briques : on appelle « briques des Albigeois » les morceaux de briques que l'on trouve sur le territoire du village de Penne quand on fait des fouilles. Ces briques ont permis de construire le château de Richard Cœur de Lion, qui fut en partie détruit par Simon de Montfort.

Bûcher : peine très chrétienne qui était réservée aux hérétiques.

Buis (Pierre de) : « parfait » cathare qui prêcha en Agenais et disciple d'un « grand » cathare, Henri de Lausanne. Selon les chroniqueurs, Pierre de Buis parcourait l'Agenais (il allait même de Bordeaux à Toulouse) nu-pieds, un bâton à la main. En opposition à l'Église de Rome qui vivait dans l'opulence, lui démontrait que la vraie foi se devait d'être pauvre. Ce qui séduisait beaucoup de monde, du petit peuple aux clercs et aux petits féodaux, d'autant qu'il parlait leur langue, le gascon.

Carême : les cathares respectaient trois carêmes par an.

Caretas : nom gascon du baiser* de paix.

Castillon (Élie de) : il fut évêque d'Agen. En 1160, il fit appel aux religieux de l'abbaye de la Grande-Sauve pour combattre l'hérésie en Agenais. Étape importante sur la *via Turonensis* du pèlerinage à Saint-Jacques-de-Compostelle, l'abbaye de la Sauve-Majeure ou de Grande-Sauve fut un sanctuaire rayonnant, l'un des plus importants d'Europe occidentale au XIVe siècle. Quand, en 1079, le duc d'Aquitaine Guillaume VIII et Gérard de Corbie fondèrent l'abbaye Notre-Dame de La Grande-Sauve avec sept moines, au cœur de la forêt, ils étaient loin de se douter que l'endroit allait devenir une véritable ville monastique. Élie de Castillon, évêque d'Agen, écrivit au prieur de La Grande-Sauve : « J'ai pensé que la vue de votre charité, le bon exemple de vos religieux, la célébration du service divin dans nos églises seraient un puissant moyen de rappeler à la vérité de la foi et à la piété les habitants de Gontaud et des environs » qui, il est vrai, en grand nombre, avaient adhéré aux thèses du catharisme.

Cathare : terme péjoratif inventé par un Allemand, Eckbert de Schönau, aux alentours de 1163 pour ridiculiser les « bons chrétiens » et assimiler leur culte à celui, diabolique, des chats. Ce mot n'a été utilisé qu'à partir du XIXe siècle. L'ouvrage *Die Katharer*, qui fut publié en 1959, en popularisa l'usage.

Caux (Bernard de) : inquisiteur agenais, dominicain. Le 20 avril 1233, le pape Grégoire IX créa l'inquisition dominicaine et désigna deux inquisiteurs en Agenais : Jean Saint-Pierre et Bernard de Caux. Du premier on ne sait rien, mais du second, on a appris, sous la plume de plusieurs chroniqueurs, qu'il faisait preuve d'acharnement. Bernard Gui, chef des inquisiteurs toulousains, dit ainsi qu'il était un grand persécuteur d'hérétiques, « marteau » (*malleus*) des renégats. On redoute le sens réel du mot « marteau ». Gui le décrivit comme un homme « saint et rempli de Dieu ». Il fut le promoteur et le principal fondateur du couvent dominicain d'Agen. Il y mourut et y fut enterré en 1252, soit deux ans après, selon Gui, la disparition de l'hérésie cathare. De Caux était originaire d'Agen. Avec son *alter ego* Jean Saint-Pierre, il siégea à Agen à quatorze reprises, entre le 30 novembre 1233 et le 10 mars 1244. Leurs interrogatoires, accompagnés d'horribles tortures, se

Annexe 1

déroulaient à l'évêché d'Agen, à Saint-Caprais, à Sainte-Foy. Il est étrange que ces deux inquisiteurs dominicains aient considéré que l'hérésie avait disparu de l'Agenais, puisque deux ans après la fin de leurs «travaux», deux bulles du pape, l'une datée du 29 avril 1246 et l'autre du 30 du même mois, exhortaient l'évêque d'Agen à extirper l'hérésie de l'Agenais. Ces bulles devaient exploser, car en juin de la même année 1246, le 10, le pape somma de nouveau l'évêque d'Agen d'agir. Enfin, en 1253, un rapport de l'Inquisition, déposé au couvent des dominicains où fut enterré Bernard de Caux, établissait que les hérétiques étaient très nombreux en Agenais. Ce qui conduisit à de nouvelles condamnations et exécutions jusqu'en... 1261! Soit onze ans après que l'Inquisition avait déclaré que le catharisme était éradiqué! De Caux pratiqua également l'inquisition en Quercy, à Toulouse, à Montauban, etc. On peut retrouver trace de ses interrogatoires aux archives de Toulouse (cote Ms 609).

Chanson de la Croisade (La): formidable poème d'environ dix mille vers en occitan qui raconte – chante – les actes glorieux de la croisade contre les Albigeois. Le poème épique fut écrit par un clerc de Simon de Montfort, Guillaume de Tudèle, dont on imagine aisément l'objectivité. Il commença son œuvre en 1212 et l'interrompit en 1219. Un auteur anonyme s'y colla à son tour en 1220, avec un certain talent que n'avait pas Tudèle; lui, *a contrario*, vilipendait la «méchanceté» des croisés. Ce poème est, avec les cahiers des inquisiteurs, la seule trace écrite de cette épopée farouche.

Charte de Niquinta: un des très rares documents qui donnent des informations sur l'organisation des églises cathares. Les originaux ont, hélas, disparu. Ils ont été traduits par un historien audois, Guillaume Besse, qui, au XVIIe siècle, les avait eus entre les mains. Ces documents relatent l'assemblée des Églises cathares tenue à Saint-Félix-de-Lauragais en 1167. Il y avait un dignitaire bogomile appelé Nicétas, ou Niquinta. Cette réunion installa les évêchés cathares, dont celui d'Agen, exactement cent cinquante ans après que l'Église de Rome eut dénoncé la présence d'hérétiques – nombreux – en Agenais. Il s'est évidemment trouvé des historiens qui ont mis en doute cette charte. Ils ne disposaient d'aucun document pour le faire mais... Cependant, des auteurs sérieux assurent qu'il faut accorder du crédit à ces textes, car ils sont cohérents.

Châteaux cathares : c'est la grande escroquerie touristico-historique, l'une des plus belles récupérations des tour-opérateurs. Il ne faut pas trop la ridiculiser car on pourrait penser, avec raison, que le Lot-et-Garonne, très riche en « châteaux cathares », en « citadelles du vertige », est jaloux. Pour qu'il n'y ait plus le moindre malentendu, disons que Montségur, Puilaurens, Peyrepertuse, Aguilar, Termes, Quéribus, Roquefixade, Lastours-Cabares, Puivert, etc., n'ont jamais été des châteaux cathares. Ils ont été édifiés par le roi de France et certains de ses seigneurs sur la frontière sud, après la croisade contre les Albigeois. Pour Montségur, par exemple, c'est la famille des Lévis-Mirepoix, qui participait à l'attaque de la colline (*pog* en occitan), qui eut pour mission d'établir à l'emplacement de l'ancien *castrum* cathare, totalement rasé et brûlé, un véritable château fort. Il fut bâti au mieux un siècle après la croisade. Il n'a rien de cathare et n'est pas davantage solaire. Tous les lieux ayant abrité des cathares (hameaux, *castrum*, châteaux, maisons, masures, etc.) furent chaque fois, immédiatement après les redditions des habitants, purifiés par le feu et totalement rasés sur ordre formel de l'Église. Inutile, évidemment, d'épiloguer sur les talents mystiques des architectes cathares, sur les plans solaires, sur les cachettes du saint Graal...

Cimetière : il n'y a pas et il n'y a jamais eu de cimetière cathare. Pour les cathares, le corps était du côté du diable, et seule l'âme (l'étincelle d'étoile) qui quittait le corps après la mort était respectable et divine. Ils enterraient donc leurs morts n'importe où, et de nuit.

Comtes de Toulouse : durant la période cathare qui nous intéresse, l'Agenais dépendait des comtes de Toulouse. Ce fut du reste un comte, Raymond VII, qui ordonna le bûcher d'Agen* alors qu'il avait été cathare, mais, pour des raisons de basse politique, il devait montrer son allégeance à l'Église. C'est encore aux comtes de Toulouse – mais aussi aux Trencavel – que Simon de Montfort voulait prendre les belles possessions.

Consolament : mot occitan qui veut dire « consolation ». C'est l'ultime sacrement cathare, le seul, aussi, qui consistait à imposer les mains au-dessus du corps, de la tête, car il avait le sens de baptême de l'esprit. Il ne pouvait être administré qu'à une personne qui l'avait consciemment réclamé et qui allait mourir. C'était une forme de baptême qui avait été pratiqué par les apôtres, en ce sens qu'il délivrait de tous les péchés et sauvait l'âme. Il permettait une bonne fin*. On administrait également le *consolament* à ceux qui désiraient devenir parfaits. Des experts en liturgie chrétienne primitive ont démontré que les rituels de l'Église première du Christ et le *consolament* étaient très proches.

Croisade : dès lors que la chrétienté avait accepté le principe de porter l'épée et la mort au prétexte de délivrer le tombeau du Christ (en réalité pour empêcher les petits féodaux de se déchirer entre eux), chacun pouvait attaquer ses propres frères ou fils, du moment que l'Église le demandait. Que les cathares honorent Dieu n'avait aucune importance ; qu'ils l'honorent d'une façon différente fut le motif que l'on invoqua pour engager cette croisade. En réalité, cette croisade n'avait qu'un but : reprendre au roi d'Angleterre et à ses vassaux régionaux les terres sudistes qui diminuaient la puissance de la France. L'Église était riche, et le développement du catharisme pouvait porter atteinte à sa richesse. Elle devait donc faire cesser cette hérésie. Le roi perdait ses terres, il devait les récupérer. L'alliance objective se fit avec une étrange facilité. Ainsi, en dénonçant le catharisme, Rome le créait. Du reste, certains historiens n'hésitent pas à parler, à propos de la croisade des Albigeois, de « croisade des barons » : entendez des barons du Nord ; il s'agissait des vassaux du roi de France qui avaient spontanément répondu à l'appel du pape. Simon de Montfort* répondit à cet appel, mais la découverte du sud et du « royaume » de la famille Trencavel (vicomtat) et des comtes de Toulouse lui donna envie de devenir vizir à la place des vizirs ; il fit donc de la croisade sudiste une affaire toute personnelle, avec la rage que l'on sait. L'Agenais, qui en porta longtemps les stigmates, dépendait naturellement du comte de Toulouse.

Croisade royale : une fois Simon de Montfort mort, c'est son fils Amaury de Montfort* qui lui succéda à la tête des territoires sudistes. Il fut à son tour vaincu en 1224 et céda « ses » terres au roi de France Louis VIII, qui saisit l'occasion pour aller donner une bonne leçon à « ses » révoltés du Sud, à Marmande, notamment. De religieuse au départ, la croisade devint une affaire personnelle avec Simon de Montfort, puis royale par la volonté de Louis VIII. Défendre la religion n'était plus dans l'esprit de personne.

Croix : il s'agit encore d'une formidable fumisterie sur des bouteilles de vin, des pots de pâté et des jambons audois ou ariégeois prétendument cathares. Outre que les « bons hommes* » ne mangeaient jamais de viande, ils n'ont jamais vénéré la croix, puisque ce n'est que le corps du Christ qui est sur la croix. Or, le corps n'est pas respectable, seule l'âme compte. La croix, pour les cathares, n'est qu'un gibet et, à ce titre, ne mérite aucune admiration.

Diocèses : il y avait six diocèses cathares dans le Midi : Albi, Toulouse, Carcassonne, Agen, le val d'Aran et le Razès (Pyrénées audoises). Agen était une place cathare importante, au moins égale à Carcassonne, qui s'est emparée du catharisme. Il est incompréhensible qu'au sortir de la guerre, au moment où le tourisme prenait son essor, nos édiles aient laissé passer cette formidable opportunité de faire parler de notre département et d'y attirer les amateurs d'histoire. Plus tard, dans les années 1970, quand le catharisme était vraiment « à la mode », il était beaucoup trop tard pour enfourcher ce cheval.

Dominicains : un couvent dominicain fut créé à Agen par Bernard de Caux, chef des inquisiteurs qui sévit en Agenais. Les dominicains, malgré une chanson destinée à rendre hommage à leur fondateur saint Dominique, ne furent jamais aimés dans le Sud. Pourtant, c'est grâce à un dominicain français, Antoine Dondaine, que l'on a appris beaucoup de choses sur le catharisme. Il publia en 1939 un ouvrage fondamental dans lequel il traduisit un grand nombre de textes conservés par l'Église. Grâce à son extraordinaire honnêteté, on découvrit alors le fameux *Livre des deux principes**, la base même du rituel cathare. Il publia aussi des textes anti-cathares attribués à Durand de Osca qui permettent, si l'on en prend le contre-pied, de savoir à peu près ce qu'était le catharisme médiéval. Grâce à ce dominicain, à son sens de la vérité dans la relation des faits, la recherche historique a fait des progrès considérables. Autant il faut observer avec recul l'Inquisition de ses frères au XIIe siècle, autant il faut lui rendre hommage pour son travail remarquable.

Annexe 1

Église : à la fin du XIIe siècle, il y avait quatre Églises cathares (six un peu plus tard) dans le grand Midi : celles de Toulouse, de Carcassonne, d'Albi et d'Agen.

Évêques : Agen eut plusieurs évêques cathares. On ne les connaît peut-être pas tous, puisque ceux que nous citons ici ne sont connus que par les cahiers de l'Inquisition – seule source de l'histoire cathare –, et ils n'ont sans doute pas tous été arrêtés. On ne peut donc citer que Vigoureux de Bacone* en 1220. Était-il vraiment évêque ou occupait-il la fonction ? On ne le sait pas vraiment. En 1223, il céda son siège et sa résidence *Poreus*, à propos de laquelle on ne sait strictement rien non plus, à Barthélemy Cartes, de Carcassonne, qui fut envoyé à Agen par l'antipape hérétique de Bosnie pour devenir évêque. Six ans plus tard, un certain Tento, ou Teuto, qui rejoindra Montségur en 1232, lui succéda. On ne sait rien de lui. Curieusement, et toujours selon les cahiers de l'Inquisition, Vigoureux de Bacone, qui était « fils majeur des hérétiques en Agenais », devint ou redevint évêque d'Agen. Puis, sans que nous connaissions la date de sa mission, Jean Cambriare fut fait à son tour « fils majeur d'Agen ». L'histoire ne délivre pas d'autres noms. Ce qui ne veut pas dire qu'il n'y en eut pas car, après 1250, ce furent forcément plus de quatre évêques qui siégèrent. Mais comme l'Inquisition affirma avec une grande conviction qu'il n'y avait plus de cathares après 1250... on ne trouvait plus, selon elle, d'évêque cathare.

Faydit : terme gascon qui désigne un féodal à qui le roi, ou Rome, a retiré ses droits sur ses terres parce qu'il a adopté la religion hérétique. Il y eut beaucoup de *faydits* en Lot-et-Garonne.

Fils majeur : l'expression « fils mineur » est également utilisée. Les fils majeurs ou mineurs étaient des coadjuteurs de l'évêque, leurs adjoints, ceux qui étaient appelés à les remplacer. Mais dans certaines zones où il n'y avait pas d'évêques, les « fils » prenaient alors leur place.

Foulques (évêque de) : évêque de Toulouse qui fut un incroyable boutefeu. Alors que certains préconisaient le dialogue avec les cathares, il eut cette incroyable réflexion : « Je souhaite non une mauvaise paix mais plutôt une bonne guerre ! »

Gavaudun (château de) : véritable « cité du vertige » ou encore « citadelle cathare », il fut détruit sur ordre de Jean d'Asilha, évêque de Périgueux qui rassembla une véritable petite armée pour attaquer le lieu, qu'il soupçonnait être le refuge d'hérétiques « henriciens ». Il s'agissait en réalité de cathares, mais pour donner de l'importance à son geste, il accusa Henri de Lausanne, un prêtre catholique qui affirmait qu'il « vaut mieux obéir à Dieu qu'à ceux qui prétendent le représenter », d'être le maître des hérétiques de Gavaudun. Il vécut à Toulouse en 1145, et ensuite, on perd sa trace.

Grottes : l'homme qui popularisa le catharisme au XIXᵉ siècle s'appelait Napoléon Peyrat. Il écrivit des romans dans lesquels il affirmait qu'un renouveau du catharisme avait été possible parce que la religion avait continué d'être pratiquée secrètement dans des grottes. En Agenais, dans la vallée de la Masse, il existe une formidable grotte qui porte le nom mystérieux à souhait de « grotte cathare ». Il faut toutefois savoir, malgré la fulgurante imagination de Napoléon Peyrat, que les « bonshommes » n'ont jamais tenu de « messe » au sens catholique du terme et que, par conséquent, ils n'avaient pas besoin de grottes pour s'y recueillir. L'âme seule était l'église des cathares. Au XXᵉ siècle, la fable des grottes a été utilisée par un grand nombre d'auteurs, mais aussi par le nazi Otto Rahn, qui voulait assimiler le catharisme au nazisme. Les Rose-Croix, également, ont largement utilisé le mystère des grottes cathares dans un but bien peu catholique. Toutefois, les cathares, ayant été farouchement pourchassés, se sont cachés dans un grand nombre de grottes. Singulièrement en Agenais, qui en compte beaucoup.

Guillaume V : Guillaume V était duc d'Aquitaine et de Gascogne. En 1027, estimant que l'hérésie manichéenne prenait trop d'importance dans son duché, il jugea bon de mettre fin à cet essor. Il réunit les évêques de son territoire, dont celui d'Agen, en concile à Charroux, dans la Vienne. On ne sait pas ce que décida ce concile, mais il démontre que le catharisme était très implanté en Aquitaine et en Agenais.

Hérésie : l'Église de Rome, dominante, considère comme hérétique tout ce qui n'est pas dans le dogme qu'elle prêche. En Agenais, les hérétiques fourmillaient au XIIᵉ siècle. On y trouvait des priscillianistes, des ariens et des adeptes des cultes solaires.

Innocent III : il s'appelait en réalité Lothaire Conti di Segni. Né en 1160, il devint pape en 1198. Il n'aimait guère l'Agenais.

En 1210, le 28 janvier, il écrivait : « Certains croyants hérétiques continuent de se cacher dans le diocèse d'Agen. Ils ont adhéré à l'arianisme sous prétexte de pureté. » En somme, ce pape estimait que la recherche de pureté n'était qu'un prétexte. Il demanda donc que l'on fasse cesser cette hérésie. Ce qui n'empêcha pas les Agenais, en 1216 et en 1218, de prendre part au soulèvement du Languedoc, au cours duquel Simon de Montfort trouva la mort à Toulouse. Innocent III écrivit deux autres fois aux évêques d'Agen pour qu'ils mettent fin à l'hérésie.

Inquisiteurs : les deux premiers inquisiteurs agenais, Pierre Seila et Guillaume Arnaud, eurent pour mission d'arrêter l'évêque d'Agen, Vigoureux de Bacone. Ils le torturèrent puis le firent brûler, croyant ainsi stopper l'hérésie. Il y eut au moins cinq évêques cathares en Agenais après Bacone.

Inquisition : mot venant du latin *inquisitio* et signifiant « enquête ». En Agenais, le terme prit le sens de torture, souffrance, déchirure de l'âme.

Jeanne d'Angleterre : l'Agenais fut apporté en dot au comte de Toulouse par Jeanne d'Angleterre, sa quatrième femme, en 1196. Elle devait décéder en 1199, mais l'Agenais restait « toulousain ». Attaquer l'Agenais, c'était donc s'attaquer au comte de Toulouse et au roi d'Angleterre, Jean sans Terre. Ce double défi plaisait beaucoup à Montfort.

Lambers : village du Tarn où se réunirent les évêques cathares, dont celui d'Agen, pour adopter une attitude unique face à l'Église de Rome.

Livre des deux principes : ce livre fut écrit dans les années 1230-1240. On peut lire dans ses pages le sens du dogme cathare.

Marmande : Marmande fut attaquée à plusieurs reprises. Après avoir pris Penne-d'Agenais, Montfort voulut s'emparer de « cette porte de l'Agenais où sévissait l'hérésie ». Son intention était, comme d'habitude, de raser la ville. Certains de ses compagnons arguèrent qu'il valait mieux la conserver en l'état car, ville frontière de l'Agenais, elle était une place stratégique. Il les écouta en partie et ne rasa que les murailles. Ce qui était d'une grande bêtise car, sans murailles, il ne pouvait plus la défendre efficacement. *La Chanson de la croisade*, au service de Montfort, raconte cet épisode marmandais. « Marmande se mit en défense contre lui.

Le chambrier du roi d'Angleterre [Marmande était sur les terres de Jean sans Terre] avait amené ses sergents dans la ville. Il avait arboré son pennon au sommet du donjon afin de défendre Marmande. Les habitants, après une courte résistance, se mirent à fuir. Ils s'embarquèrent sur la Garonne et la descendirent le plus rapidement possible jusqu'à La Réole. » Bref, Marmande tomba vite. Lors de ce siège, il y eut peu de victimes. (Pour l'autre bataille de Marmande au cours de laquelle il y eut énormément de victimes, voir « Amaury de Montfort ».)

Mas-d'Agenais : au printemps 1214, après la sanglante bataille de Muret, Simon de Montfort descendit la vallée de la Garonne et attaqua Le Mas-d'Agenais, que Jean sans Terre avait réintégré dans son giron. Ce fut une bataille épique. Les hérétiques de La Réole, en apprenant que Montfort arrivait, armèrent leurs barques et leurs bateaux et remontèrent la Garonne pour s'attaquer au comte. Il réussit à passer mais ne prit pas le Mas. Il fut, en effet, rappelé par le légat du pape à Narbonne pour restituer le fils du roi d'Aragon qu'il détenait en otage, et pour lequel il exigeait une énorme rançon.

Milice : les croisés avaient créé, pour lutter contre l'hérésie, une « milice de la foi de Jésus-Christ », similaire à l'ordre des Templiers. Ces chevaliers avaient une maison à Agen et, pendant longtemps, les cloîtres des Jacobins abritèrent les tombes de deux d'entre eux. Boudon de Saint-Amans parle de « deux tables de marbre qui recouvraient les tombes de ces deux chevaliers ».

Montpezat : possession anglaise, Montpezat fut attaquée par Montfort, qui éprouvait un évident plaisir à défier Jean sans Terre. Il s'empara facilement du château abandonné par ses défenseurs, qui connaissaient la réputation sanguinaire du comte.

Montségur : village ariégeois où fut allumé le dernier bûcher cathare. Deux cent vingt-cinq « bons hommes » et « bonnes femmes » y furent brûlés le 16 mars 1244, au lieu dit *« lou prat dels cramats »*. Deux Agenais tinrent un rôle à Montségur : l'évêque cathare d'Agen, Tento, qui alla demander au seigneur local, Raimond de Péreille, d'accepter que son *castrum* devienne une « citadelle cathare », et Robert de Caux, l'inquisiteur agenais qui tortura quelques cathares de Montségur pour leur faire dire où se trouvait leur trésor qui... n'existait pas.

Annexe 1

Pacte : en 1222, après la mort de Raymond VI, dit « le Vieux », un pacte fut passé entre les villes du Mas-d'Agenais, d'Agen, de Condom et de Mézin, qui s'engagèrent à se prêter mutuellement assistance pour résister aux barons du Nord.

Patarins : surnom donné aux cathares, notamment en Agenais. Il s'agissait en réalité de « révolutionnaires » qui agitèrent le nord de l'Italie au XIᵉ siècle. Ils défendaient des règles morales qui s'opposaient aux formidables richesses de l'Église et aux abus des abbés. On les accusa d'hérésie. Leur nom ne vient pas d'un quelconque refus de réciter le *Pater*, comme on le dit trop souvent, mais d'un quartier de Milan, Pataria, où vivaient des chiffonniers et où naquit la révolte.

Pays cathare : l'expression n'est utilisée qu'à des fins touristiques – respectables ! –, car elle ne concerne que l'Aude et une petite partie de l'Ariège, alors que le catharisme, on le sait, était également implanté en Aquitaine. Pourtant, curieusement, cette région ne figure pas dans la zone d'appellation « pays cathare ».

Penne-d'Agenais : château cathare qui fut conquis par Simon de Montfort après plus de cinquante jours de siège.

Rovinha : en 1209, l'archevêque de Bordeaux et l'évêque d'Agen, Arnaut de Rovinha, pénétrèrent dans cette ville pour en chasser l'hérésie. « S'ils ne se convertissent pas, avertit Rovinha, jetons-les au bûcher ! » Agen connut ainsi ses premiers *cramats* et ses premières victimes. Un an plus tard, en 1210, le même Rovinha écrivait à Simon de Montfort pour que celui-ci vienne personnellement mettre fin à l'hérésie, ce qui prouve que, malgré les bûchers dans Agen, il n'avait pas réussi sa « croisade » : « Je vous aiderai de tout mon pouvoir. Il faut que vous purgiez mon diocèse de l'hérésie et l'affranchir de la suzeraineté du comte de Toulouse. » En quelques mots, tout était dit : l'alliance de l'Église et des barons du Nord qui venaient éradiquer l'hérésie, non pour des raisons religieuses, mais plutôt pour s'approprier les terres du comte de Toulouse. Pour Montfort, attaquer l'Agenais, c'était défier le roi d'Angleterre. Cela ne lui déplaisait pas, lui qui cherchait des terres mais également la gloire. Il la trouva, mais elle fut suivie par la mort du redoutable croisé devant les murs de Toulouse.

Saint-Ange : après les décès de Simon de Montfort et de Raymond VI, leurs fils prirent la relève. Mais le pape comprit qu'il allait une fois de plus dans le mur, que les héritiers allaient se déchirer pour des territoires plus que pour l'Église. Il désigna alors un nouveau légat, le cardinal de Saint-Ange. C'était un homme d'une extrême intelligence. Il décida qu'il fallait, dans un premier temps, inciter le jeune roi Louis VIII à conclure une trêve avec le roi d'Angleterre afin de pouvoir aller sur ses terres chasser l'hérétique, sans s'en prendre, en principe, à la population et aux cultures. Il organisa donc un concile à Bourges auquel participèrent – de force – Raymond VII et Amaury de Montfort. Il fut reproché à Raymond de ne pas avoir obéi à l'Église. À ce concile, un certain Étienne de Bellavilla se plaignit de ce « que les hérétiques infestaient la partie de la province qui se trouvait entre Toulouse et Agen ». Raymond fut donc excommunié, et ses biens attribués au roi de France, ce qui permit à Louis VIII de se croiser pour récupérer le bien que le concile venait de lui attribuer. Il faut dire que Saint-Ange lui avait accordé, outre le bénéfice des terres, dix pour cent des biens de l'Église. Raymond fit face. Les villes de Port-Sainte-Marie, Marmande, Le Mas-d'Agenais, Mézin et Condom se joignirent à lui, ce qui poussa Louis VIII à remettre le siège de Toulouse à l'année suivante ! Il n'eut pas l'occasion de le faire, puisqu'il mourut en remontant vers Paris, en Auvergne, le 8 novembre 1226. On avait tout essayé pour le sauver d'une étrange mélancolie mortelle. On avait même, la veille de son décès, couché à côté de lui « une belle et noble pucelle afin qu'elle lui réveille ses sangs ». On sait désormais que les pucelles ne sont pas un bon remède ! Du moins pour les rois... Les magnifiques plans de Saint-Ange ne purent être appliqués et, pour cette période, la cité d'Agen, que le comte de Toulouse s'était engagé à protéger, fut sauvée, ce qui évita une nouvelle guerre.

Simon de Montfort : avant de devenir le cruel chef de la croisade contre les Albigeois, Simon de Montfort avait déjà exercé ses redoutables talents militaires en terre sainte. C'est du reste en vertu de cette expérience qu'il fut désigné chef des croisés albigeois à l'appel d'Innocent III. Il fut tué en voulant assiéger Toulouse en 1218, et son fils fut définitivement chassé du Sud en 1224 – il était originaire d'Île-de-France.

Templiers : c'est une vue de l'esprit que de dire que les Templiers ont protégé les cathares. Au contraire. Ils ont même participé à la croisade contre les féodaux sudistes qui avaient adopté la religion des « hérétiques ».

Tento (ou Teuto) : nom – curieux – d'un évêque cathare d'Agen. Son existence est attestée par le fait qu'il s'est rendu à Montségur en compagnie de Guilhabert de Castres, évêque cathare du Toulousain, aveu fait par le seigneur de Montségur, Raimond de Péreille, à l'Inquisition.

Tisserand : c'était le métier préféré des prêcheurs cathares, qui allaient de ville en ville exercer leur talent et prêcher leur foi. Contrairement aux clercs de l'Église, eux devaient travailler pour survivre. L'expression de « tisserand itinérant » devint rapidement péjorative, bientôt synonyme d'arien (c'est Bernard de Clairvaux qui, en 1145, importa chez nous ce mot venant du Nord). Ils furent rudement châtiés par l'Inquisition.

Tournon-d'Agenais : Montfort s'attaqua en premier lieu au château de Tournon, qu'il conquit assez rapidement. Il poursuivit par Anthé, *castrum* voisin, par Masquières, et enfin par Montcuq. Il fut stoppé à Penne-d'Agenais*.

Trémolat (Arnaut) : bourgeois agenais et dernier cathare à être exécuté sur le bûcher à Agen en 1261.

Turlupins : hérétiques du XIIIe siècle qui prêchaient la pauvreté. Ils vivaient nus, s'appelaient « frère/sœur de l'esprit libre ». Grégoire XI les excommunia et Charles V les extermina.

Vigne : l'Église ne reculait devant aucune ineptie pour vilipender les cathares. Innocent III, le pape, affirma ainsi qu'ils étaient des « bêtes malfaisantes et avariées » ! Ne reculant devant aucune enflure, il dit aussi que, « gagnés par l'infection, les ceps, au lieu du raisin, ne produisent plus que des fruits dégénérés ». Le vin de messe ne devait guère avoir bon goût !

Vol : durant la croisade, les sergents de Montfort et de l'Inquisition gonflaient volontairement le nombre de cathares, puisque l'Église leur donnait la propriété et les biens des hérétiques brûlés. On imagine aisément que de braves catholiques, pas le moins du monde cathares, furent brûlés vifs par l'Église parce qu'un soudard les avait dénoncés pour bénéficier de leurs biens.

Annexe 2

Lexique des lieux templiers

Ce lexique des lieux templiers en Lot-et-Garonne et des personnages qui ont une relation avec l'histoire du Temple devrait permettre de tordre le cou à quelques légendes médiocres, et d'y voir un peu plus clair dans ce qui reste tout de même un grand mystère...

Agen: le Temple avait quelques possessions à Agen, notamment le clos Sainte-Quitterie, mais les historiens sont partagés sur son emplacement. Il n'en reste plus rien aujourd'hui, à part d'antiques pierres dans quelques résidences privées proches de la rue du Temple.

Agenais: la région est un des hauts lieux du Temple, puisqu'on y trouve la seule commanderie ayant existé entre la Dordogne et la Garonne, celle du Temple-sur-Lot, et une seconde, extraordinairement importante, entre la Garonne et l'océan, à deux pas de Nérac, à Argentens, aujourd'hui disparue. Dans des chartes et des bulles découvertes sur l'île de Malte, plusieurs mentions rappellent que l'Agenais était une place forte du Temple, alors que le Midi toulousain était plutôt sous la « protection » des Hospitaliers. Toutefois, la ville d'Agen ne fut pas une base importante du Temple, même si l'église de Sainte-Quitterie (le clos), aujourd'hui disparue, leur appartenait. Les Templiers tiraient leur richesse de l'agriculture (élevage, vin et froment). Or, dans une cité, il n'est pas possible de cultiver. D'autre part, les Templiers exerçaient une fonction importante pour les pèlerins: ils les hébergeaient. Leur rôle était donc utile à la campagne et beaucoup moins en ville, où l'Église pouvait rendre ce service.

Architecture templière: si l'on en croit le *Dictionnaire raisonné de l'architecture française* de Viollet-Le-Duc, « les édifices circulaires connus sous le nom de "chapelles des Templiers" sont des réminiscences du Saint-Sépulcre [...]. L'ordre des Templiers, spécialement affecté à la défense et à la conservation des lieux saints, élevait dans chaque commanderie une chapelle qui devait être la représentation de la rotonde de Jérusalem ». On peut être un grand maître de l'architecture et se tromper, car, en réalité, non seulement en Orient mais aussi en Occident, l'immense majorité des bâtiments religieux qui furent construits à la manière dont Viollet-le-Duc les a décrits, n'a jamais été édifiée par les Templiers. Ajoutons que les chapelles bâties par eux, en forme de rotonde, sont minoritaires. Infiniment minoritaires, même. En revanche, les Templiers aimaient beaucoup l'architecture octogonale.

Archives : la rareté des documents écrits sur les Templiers en Agenais avant le XIVe siècle favorise l'amalgame entre leur ordre et celui des Hospitaliers, puis l'ordre de Malte. Et comme il est souvent impossible de dater la construction d'un bâtiment, il est difficile de dire avec précision s'il appartenait à l'un ou l'autre des ordres militaires de l'époque.

Argentens : c'est vers 1150 que les Templiers créèrent une maison templière à proximité de Nérac, sur la route d'Espiens, village possédant une tour de garde qui leur appartenait aussi. Il ne reste presque plus rien d'Argentens[1]. Pourtant, cette maison devint la plus importante et la plus riche commanderie du Midi. Un texte du fonds de la commanderie d'Argentens (2 j 139) indique que Rainfort de Montpezat et Austors de Lunac « se donnèrent » à la maison du Temple vers 1188. Montpezat fut le seigneur du château éponyme de 1180 à 1195. C'est à cette date qu'il prit la croix et qu'il partit pour la Palestine. Quelques spécialistes pensent qu'il fonda la commanderie d'Argentens avant de participer à la troisième croisade. Les différents commandeurs y développèrent localement, mais aussi dans toute la région, qu'ils contrôlaient, une agriculture de pointe et une viticulture d'excellente réputation, ce qui les rendit très riches. Il y a de fortes chances pour que le célèbre vin de Buzet soit le « bébé » des Templiers. Un des châteaux de Buzet (Brazalem) tire son nom d'une déformation de Jérusalem, de même que l'on trouve à Nérac le château de Nazareth, dont la « marque » est éminemment templière. En 1154,

---

1. Peut s'écrire de différentes manières, notamment « Argentans ».

le seigneur local Arnaud d'Argentens offrit à l'ordre du Temple les propriétés qu'il possédait à Nérac et dans les environs, et se fit initier templier. Son geste fut imité par de nombreux petits seigneurs locaux qui, en « se donnant » au Temple, l'enrichirent, au point que la modeste église Sainte-Marie d'Argentens, qui constituait le don initial, devint l'église mère du grand Sud-Ouest. De là, les Templiers s'emparèrent de villages, d'églises et de domaines situés dans un rayon de trente à quarante kilomètres autour de Nérac. Leur influence s'étendit de Bouglon* à Francescas, de Mézin (Poudenas) à la Garonne, de Condom à Auvillar. Cet énorme territoire, certes parcellé, généra la haine et la jalousie, tant de la part des petits féodaux locaux que des prêtres, responsables de couvents, propriétaires de moulins. En contrôlant la farine et le vin, les Templiers tenaient la région. On ne leur pardonna pas. Dans cette belle vallée d'Albret et de la Baïse, ils possédaient : le village d'Espiens et sa tour, le château de Nazareth, le château de Gardère (Moncrabeau), le domaine de Lagrangerie (à proximité de Mézin), l'hospice du Nomdieu, les immenses bois de Lamontjoie et Francescas, les terres de Marsan, de Compostelle (Moncrabeau), de Fargues, de la Tour-d'Avance, de Casteljaloux, de Cours*, de Gouts, de Puysserampion, de Puy-Fort-Eguille*, etc.

Argenton : une maison templière servant d'hospice aux pèlerins était jadis installée dans ce village. Aucun document n'indique si cette « annexe » était rattachée à Cours* ou à Bouglon*.

Auger de Bedeissan : il fut de 1154 à 1159 le grand maître des commanderies de l'Agenais. Hélie de Focald lui succéda en 1161, jusqu'en 1169. Les grands maîtres de Gascogne, donc d'Argentens*, furent W.-P. d'Estugas (1170-1180) et Jourdain de Corbariu.

Baillie : les établissements fondés en Agenais dépendaient de la maîtrise de Saint-Gilles (ou de la Provence), dont l'Agenais était une « baillie », c'est-à-dire un territoire surveillé par un « bayle », responsable désigné par opposition à « héritier ».

Baphomet : idole que l'on reprocha aux Templiers d'adorer. Or, ce vocable n'a jamais été prononcé par les Templiers, même lorsqu'ils furent torturés. Toutefois, Gaucerant de Montpezat, Templier originaire de l'Agenais, avoua avoir adoré une « image baphométique ». En langue d'oc, il s'agit d'une déformation de

Mahomet, comme semble le dire un poème de 1265, *Ira et Dolor*: «*E Bafomet obra de son poder.*» («Et Mahomet fait briller sa puissance.») Le terme «Baphomet» n'a donc jamais été prononcé par les accusateurs ni par les Templiers, mais seulement sous sa forme adjectivale baphométique (ou bafométique). Le témoignage du frère Gaucerant n'en fut pas moins à l'origine d'un malentendu qui permit aux auteurs et occultistes des siècles suivants, et particulièrement au xixe, d'inventer le terme «Baphomet», donnant lieu à tous les fantasmes possibles et imaginables. Bêtise qu'il convient de dénoncer.

Béziers: ce nom, qui n'est pas celui de la ville emblématique de l'Hérault, donna bien du souci aux historiens qui se penchèrent sur l'histoire des Templiers. C'est en effet Esquieu de Floyrac de Béziers* (ou Floyrian, selon les graphies de l'époque) qui fut à l'origine de l'éradication du Temple. Floyrac est aussi le nom d'un quartier d'Agen, tandis qu'Esquieu était un prénom fréquent en Agenais à cette époque. Esquieu de Floyrac était donc agenais au sens régional du terme. Béziers a beaucoup intrigué et a généré d'intenses recherches dans la ville éponyme. Or, ce mot est aussi le nom d'un lieu-dit de Marmont-Pachas, en Agenais. Il fut porté sous sa forme latine de «Biteris» par une grande famille de l'Agenais. L'un de ses membres, Étienne de Béziers, fut chanoine d'Agen; un autre de Béziers fut clerc et juge (renommé) d'Alphonse de Poitiers. En 1270, son neveu, Pierre de Béziers, fut nommé chanoine à Saint-Caprais, à Agen. C'est Y. Dossat qui découvrit que cette famille était originaire de l'Agenais, du lieu-dit «Béziers», installée sur la commune de Marmont-Pachas, en Brulhois.

Bouglon: certains documents présentent Bouglon comme une possession templière, d'autres comme une maison hospitalière. La ville ou certains terrains du village appartinrent forcément aux premiers avant d'être cédés aux seconds.

Brulhes: nom de la commanderie devenue aujourd'hui Le Temple-sur-Lot. Au xiie siècle, la maison templière était appelée «temple de Brulhes» ou «de Breuil», qui signifie «garenne», ou «petit bosquet» rattaché à une maison. Ce qui, durant assez longtemps, fit faire une confusion aux historiens, qui prenaient Brulhes pour Bruilhois, qui a la même origine étymologique. Par un acte de donation daté du 5 mai 1288, Guillaume Amanieu de Castelmoron donna aux Templiers ses droits de seigneur et ses revenus du péage qu'il détenait sur le Lot. Il s'agissait en fait d'un gué, qu'il détenait et contrôlait sur les deux rives de la rivière. Toute personne qui voulait traverser le Lot devait présenter un droit de passage. Il octroya ce droit au Temple, privant ainsi le couvent de Fongrave, à qui il fournissait la moitié de ces péages, d'un très confortable revenu. Il leur donna aussi la dîme qu'il percevait des chapelles de Saint-Gervais et de Saint-Avit. Ces dons, qui permirent la création de la commanderie du Temple-sur-Lot, agacèrent au plus haut point les résidents du couvent et les prêtres des deux chapelles. Ces derniers se souvinrent de leur colère ancienne quand il fallut juger le Temple.

Buisson (théorie du): l'expression date de l'époque templière. Quand une commanderie s'installait, on observait le « phénomène du buisson »: comme cet arbuste, le Temple foisonnait tout autour, occupant toute la place. Autrement dit, les Templiers s'emparaient de tout. Ils réalisèrent la plus grande partie de leur acquisition en Agenais, entre le milieu du XIIe siècle et celui du XIIIe siècle. Cela leur valut un grand nombre de conflits avec l'Église, comme ce fut le cas avec le monastère du Paravis, auquel les Templiers chipèrent une grande part des terres (voir « Port-Sainte-Marie »). Leur but était de constituer de vastes territoires d'un seul tenant et de se livrer à une agriculture très moderne pour l'époque.

Cette attitude expansionniste généra un grand nombre de procès. Le 29 mai 1209, Bernard de Lausseignan se donna, ainsi que ses biens, au Temple d'Argentens. À son décès, un de ses parents, Pons d'Andiran, contesta ce don et porta l'affaire devant la sénéchaussée d'Agen. Mais le sénéchal d'Agen avait lui-même un frère templier, et il condamna Pons d'Andiran à payer une amende... aux Templiers.

Plusieurs affaires du même genre agitèrent la région. En 1255, Galard de Larroque fut accusé d'avoir diffamé les Templiers. On lui reprocha ses injures faites aux commanderies, aux frères, aux donnats*, à la suite de la cession d'une terre remontant à 1168. Condamné, il dut se rendre à Argentens à pied, en chemise et en braies. En ce lieu, devant ses amis réunis, il demanda pardon à genoux pour les outrages et imputations par lui prononcés.

On ne compte plus les conflits de même nature, et les minutes de la justice de l'époque regorgent d'anecdotes du même acabit. Chaque fois, les Templiers gagnaient. Chaque fois au détriment des propriétaires locaux. Pour compliquer la situation, si les Templiers étaient riches, s'ils possédaient du vin et du blé – donc du pain et de la volaille – quasiment à profusion, une crise économique surgit entre 1280 et 1300. La famine sévit à Agen en 1305. Les nobles locaux connaissaient d'énormes difficultés depuis 1270, ce qui rendit les Templiers très antipathiques aux yeux de beaucoup, qui les voyaient vivre aisément alors que le peuple mourait de faim.

Bulle : une bulle papale d'Innocent IV du 2 octobre 1245, adressée au commandeur et aux frères de la chevalerie du Temple d'Agen, leur confirma la possession des églises de Sainte-Marie d'Ayguetinte (Gers), de Laroque, de Saint-Léon, etc.

Casteljaloux : les Templiers ont possédé une maison à Casteljaloux mais les Hospitaliers aussi. Elle dépendait d'Argentens.

Chevalier profès : est appelé « chevalier profès » celui qui a fait les trois vœux d'obéissance, de chasteté et de pauvreté.

Commanderie : outre le personnel nécessaire au bon fonctionnement et à l'entretien des immenses terres agricoles que possédait la commanderie d'Argentens, le commandeur était en général assisté par quatre à cinq frères. S'ajoutaient les donnats*. Les vrais Templiers n'étaient donc pas très nombreux dans chaque commanderie, mais ils furent redoutablement efficaces, omniprésents, et leur patrimoine s'accroissait sans cesse, soit par rachat soit par donation. Ce qui créa d'immenses jalousies qu'il fut facile d'exploiter plus tard.

Commandeur : le 3 octobre 1246, le pape Innocent IV confirma le précepteur du Temple d'Agen comme commandeur des églises d'Ayguetinte (Gers), de Saint-Saturnin de Rupé, d'Argentens, de Puy-Fort-Eguille*, de Saint-Léon, de Cours*, de Romestaing, etc. Lui succédèrent Bernard Guichet d'Aspet, de 1249 à 1266, puis Pierre de Sombrun jusqu'en 1285. Furent commandeurs d'Agen Jordan de la Cantrarie (1175), Bernard de Bordes (1250) et Guillaume-Bernard de Laymont (1298).

Cours : deux villages se nommant Cours ont été des possessions templières. L'un se trouvait à la limite de la Gironde et du

Lot-et-Garonne, et dépendait d'Argentens, où l'on produisait du vin. Il était élevé dans un formidable château qui montrait alors la puissance mirifique des Templiers. Furent rattachées à Cours les possessions de la Tour-d'Avance, à côté de Fargues-sur-Ourbise*, de Bouglon* (dont les seigneurs fondèrent pourtant Cours en donnant des terres), de Romestaing, de Saint-Loubert et, plus modestement, de Couthures-sur-Garonne, d'Asque et de Barbefère. Mais les Templiers possédaient un autre Cours, non loin du Temple-sur-Lot. Il s'agissait d'une grange, autrement dit d'une maison où ils stockaient le blé, le vin et les aliments dont ils avaient besoin.

Dominipech : ce hameau se trouve sur la commune de Saint-Salvy, dans le canton du Port-Sainte-Marie. C'était une possession templière. Il ne subsiste que la belle église et des portions de mur (abside semi-circulaire). Il y avait pourtant ici une commanderie qui dépendait peut-être d'Argentens.

Donnat : un nourrisson abandonné devant ou dans les églises du Temple et, à ce titre, donné aux Templiers, devenait un donnat.

Esquerdes : le lieu appartenait, dit-on, aux templiers de Romestaing. Mais Romestaing était-elle templière ou hospitalière ? Un mystère qui fait couler beaucoup d'encre.

Esquieu de Floyrac de Béziers : l'orthographe de ce patronyme varie selon les écrits. Cet homme s'appelle alternativement Floyrac ou Floyrian. Il a une importance considérable dans la disparition du Temple en France. En effet, c'est son témoignage qui permit à Philippe le Bel et, surtout, à Nogaret, son âme damnée, d'éradiquer l'organisation templière. Or, il se trouve qu'Esquieu de Floyrac était de l'Agenais. Le Béziers, qui complète son nom, est un lieu-dit situé sur le territoire de la commune de Marmont-Pachas, où il y avait une maison templière. Et c'est dans la prison d'Agen qu'Esquieu, lui-même templier un temps, recueillit les aveux d'un autre templier, codétenu et condamné à mort, sur les turpitudes supposées ou réelles du Temple. Une fois sorti de prison – certains s'interrogent pour savoir s'il n'y était pas entré dans le dessein d'obtenir des confidences inventées ou préparées à l'avance, et si, en réalité, il n'était pas un des hommes de Nogaret, grand pourfendeur du Temple –, il en informa beaucoup de monde, fit naître la fameuse « rumeur d'Agen » et écrivit une lettre au roi d'Aragon, à Lérida :

« Valet de l'illustre roi de France [...], sache votre majesté que vous fûtes le premier prince du monde à qui je manifestai ledit fait [les turpitudes des Templiers] à Lérida, en présence de frère Martin Datecha, votre confesseur. Vous ne voulûtes pas alors, monseigneur, ajouter pleinement foi à mes dires. C'est pourquoi je m'adressai au roi de France, qui s'informa et trouva ledit fait aussi clair que le soleil en son royaume. Et sachez, monseigneur, que lorsque la chose fut claire pour le roi de France, je vous adressai mes lettres de créance par Martin Pierre Marcadiel, clerc du roi de France, qui a dû vous expliquer toute l'affaire de ma part. [...] Souvenez-vous, Monseigneur, que vous m'avez promis que si ce que je disais des Templiers était avéré, vous me donneriez 1 000 livres de rente et 3 000 livres en argent sur lesdits biens. »

En somme, il réclama le paiement de sa trahison. Et il le reçut. La seigneurie de Montricoux, qui était en fait une commanderie templière (Tarn-et-Garonne) dont les revenus étaient estimés, à l'époque, à 1 100 livres tournois, lui fut offerte.

Outre ce troublant personnage, les principaux dénonciateurs et persécuteurs des Templiers se rattachaient, soit par leurs charges, soit par leur origine familiale, à l'outre-Garonne ou au Brulhois.

Fargues-sur-Ourbise : l'église fortifiée de Fargues fut un des nombreux domaines templiers de l'Agenais. Elle ressemble comme deux gouttes d'eau à celle, bien connue des pyrénéistes, du temple de Luz. Mais d'autres sources indiquent que la Fargues initiale, qui devait devenir bastide, ne put jamais être réalisée.

Fidélité : à la mort d'Alphonse de Poitiers, le roi de France exigea des seigneurs de l'Agenais qu'ils signassent un procès-verbal attestant qu'ils venaient de prêter serment de fidélité au roi. Ce procès-verbal fut signé à Agen *in domo templi*, dans la maison du Temple, donc en présence d'Armengaud des Aiguilhiers, commandeur de la maison de Sauvagnas*. On ne peut pas dire avec précision où se trouvait cette maison du Temple à Agen.

Fieux : Fieux fut une possession templière. Une antique légende raconte que le commandeur local, le premier jour de mai, autorisait les habitants du lieu à « chaparder » les pigeons du Temple qui possédaient une réputation d'excellence. Fieux n'a plus de pigeons sauvages, ni d'ailleurs la moindre trace de cette histoire templière.

Filles : Foulques, un homme de bonne volonté, fit un jour remarquer à Richard Ier d'Angleterre « que de sa cour, il devait bannir trois filles, l'orgueil, la paillardise et l'avarice ». À quoi le roi répondit qu'elles n'y étaient plus puisqu'il les avait mariées : l'orgueil aux Templiers, et les deux autres aux Hospitaliers ou ordre de Malte et à l'Ordre teutonique.

Fonds du grand prieuré de Toulouse (ordre de Malte) : il détient absolument tout ce qu'il est possible de savoir sur le Temple et les Templiers en Agenais aux XIIe et XIIIe siècles (Archives de la Haute-Garonne).

Fortune : au XIIIe siècle, un jeu de mots courait la campagne. En Agenais, les Templiers étaient nombreux. Ils n'y protégeaient pourtant pas les pèlerins. Que faisaient-ils donc, puisqu'ils n'étaient pas oisifs ? « Fortune ! » répondaient les plus courageux. Le problème est que l'on ne retrouva jamais la trace de cette fortune...

Giac : un certain Giac, Templier originaire de l'Agenais, confessa qu'étant à Chypre, le grand maître abusa trois fois de lui en une nuit. Quelle santé, d'autant que le maître n'était pas jeune. Il déclara aussi avoir adoré une tête en bois – Baphomet* ? – et en argenterie, qui avait une grande barbe, et que l'on ne voyait cette tête qu'aux chapitres généraux. Précisons que malgré les incessantes recherches des hommes de Nogaret, jamais le moindre Baphomet ne fut découvert.

Gonfanon : le gonfanon, ou gonfalon (en ancien français, *confenons*), est un morceau d'étoffe quadrangulaire, comme la bannière, ou terminé par des pointes. Il était attaché à la hampe ou au fer d'une lance et pouvait y être enroulé. On disait « fermer le gonfanon » pour l'attacher à la hampe. L'orthographe « gonfalon » (gonfalonier pour le porteur) est également très fréquente, bien que l'étymologie fasse préférer gonfanon. Il ne fallait pas que le gonfanon soit très grand, puisque l'on combattait avec la lance à laquelle il était fixé et que l'étoffe pouvait pénétrer dans la blessure. Le baucent, ou gonfanon baucent, était la bannière, véritable palladium de l'ordre du Temple. En temps de paix, il était gardé en la maison du maître. En temps de guerre, il était toujours emmené en expédition, mais devait se tenir auprès du « *hault seigneur ayant fonction et honneur de maître* », comme le précise la Règle. Lors d'une halte au cours de laquelle on dressait le campement, le baucent devait figurer auprès de la tente ronde du maître, si ce n'est « *en icelle tente* ». La Règle dit encore que la bannière était portée par le maître – ce qui devait être rarement le cas, compte tenu de ses fonctions de commandement – ou par le maréchal ou son assistant, et gardé par des frères chevaliers qui devaient l'entourer du mieux qu'ils le pouvaient. Un frère chevalier ne devait « laisser le gonfanon pour aucune raison », au risque d'être exposé à une punition sévère. Ce n'est que lorsque le dernier étendard tournait « à déconfiture » qu'il pouvait lui-même s'enfuir et se réfugier « là où Dieu le conseill[ait] ».

Grange : tous les lieux-dits ayant pour racine le mot « grange » furent autrefois des possessions templières. C'est le cas de Granges-sur-Lot, jadis dépendance du Temple-sur-Lot, mais également d'un grand nombre de lieux-dits du département, tels que Lagrangerie, les Grangettes, Granges, Grangeou, etc. La commanderie de Sauvagnas* possédait huit granges.

Hérésie : la méthode de Nogaret était simple. Pour éradiquer le Temple, il suffisait de l'accuser d'hérésie. Ainsi transforma-t-il tous ses adversaires, y compris le pape, en hérétiques.

Hospice : les Templiers de l'Agenais possédaient un hospice dans l'enceinte de la ville, tout près de la rue du Temple, celui de Sainte-Quitterie, église templière proche d'Agen. Toute trace de cet hospice a disparu.

Hospitalité : des Templiers, on ne retient souvent que leur rôle militaire. C'est oublier un peu vite qu'ils furent aussi, et peut-être surtout en Agenais, très hospitaliers, hébergeant les pèlerins qui allaient à Saint-Jacques-de-Compostelle ou à Jérusalem. Au Moyen Âge, aucune route n'était sûre ; le voyageur n'était à l'abri que dans les villes ou dans les châteaux. Deux siècles après l'avènement du Temple, en Agenais, on édifia des bastides servant de refuges à des populations sans cesse rançonnées et pillées par les bandits de grands chemins : les routiers, ou rouliers. Tout le monde, donc, trouvait refuge dans une maison templière, y compris les criminels, à condition d'y entrer libre. Cette notion d'hospitalité a été totalement oubliée par les historiens, par les archéologues et même par Viollet-le-Duc dans son *Dictionnaire raisonné de l'architecture française*, qui ne donne du mot «Temple» que des définitions de tours de défense, de donjons ou d'églises circulaires. Le Temple (sur-Lot) fut édifié sur une antique voie romaine, le Cami-Herrat, qui reliait Eysses à Aiguillon. Il était à égale distance des deux villes (dix-sept kilomètres), ce qui correspondait au chemin que pouvait parcourir, avec de fort mauvaises chaussures, un pèlerin de l'époque. La fonction hospitalière avait donc été mûrement réfléchie.

Lavernha : Géraud de Lavergne, dit «Lavernha», fut avec Esquieu de Floyrac de Béziers* et Bernard Pelet* le troisième personnage de l'Agenais à participer très activement et très tôt à la destruction de l'ordre du Temple. Il fut le dernier précepteur du temple d'Andrivaux et du diocèse de Périgueux. Il était également précepteur de la maison du Temple de Saint-Michel, diocèse de Bordeaux. Il raconta qu'«on avait menacé de le tuer parce que c'était lui qui, le premier [c'est faux ! C'était Béziers], avait révélé les secrets de l'Ordre». Ancien Templier, il en fut le plus redoutable inquisiteur.

Manipulation : trois hommes originaires de l'Agenais, Esquieu de Floyrac de Béziers*, Bernard Pelet* et Lavernha*, agirent de concert pour nuire au Temple. Esquieu de Béziers fut le premier, Bernard Pelet le deuxième (il prétendit toutefois avoir été le premier afin d'être récompensé, ce qui fut fait), et Lavernha devint un grand inquisiteur alors qu'il avait été templier. Pour beaucoup de spécialistes, une question se pose : comment ces trois hommes ont-ils pu, en même temps et avec les mêmes accusations de pédérastie, dénoncer le Temple s'il n'y avait pas eu montage ? S'il n'y avait pas eu, derrière leur démarche étrangement similaire et simultanée, une même volonté, celle de Nogaret, fossoyeur numéro un du Temple ? Comme par hasard, Esquieu de Béziers reçut une récompense, Bernard Pelet, qui fut envoyé en Angleterre pour convaincre le roi, fut promu dans la hiérarchie ecclésiastique, et Lavernha devint très riche.

Mystère : le Temple et son histoire regorgent de mystères. Et il en est un qui hante depuis longtemps les chercheurs d'espérance :

ce sont les trois lignes inscrites sur l'arc triomphal de l'église de Dominipech:

H + C

L b R

C b P

Personne, pour l'instant, n'est parvenu à décrypter le sens de ces neuf signes. Neuf: trois fois trois. Or, trois, le chiffre de la Trinité, est aussi le chiffre sacré des Templiers. Et neuf est le nombre initial des premiers Templiers. Dans la revue *Historia*, en 1978, François-Xavier de Vivie écrivait: «Le mystère existe. Il est né de la déchéance soudaine du Temple, de l'énormité des accusations qui l'ont accablé, des ombres qui ont escorté son procès!» En peu de mots, tout était dit.

Nazareth: château templier de la région de Nérac, d'abord rattaché au temple d'Agen puis associé – ce qui est logique – à celui d'Argentens, tout proche, avec lequel fut édifié le moulin de Récaillau. Argentens possédait bien d'autres moulins et beaucoup de vignes, ancêtres de celles de Buzet.

Nomdieu (Le): avant d'appartenir à l'ordre de Malte, Le Nomdieu, qui était un hospice pour pèlerins, fut une possession templière. En échange du respect de leurs possessions, que visaient les Templiers du Port-Sainte-Marie, les sœurs qui dirigeaient le couvent du Paravis leur donnèrent plusieurs terrains au Nomdieu.

Oblat: le Temple n'acceptait pas les oblats, c'est-à-dire les jeunes enfants que certaines familles offraient à Dieu et, en réalité, à l'Église. Il n'y avait point d'oblats chez les Templiers. On ne connaît pas la raison précise de cette règle.

Pelet (Bernard): il fut templier et prieur du Mas-d'Agenais. Il participa à la trahison de son ordre et devint même un redoutable inquisiteur. Edouard II, roi d'Angleterre, écrivit le 30 octobre 1307: «Nous avons fait exposer devant nous [...] par maître Bernard Pelet, prieur en Agenais, ce qu'il avait à dire sur la détestable hérésie dont vos lettres [celles du roi de France] font mention. Comme ces choses paraissent incroyables, nous avons ordonné à notre sénéchal du pays de l'Agenais [à cette époque, l'Agenais était anglais, guerre de Cent Ans et Aliénor d'Aquitaine obligent], où ces bruits ont pris naissance, de comparaître en notre présence ! » Le sénéchal confirma la rumeur. Il ne put toutefois garantir que ce qu'elle disait était vrai. Les Pelet étaient issus d'une famille de petits seigneurs installés près de Buzet-sur-Baïse. Il existe même un moulin antique du nom de Pelet dans la paroisse de Saint-Jean de Lompian. On retrouve leur trace dans un nombre incroyable de bulles de Clément V : ils sont cités au moins vingt-sept fois. Le nom de Bernard Pellet apparaît dans le bullaire à partir de 1308 (bulle n° 2633). Il s'agit en fait d'une reconnaissance de l'importance de son rôle. On lui promet même une récompense pour son entreprise de persécution des Templiers. À la fin de sa vie, il était très riche.

Port-Sainte-Marie : le Port-Sainte-Marie est probablement une des rares communes de si petite taille à posséder deux églises gothiques. La plus imposante, Notre-Dame, est l'église paroissiale de la bourgade. L'autre, élégante mais simple, colporte dans les souvenirs des Portais deux noms qui rappellent son passé : elle est appelée « église du Temple » ou encore « prieuré », bien que ce dernier terme désigne plutôt l'ensemble que possédait jadis ici l'ordre militaire et religieux des Templiers. Car outre le fait que le Port-Sainte-Marie possède deux églises, l'une d'elles est une réalisation gothique templière majeure. L'une des plus importantes du Sud-Ouest et, du reste, la seule dans cette région. Comparée à l'ensemble des lieux de culte templiers, elle est la seule à posséder une si grande dimension. Par ailleurs, il ne fait aucun doute que ce magnifique monument recèle quelques secrets. Il faudra bien que l'on prenne un jour la décision, sans cesse reportée depuis huit siècles, de lui conférer un usage rendant hommage à sa beauté, à son antiquité et à son étonnante faculté à résister au temps et à traverser les siècles avec une belle nonchalance.

L'église du Temple fut achevée en 1298, ce qui en fait probablement la dernière église bâtie par l'ordre du Temple, qui disparut en 1307. C'est Pierre de Pélaport qui, en 1203, se donna au Temple, autrement dit adhéra à l'Ordre en lui cédant ses biens, ce qui permit aux « pauvres chevaliers » de s'implanter au Port-Sainte-Marie, dans un quartier de la ville du nom de Praissas, ou Prayssas, dans le secteur d'une église dédiée à Saint-Vincent, à l'écart du village.

Les biens en question étaient composés d'une maison et de quelques terrains. La maison était proche de l'église Saint-Vincent, les terrains l'entouraient. Et ce furent les Templiers d'Argentens, à côté de Nérac, qui devinrent les maîtres de cet endroit.

Cette commanderie templière fut la plus importante de Gascogne, la plus riche, aussi. Elle possédait plusieurs hectares labourables, des moulins, beaucoup de vignobles, et se distinguait des autres commanderies par une volonté expansionniste peu commune. C'est dire si rapidement, la maison du Port-Sainte-Marie, qui n'était qu'une «précepterie», devint puissante. La commanderie fit bâtir la formidable église gothique que nous connaissons aujourd'hui, puis chercha à s'emparer, par l'achat ou le don, d'un grand nombre d'autres biens dans le voisinage.

Ce désir de s'agrandir n'était guère du goût des sœurs fonte-vristes du prieuré du Paravis, car elles possédaient le fief de Praissas et, par conséquent, la dîme que rapportait l'église. Voir dans leur jardin une autre église se construire provoqua le cour-roux des dames de Fontevreau et de leur prieur, qui entama une guerre judiciaire à l'encontre des Templiers.

En 1271, la «guéguerre» se poursuivit. Arnaud d'Aulon, com-mandeur de la maison du Temple du Port, acheta une parcelle, le barry du Port, que le prieur du Paravis, Hugues de Roquefort, revendiqua comme étant sienne. Le prieur était d'autant plus en colère que les Templiers voulaient construire un cimetière, qui rapportait la dîme, et un four, qui enrichissait le fournier. Et comme si tout cela ne suffisait pas, un chevalier du Paravis se donna à son tour au Temple, et offrit à ses nouveaux frères le droit de péage sur terre qu'il possédait au Port. Car jadis, pour circuler, il fallait payer des octrois. C'est cet octroi portais qui tomba dans l'escarcelle du Temple. L'année suivante, ce fut le péage de la Garonne (le bac et le gué) qui devint propriété des Templiers.

Le résultat était simple : pour venir en leur église Saint-Vincent, les sœurs devaient payer ; pour traverser la Garonne, elles devaient encore payer ; pour ensevelir leurs sœurs décédées, elles devaient toujours payer. Ce qui, on s'en doute, créa la zizanie et quelques insultes fort peu catholiques.

Les dames du Paravis – c'est ainsi qu'on les nommait –, en 1293, se plaignirent auprès du roi des grignotages incessants des Templiers sur leur domaine. Le sénéchal d'Agen fut chargé d'enquêter. Mais comme il craignait les Templiers, il jugea préférable d'attendre. C'est ainsi que quatre ans plus tard, en 1297, des terres jouxtant le prieuré du Paravis, où vivaient les sœurs, furent données aux Templiers d'Argentens, qui s'empressèrent de les offrir à leurs frères du Port-Sainte-Marie. Cela dut amuser le voisinage, car un bourgeois du Port, qui possédait un champ derrière le prieuré du Paravis, l'offrit à son tour au Temple. Les sœurs étaient littéralement cernées.

Elles comprirent que toute lutte était vaine. Elles se décidèrent alors à négocier et à échanger les biens que possédaient les Templiers au Port et au Paravis contre d'autres biens qu'elles avaient au Nomdieu, où le Temple détenait une commanderie. Le troc fut respecté. La formidable église templière fut dès lors abandonnée, les sœurs lui préférant celle de Saint-Vincent.

Depuis, ce joyau templier est devenu, solide mais en danger, une simple grange, car les différents architectes des Bâtiments de France qui ont défilé dans le département ont imposé de tels travaux de restauration à la commune du Port que celle-ci a toujours été dans l'impossibilité de les réaliser. Il faudra pourtant s'y atteler un jour...

Possessions templières : selon une bulle d'Innocent IV, en Agenais, les Templiers possédaient, en date du 3 octobre 1246, quatorze églises et paroisses. Treize sur la rive gauche, et une seule sur la rive droite de la Garonne : Le Temple-sur-Lot, jadis Temple-de-Brulhes. Au XIIIe siècle, une formule compare les Templiers à un petit buisson : « Quand une maison templière s'installe, on observe le phénomène du buisson : ça foisonne et ça pousse en tous sens, à tel point qu'il s'empare de tout l'espace libre qu'il y a autour de lui ! » Argentens est un bel exemple de ce désir d'accaparer des terrains. Les templiers d'Argentens comprirent deux choses : les terrains de la région de Nérac étaient propices à la viticulture (la future appellation de Buzet), et la Garonne, que l'on rejoignait de Nérac grâce à la Baïse, permettait d'acheminer les barriques de vin vers le port de Bordeaux. La région serait donc viticole. Alors ils achetèrent et, souvent, se faisaient donner le maximum de terrains. Ce qui exacerba les jalousies, créa de petites haines et généra bien des conflits, y compris avec l'Église, comme avec le monastère et couvent du Paravis, où les Templiers n'hésitèrent pas à s'emparer de terrains qui appartenaient à l'Église. Leur but était de composer de vastes territoires d'un seul tenant. On trouve ainsi leur trace dans la zone de Buzet – assez loin de Nérac, donc –, où un vignoble, nommé aujourd'hui « Brazalem », s'appelait jadis « Jérusalem » (ils avaient un château de Nazareth à côté de Nérac), où l'on produisait déjà du vin.

Tant à Argentens (Nérac) qu'au Temple, les Templiers s'agrandirent au détriment de la petite noblesse ou bourgeoisie locale. Ils allaient payer cette volonté hégémonique au prix fort.

Voici la liste des possessions templières en Lot-et-Garonne et dans le territoire qui composait jadis l'Agenais (à noter que la possession d'une église ou d'une chapelle permettait d'en percevoir la dîme, et celle d'un gué ou d'un pont donnait droit au péage) : Dominipech (commune de Saint-Salvy, canton de Port-Sainte-Marie, église) ; Saint-Antoine-de-Ficalba (chapelle) ; Saint-Avit (chapelle) ; Saint-Caprais (église) ; Saint-Gervais (chapelle) ; Saint-Jean-de-Ferran (chapelle) ; Saint-Jean-Villedieu (chapelle) ; Saint-Jean-d'Aubèze, à Laguarrigue (église) ; Saint-Jean-d'Euniac, à Monclar (église) ; Saint-Jean-de-Bellême, à Montpezat (église) ; Saint-Jean-de-Peyrière, à Laparade (église) ; le temple de Carisaille, près d'Age ; le temple sur Mérens, à Pont-du-Casse ; le territoire complet des communes de Le Nomdieu, où il y avait un hospice, et de Saint-Vincent-de-Lamontjoie ; des propriétés à Marmont-Pachas ; les forêts de Francescas et de Lamontjoie ; l'église d'Argentens et les territoires attenants (ils devinrent la plus grosse commanderie de l'Agenais, détruite par les huguenots) ; les moulins de Bapaume (Nérac) et de Saint-Martin-le-Vieux (Nérac) ; l'église Notre-Dame de Lalanne (disparue après 1604) ; l'église, le château et beaucoup de fermes sur le territoire de Puy-Fort-Eguille* ; le moulin de Meylan, près de Sos ; des domaines à Pompiey, près de Lavardac ; le château et des terres à Espiens ; le château de Gardère (Moncrabeau) et les terres ; sur cette même paroisse, ils possédaient le domaine de Lagrangerie, de Compostelle et de Marsan (ancien temple dédié au dieu Mars).

Annexe 2

Pour la seule commanderie d'Argentens, il y avait quarante-deux commandeurs, chacun s'occupant d'une grosse propriété. Il faut encore ajouter Cours, Romestaing, des domaines à Bouglon, au Mas-d'Agenais (dont un prieur fut un des fossoyeurs du Temple), la Tour-d'Avance, une maison à Casteljaloux ainsi qu'un moulin, des terrains et des demeures à Fargues-sur-Ourbise et à Argenton. Ajoutons encore Sainte-Quitterie (à côté d'Agen, mais on ne sait pas où précisément), Sauvagnas*, Le Temple-sur-Lot, Grange-sur-Lot, Puysserampion, etc.

Procès : c'est le roi qui fit le procès aux Templiers, même s'il est curieux qu'un roi, qui n'a aucune mission divine, puisse faire un procès en hérésie à quiconque. Seul le pape peut décider de ce qui est hérétique et de ce qui ne l'est pas. Mais cela ne gêna guère Nogaret, l'inventeur de cette méthode d'éradication.

Puy-Fort-Eguille : dépendance très puissante d'Argentens qui, comme son nom l'indique, était considérée comme un lieu imprenable.

Reproches : les principaux reproches que l'on faisait aux Templiers étaient : « De nier par trois fois Jésus-Christ, ce qui est une horrible barbarie ! » ; « De lui cracher trois fois sur la face ! » ; « De demander à ceux qui sont reçus de baiser ceux qui les reçoivent, par le derrière, sur le nombril et à la bouche ! » ; « De faire vœu de s'exposer [se donner] l'un à l'autre par cet exécrable vice de sodomie ! ».

Richesse : les Templiers étaient extrêmement riches. Guillaume, archevêque de Tyr, écrit qu'« il n'y a pas de lieu, en la chrétienté, où ils n'eussent du bien [des biens] et que leur fortune était comparable à celle du roi ». Du reste, Philippe le Bel emprunta beaucoup d'argent aux Templiers.

Mais Guillaume de Tyr ajoute : « Leurs biens les rendirent si arrogants et orgueilleux qu'ils refusaient d'obéir au patriarche de Jérusalem [en quoi ils avaient raison puisque leur règle leur imposait de ne recevoir d'ordres que du pape en personne]. Patriarche duquel ils avaient reçu leurs premiers biens [...]. Ils s'emparaient même des propriétés de l'Église et ils la troublèrent dans ses anciennes possessions, ce qui fut la cause de leur attirer la haine de plusieurs personnes ! »

Rivelède : Saint-Sulpice de Rivelède est une possession templière située au nord-ouest du territoire de la commune de
Villeneuve-sur-Lot. On ne détient pas beaucoup d'informations
sur ce domaine appartenant aux Templiers, et l'église dédiée à
saint Jean qui caractérisait l'endroit a été totalement détruite.
Celle qui la remplace, Saint-Sulpice, est de facture récente.

Romestaing : possession templière ? Très certainement, même si
certains écrits disent le contraire. Cette commanderie devint vite
un hospice pour pèlerins, et les terres furent confiées en fermage.
C'est le seigneur de Bouglon qui céda aux Templiers une chapelle
qu'il possédait en ce lieu, une chapelle et sa dîme... laquelle permit
au Temple de « buissonner ». Quelques autres seigneurs locaux
donnèrent aussi des terres dans le secteur, mais ce fut le cas à
peu près partout en Agenais et en France. Un texte assure que
l'on ne faisait pas dix lieues sans traverser un champ ou une
vigne templiers. Romestaing fut pourtant un des rares endroits
où la population marqua nettement son hostilité à l'arrestation
des Templiers.

Rumeur d'Agen : organisée ou pas par Nogaret, le fossoyeur du
Temple, la « rumeur d'Agen », comme les historiens la désignent,
est à l'origine de la disparition du Temple. « De notoriété
publique », la rumeur qui allait détruire l'image du Temple est
née en Gascogne, et plus précisément en Agenais[1]. Cette « notoriété publique » incita les historiens à faire des recherches.

On trouva une première accusation du Temple lors du conclave
de Pérouse (1304-1305). Il se murmura alors que des Templiers de
la région d'Agen se livraient à toutes sortes de turpitudes.

En novembre 1307, la petite noblesse de l'Agenais affirmait
que des lettres avertissaient leurs destinataires de la prochaine
curée des biens du Temple. Cependant, il est assez difficile de
trouver des traces de cette rumeur.

Il n'empêche que le principal personnage, celui qui fit connaître
les prétendus « comportements honteux » des Templiers, est un
certain Esquieu de Floyrac de Béziers, lieu-dit que l'on trouve sur
le territoire de la commune de Marmont-Pachas. L'homme avait
été emprisonné à Agen, dans la même geôle qu'un templier. Et

---

1. *Voir* Revue de l'Agenais, *1996, p. 219.*

c'est ce dernier qui lui aurait confié les secrets de l'initiation avec baiser sur l'anus, crachats sur la croix, etc. De Floyrac écrivit au roi Jacques d'Aragon et au roi de France pour leur raconter ces vilenies ; il demanda toutefois une récompense pour cette dénonciation. Comme le note la *Revue de l'Agenais*, « on disposait alors, contre le Temple, de dénonciations qui collaient parfaitement avec tous les stéréotypes nécessaires à leurs accusations ».

Voici la lettre de De Floyrac au roi d'Aragon :

« [...] Valet de l'illustre roi de France [...], sache, votre majesté, que vous fûtes le premier prince du monde à qui je manifestai ledit fait, à Lérida, en présence de frère Martin Datecha, votre confesseur [ledit fait est évidemment l'histoire vraie ou fausse du comportement des Templiers]. Vous ne voulûtes pas alors, monseigneur, ajouter pleinement foi à mes dires, c'est pourquoi je m'empressai de m'adresser au roi de France, qui s'informa et trouva le dit fait aussi clair que le soleil en son royaume.

« Et sache, monseigneur, que lorsque la chose fut claire pour le roi de France, je vous adressai mes lettres de créance par Martin-Pierre Marcadier, clerc du roi de France qui a dû vous expliquer toute l'affaire de ma part.

« [...] Souvenez-vous, monseigneur, que vous m'avez promis que si ce que je disais des Templiers était avéré, vous me donneriez 1 000 livres de rente et 3 000 livres en argent sur lesdits biens [...]. »

Non seulement il dénonça, mais il exigea de l'argent. Toutefois, cette lettre démontre bien que le foyer principal de la rumeur était agenais.

Mais ce n'est pas tout. Les principaux dénonciateurs et persécuteurs des Templiers se rattachaient soit par leur charge, soit par leur origine familiale à « l'outre-Garonne » (la rive gauche d'Agen) et au Brulhois. Ce fut le cas avec de Floyrac de Béziers, mais aussi avec le prieur (templier) du Mas-d'Agenais, Bernard Pelet, qui devint un accusateur acharné et l'inquisiteur en chef dans notre région.

L'historien Demurger, qui publia l'excellent *Vie et Mort du Temple* en 1985, écrivit cette phrase terrible : « Floyrac de Béziers est une fripouille. » Il reçut les domaines du Temple à Montricoux (Tarn-et-Garonne) pour paiement de sa trahison.

C'est tout de même à cause de cette fripouille que l'ordre fut éradiqué !

Selon un ancien biographe de Clément V, Amalric Auger, Esquieu de Floyrac de Béziers fit le récit de sa démarche à Lérida (au roi d'Aragon) au printemps 1305. Ce qui confirme bien la rumeur d'Agen.

Sainte-Foy de Jérusalem : hameau et église situés le long de la Masse, sur le territoire de la commune de Pont-du-Casse. Il y avait jadis un château fort réputé et puissant. Il joua un rôle considérable lors de la guerre de Cent Ans. Les Anglais s'y retranchèrent en 1317. Proche du fort de Bajamont, il fut un point stratégique dans la vallée de la Masse. Les Templiers qui y vivaient étaient réputés pour protéger les cathares, mais rien ne prouve que cette magnifique église est templière. Rien ne prouve non plus qu'elle est hospitalière. Elle est superbe, ce qui n'est déjà pas si mal. Le château fut totalement détruit. L'église qui subsiste date des XIIe et XIIIe siècles. Les Templiers possédaient également deux autres églises, Saint-Sulpice-de-Rivelède et Saint-Jean-de-l'Herm, dont on n'a pas retrouvé la trace. Toujours sur le territoire de Pont-du-Casse appartenait aux Templiers un lieu-dit, « Temple-sur-Mérens », qui demeure inconnu aux modernes.

Saint-Front-sur-Lémance : les Templiers possédaient ici une église. Elle est toujours debout, fière et rugueuse comme un templier.

Saint-Léon : l'église de Saint-Léon et les terres alentour dépendaient d'Argentens. Grâce à l'église, on percevait la dîme et, grâce aux terres, les Templiers produisaient du blé et du vin. La richesse, en somme.

Saumont : le Saumont abrite l'une des plus formidables curiosités templières du département. Derrière l'actuel château, une réserve souterraine en pierre ressemble à une immense salle de bal. On aperçoit le plafond dans un mur du parc du château en revenant par la route de Francescas, où le Temple possédait d'immenses forêts. Cette salle fut tour à tour une chapelle, une salle d'initiation et, enfin, un réservoir d'eau. Aujourd'hui, elle n'est plus utilisée. Le clocher du village serait, selon certains, d'origine templière.

Sauvagnas: trois actes de 1235 donnèrent aux Templiers (mais plus probablement aux Hospitaliers) des terrains à Sauvagnas, où une commanderie était installée. Un autre acte, daté de 1264, leur accorda une franchise (aux Hospitaliers de Saint-Jean-de-Jérusalem) sur les terrains qu'ils possédaient dans cette modeste ville. Elle fut octroyée à Féraud de Bazas, grand prieur de Saint-Gilles, à côté d'Arles, et à Armengaud des Aiguilhiers, qui devint commandeur de Sauvagnas. Quatorze ans plus tard, il fonda un hospice dans sa commanderie ; ce lieu de havre et de paix servit de halte et de gîte aux nombreux pèlerins qui se rendaient à Saint-Jacques-de-Compostelle. Sauvagnas était en effet sur la route du pèlerinage, le village étant en réalité situé sur le chemin de Bruniquel, ancienne voie gallo-romaine reliant Agen à Cahors[1].

De cette époque, riche pour l'histoire de la commune, il ne reste aujourd'hui que deux inscriptions sur le mur du presbytère de Sauvagnas. Ces signes sont empâtés par de la peinture et sont donc très difficiles à lire.

L'église de Sauvagnas possède également cinq chapiteaux du XIIe siècle et deux écussons du XIIIe, qui sont la marque du Temple. Certains pensent, à tort, que ces écussons donnent des indications sur l'emplacement du trésor. Au moment où ils ont été sculptés dans la pierre, les Templiers n'imaginaient pas qu'ils seraient pourchassés par Nogaret et ses sbires, qu'ils devraient « cacher » leur fortune et qu'ils ne posséderaient plus rien, à l'exception de quelques terrains, à Sauvagnas.

Secret: le respect du secret des délibérations du chapitre des commanderies devait être total. Ce qui se disait, se décidait, se tramait parfois dans les commanderies ne devait jamais être révélé. Les Templiers s'y engageaient sur leur vie, comme le font du reste aujourd'hui les francs-maçons, qui jurent de se trancher la gorge s'ils ne prêtent pas assistance à un frère dans le besoin.

Serment: le procès-verbal du serment de fidélité prêté par les seigneurs de l'Agenais au roi de France en 1271, après la mort d'Alphonse de Poitiers, fut signé à Agen *in domo templi*, dans la

---

1. *Il est possible de voir une des nombreuses bornes de ce chemin au musée d'Agen.*

maison du Temple. Armengaud des Aiguilhiers, commandeur de Sauvagnas à cette époque, fut le témoin de ce serment de fidélité.

Simplicité : tant que la simplicité et la pauvreté étaient parmi les Templiers, leurs vœux et leurs règles étaient observés. Tant qu'ils méprisaient les biens, ils étaient forts. Leur problème fut d'abandonner les secours qu'ils apportaient en Terre sainte pour venir administrer leurs biens en Occident. Ces trois réflexions, pleines de bon sens, sont du roi d'Angleterre.

Tayac (Renauld de) : Renauld de Tayac et, plus tard, ses deux frères Pierre et Amalvin, fut reçu templier vers 1297 au Templi de Monte-Rubeco, que certains historiens affirment être Montalembert, un domaine entre Penne-d'Agenais et Villeneuve-sur-Lot. Il avait vingt ans, et c'est le frère Pierre d'Albe, commandeur de Monte-Rubeco, qui l'initia. Au moment de l'Inquisition contre le Temple, Renauld fut interrogé. Il formula des accusations contre le commandeur de la maison templière qui l'avait reçu et initié. Il évoqua des baisers sur l'anus, des crachats sur la croix et l'adoration d'une idole qui est peut-être Baphomet*. Ces accusations furent portées après que ce Templier avait été torturé, ce qui affaiblit grandement la valeur de son témoignage.

Temple : Le Temple-sur-Lot ne prit ce nom qu'en 1889. Avant, le lieu s'appelait « le temple de Brulhes » ou « de Breuil », qui veut dire « garenne ». Cette commanderie constituait le plus important établissement templier entre la Garonne et le Lot, de même que celui d'Argentens était, et de loin, la plus grosse commanderie entre la Garonne et l'océan. Le domaine de Breuil fut donné aux Templiers par un seigneur de Montpezat (d'où a démarré la guerre de Cent Ans), qui était l'un des plus puissants seigneurs de l'Agenais. Comme aucun titre de cette donation n'a été conservé, nous n'avons pas de véritable preuve de ce don, ni de date précise concernant la fondation de la commanderie templière. Elle était si puissante et si riche qu'elle détenait aussi, de l'autre côté de la rivière, Grange-sur-Lot. D'ailleurs, tous les lieux-dits composés avec le mot « grange » étaient des fermes templières.

Tour-d'Avance : l'Avance est une rivière de la lande garonnaise. Donc un endroit stratégique. Pour contrôler cette zone où les brigands pullulaient, les Templiers d'Argentens construisirent cette tour de défense, voire d'attaque, qui demeure aujourd'hui l'un des plus beaux exemples de l'architecture templière.

Trois : une des particularités de la Règle est la présence constante du chiffre trois. Voici quelques exemples : les chevaliers doivent jurer de toujours accepter le combat contre les hérétiques, même s'ils sont trois contre un. Ils ne doivent riposter qu'après avoir été attaqués trois fois. Les Templiers doivent communier au moins trois fois l'an et faire l'aumône trois fois par semaine. Ils célèbrent trois grandes fêtes : la Trinité – évidemment –, la Pentecôte et la Saint-Jean. L'Ordre a été fondé par neuf chevaliers (trois fois trois), et ils sont restés seuls neuf années (trois fois trois). Ils organisèrent neuf provinces (trois fois trois), et neuf cas d'exclusion étaient prévus pour les frères indisciplinés.

Vin : les Templiers d'Argentens, mais également ceux de Cours, possédaient d'importants vignobles et, pour ceux d'Argentens, d'immenses entrepôts à Nérac. Ces entrepôts étaient situés « hors les murs de la ville, près de la porte Pont, pour ne pas payer le droit du souquet [impôts sur les produits entrant ou sortant de la ville] ». Ces vins étaient vendus en gros à Agen ou descendus vers Bordeaux par la Garonne. Autour d'Agen, on trouvait également de nombreuses petites vignes, propriétés des Templiers. Certains lieux-dits proches de la Candélie portent encore des noms dont la racine est « vigne ». Il s'agissait de vignobles templiers. Ainsi, la vigne de Valm Arquès était très renommée pour la qualité du vin qu'elle permettait de produire, d'autant qu'elle en donnait dix-huit tonneaux par an, soit plus de six mille litres. « Le livre de raison » de Bernard Gros, commandeur de la commanderie du Temple-sur-Lot, montre que cet homme surveillait soigneusement le travail de la vigne et le choix des cépages.

Annexe 3

Lexique des bastides de Lot-et-Garonne

Pour mieux comprendre les villes nouvelles que sont les bastides, il faut connaître au minimum le vocabulaire, lui aussi mystérieux, qui les définit. Voici quelques mots incontournables.

Andronnes : espaces entre deux maisons mitoyennes trop étroits pour la circulation. Cachette rêvée des enfants.

Carra (la) : place centrale sur laquelle, en principe mais pas toujours, se trouve la halle et la jurade (mairie).

Carreyras : rues charretières où peuvent se croiser deux charrettes. Petites *carreyras* : rues secondaires pour le passage d'une seule charrette.

Carreyrots : ruelles pour les piétons.

Cornières : rues couvertes, généralement autour de la place.

Moulons : blocs de maisons délimités par le quadrillage des rues.

Table des matières

Table des matières

Table des matières

Chez le même éditeur